高等职业教育创新型精品教材

高职大学生
心理健康教育项目化教程

GAOZHI DAXUESHENG

XINLI JIANKANG JIAOYU XIANGMUHUA JIAOCHENG

主　编　常小全　许　菁　黎兆跂

副主编　郭颂霞　张彦森　谈存实　李世宏

编　委　马　越　苏俊生　马德林　常　静　李雅敏
　　　　宋文玺　魏　盼　赵延红　霍晓静

西安交通大学出版社
XI'AN JIAOTONG UNIVERSITY PRESS

图书在版编目(CIP)数据

高职大学生心理健康教育项目化教程/常小全,许菁,黎兆跂主编. --西安:西安交通大学出版社,2025.5. -- ISBN 978 - 7 - 5693 - 4011 - 2

Ⅰ.G444

中国国家版本馆 CIP 数据核字第 20257EE303 号

书　　名	高职大学生心理健康教育项目化教程
主　　编	常小全　许　菁　黎兆跂
策划编辑	崔永政　荣　西　王斌会
责任编辑	苏　剑
责任校对	张静静
封面设计	任加盟

出版发行	西安交通大学出版社
	(西安市兴庆南路1号　邮政编码 710048)
网　　址	http://www.xjtupress.com
电　　话	(029)82668357　82667874(市场营销中心)
	(029)82668315(总编办)
传　　真	(029)82668280
印　　刷	陕西思维印务有限公司

开　　本	787 mm×1092 mm　　1/16　印张 14.25　　**字数** 266 千字
版次印次	2025 年 5 月第 1 版　　2025 年 5 月第 1 次印刷
书　　号	ISBN 978 - 7 - 5693 - 4011 - 2
定　　价	39.80 元

如发现印装质量问题,请与本社市场营销中心联系。

订购热线:(029)82665248　(029)82667874

投稿热线:(029)82668525

读者信箱:416884703@qq.com

前 言

本教材以习近平新时代中国特色社会主义思想为指导,积极贯彻习近平关于教育的重要论述,特别是关于学生心理健康工作的重要指示精神,落实《全面加强和改进新时代学生心理健康工作专项行动计划》,严格落实中共教育部党组印发的《高等学校学生心理健康教育指导纲要》等文件精神,以全面提高学生的科学素养为宗旨,以培养学生的创新精神和实践能力为重点,以促进学生由被动接受式学习向主动探究式学习转变,使教材符合学生发展的需要和社会需求。

本教材共分十个项目,从大学生入学适应、心理健康与心理咨询、培养自我意识、学会高效学习、人格发展与心理健康、有效管理情绪、优化人际关系、解读爱情密码、压力管理与挫折应对、生命教育与危机应对等方面着手,全面深入地剖析大学生的心理健康问题,使大学生在教师的引导下,利用项目化教材,通过任务式、参与式教学,深入学习教学内容,明确心理健康的标准和意义,增强自我心理保健意识和心理危机预防意识,能够掌握并应用心理健康知识,培养自我认知能力、自我管理能力、沟通与合作能力、情绪管理能力、抗压与应对挫折能力等,不断优化心理品质,切实提高心理素质,从而促进大学生身心素质的全面发展。

本教材每个项目均设有"情境导入""学习目标""思维导读""心灵拓展"等小模块,帮助学生更好地理解相关知识。本教材既可作为各类高等学校学生课堂教学用书,也可作为高等院校毕业生认识自我、提升自我的参考书。

在编写本教材的过程中我们参阅了大量的文献资料和互联网资源,在此向各位作者一并表示感谢。由于编者理论修养和实践水平有限,书中难免存在疏漏之处,敬请广大师生和教育界同行批评指正。

编者

2024 年 12 月

目录

适应环境 融入大学——大学生入学适应

情境导入

很久很久以前,人类还是赤着双脚走路。有一位国王到某个偏远的乡间旅行,路面有很多碎石头,刺得他的脚又痛又麻。于是他下了一道命令,要将国内所有的道路都铺上一层牛皮。即使杀尽国内所有的牛,也筹措不到足够的皮革。由于是国王的命令,大家也只能摇头叹息。

一位聪明的仆人大胆地向国王谏言:"国王啊!为什么您要牺牲那么多头牛呢?您何不只用两小片牛皮包住您的脚呢?"国王听了很惊讶,但也当下领悟,立刻收回成命,采用这个建议。据说,这就是皮鞋的由来。

想改变世界,很难;要改变自己,则较为容易。与其改变全世界,不如先改变自己,改变自己的某些观念和做法,以抵御环境的变化。当自己改变后,眼中的世界自然也就跟着变了。

心若改变,态度就会改变;态度改变,习惯就会改变;习惯改变,人生就会改变。

『思考』

为何国王想不到"皮鞋"的方法,而仆人却能想到?

学习目标

◆**知识目标**

1.了解适应过程的心理机制。

2.熟悉大学新生入学适应的常见问题。

3.学习有助于新生入学适应的各种方法和策略。

◆**能力目标**

1.培养独立生活和学习的能力。

2.能够实施和调整个人适应策略,以应对不同挑战。

◆素质目标

1.提高个人的心理素质,包括抗压能力和适应变化的能力。

2.培养积极的生活态度和社会责任感。

思维导图

```
                                        ┌─────────────────────────┐
                              ┌─ 敞开心扉 ┤ 一、健康概述              │
                              │         ├─────────────────────────┤
                              │         │ 二、大学生心理健康的标准    │
                              │         └─────────────────────────┘
           大学生入学适应 ──────┤
                              │         ┌─────────────────────────┐
                              │         │ 一、大学新生不适应环境的情景 │
                              │         ├─────────────────────────┤
                              └─ 适应环境 ┤ 二、大学新生产生心理适应困难的原因 │
                                        ├─────────────────────────┤
                                        │ 三、大学新生如何适应新的环境 │
                                        └─────────────────────────┘
```

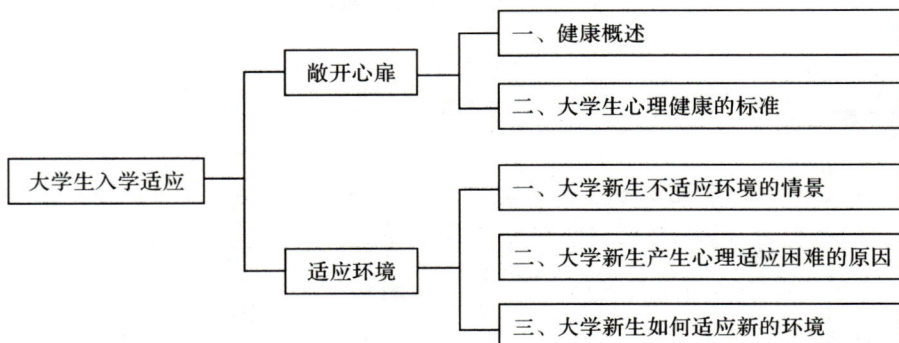

▶ 任务一   敞开心扉

一、健康概述

(一)健康观

世界卫生组织(World Health Organization,WHO)对健康的概念有过多次阐述。1948年,WHO将健康定义为"不仅是没有病和不虚弱,而且是身体、心理、社会功能三方面的完满状态"。1989年,WHO进一步深化了健康的概念,提出了健康包括躯体健康、心理健康、社会适应良好和道德健康四个方面,首次将道德健康纳入健康的内容,形成了四维健康观。

心灵拓展

你的身体健康吗?

世界卫生组织提出了健康的十条标准。

1.精力充沛,能从容不迫地应对日常生活和工作的压力而不感到过分紧张和疲劳。

2.处事乐观,态度积极,乐于承担责任,事无巨细不挑剔,工作有效率。

3.善于休息,睡眠良好。

4.应变能力强,能适应环境的各种变化。

5.具有抗病能力,能够抵抗一般性感冒和传染病。

6.体重得当,身材均匀,站立时头、肩、臂位置协调。

7.眼睛明亮,反应敏锐,眼睑不发炎。

8.牙齿清洁,无空洞、无龋齿、无痛感;齿龈颜色正常,不出血。

9.头发有光泽,无头屑。

10.肌肉、皮肤富有弹性,走路轻松有力。

(二)心理健康与生理健康

心理健康是现代人健康的重要方面,相较于生理健康,心理健康更倾向于一种持续的心理适应良好的状态,没有确切的标准和定义。《简明不列颠百科全书》将心理健康解释为"个体心理在本身及环境条件许可范围内,所能达到的最佳功能状态,而不是指绝对的十全十美"。世界心理卫生联合会将心理健康定义为"身体、智力、情绪十分协调;适应环境,人际关系中彼此能谦让;有幸福感;在学习和工作中,能充分发挥自己的能力,过着有效率的生活"。一个心理健康的人能保持认知、情感、行为、人格等内在协调,维护自我与他人的良好人际关系,保持内心世界与外部环境的和谐关系,不断肯定自己、激励自己、实现自我。

生理健康可以通过对个体身体各项指标的测量和身体功能水平的评估进行评定。而人的心理健康因心理活动的主观性、复杂性和内隐性,往往需要通过外显的行为才能被观测到,所以很难用统一的标准来衡量,但仍然有可参照的、可操作的标准。你可以通过对照自己的实际情况与标准进行心理健康的自我评估。如果发现自己心理状况的某个或某几个方面与心理健康标准有一定距离,就要有针对性地加强心理调适与改善,以期达到心理健康水平。如果发现自己的心理状态严重偏离心理健康标准,则应寻求心理咨询师或者心理科医生的帮助,以便得到专业的支持与治疗。

另外,病理学家的研究表明,在现实生活中,心理健康和生理健康总是相互联系、相互作用的。心理健康会影响人的生理健康,例如,一个人如果长期处于高度紧张或抑郁状态,那么其体内激素分泌、肌肉紧张度等的变化,就会导致免疫系统难以处于最佳工作状态,这时人的抵抗力就会下降,疾病也会乘虚而入。生理健康也会影响人的心理健康,例如,在人体内分泌系统中,甲状腺的生理功能是分泌甲状腺素,调节机体的新陈代谢,如果甲状腺功能亢进、甲状腺素分泌过多、新陈代谢加速,就会引起个体产生紧张性心理反应,如情绪易激动,注意力分散,焦虑不安,甚至产生妄想和幻觉;相反,甲状腺素分泌不足,代谢作用减慢,个体心理的智能活动就会减慢,反应迟滞,记忆力减退,思维缓慢,会出现悲观、抑郁等消极否定性的心理状态。

（三）影响大学生身心健康的因素

《2020中国大学生健康调查报告》显示，当前我国大学生总体健康状况良好，但86%的大学生表示自己在过去一年中出现过健康困扰，其中排名前三的分别是皮肤状态不好、睡眠不足和情绪问题。下面我们将着重从个体层面来探讨影响大学生身心健康的因素。

1.生活习惯

党的二十大报告中指出，要"深入开展健康中国行动和爱国卫生运动，倡导文明健康生活方式"。

大学生不良生活习惯主要表现为以下几方面。

（1）作息时间不规律。大学生活看似轻松自由，实际上对学生的自理能力、学习能力和与人相处的能力均提出了更高的要求。现实生活中，有些学生进入大学后，没有及时适应大学环境，盲目认为到了大学可以"喘口气、松把劲"了，思想上出现了懈怠情绪，行动上出现了懒散倾向，导致作息时间紊乱，不少学生该休息的时候不休息，导致身体各器官出现慢性损伤。

（2）长时间上网。不少学生热衷于电脑、手机网上冲浪，这不仅对眼睛造成伤害，还容易引起颈椎病、腰肌劳损、腱鞘炎等身体疾病，过度依赖手机等社交工具对大学生在现实生活中的人际交往也会造成影响。

（3）日常饮食不科学。由于晚上就寝时间的延迟，很多大学生早晨起床较晚，常常没有时间吃早饭就去上课，只能在课间随便吃些零食充饥；还有一些大学生甚至不吃早餐，养成了常年不吃早饭的不良习惯。由于学生主要在食堂用餐，但食堂的用餐时间比较固定，因此常常有学生因为学习或其他原因错过了开饭时间，于是随便吃点饼干、方便面等。还有的学生饮食不节，饥饱无常，尤其是任凭喜好暴饮暴食，挑食偏食，对健康产生了不良影响，特别是有些学生嗜烟酒，对健康影响更大。

（4）缺乏体育锻炼。"文武之道，一张一弛"，但部分学生更愿意宅在寝室里玩游戏、看视频、听音乐等，很少参加户外活动，能坚持体育锻炼的人较少。因此，有的大学生身体素质较差，免疫力偏低，稍有天气变化就会感冒发热。

（5）宿舍环境不整洁。常见的宿舍脏、乱、差现象，如个人物品摆放凌乱，换洗衣物洗晒不及时，生活垃圾清理不及时，门窗不经常打开透气，等等。有些学生不仅不注意自身卫生，还经常在宿舍抽烟，使得其他同学被迫吸二手烟，影响身心健康。

习惯决定人的一生。习惯一旦形成，就会支配人的行为过程，影响人的精神面貌。

因此,大学生要树立健康的生活理念,深刻意识到养成良好生活习惯的重要性。养成良好的生活习惯要尽早行动,对不良习惯要及时纠正。对于大学生而言,学知识、长才干以获得未来独立生存的本领很重要,但比学知识更重要的是学会生活,养成良好的生活习惯。

2.人际关系

人是社会性动物,人际交往是人的基本心理需要。人际关系一旦建立就会对人的行为产生各种各样的影响。良好的人际关系意味着朋友多,人际关系和谐,可以互相关心、互相爱护、互相帮助,这样就可以降低心理压力,化解心理障碍,有利于心理健康。不良的人际关系会导致人际关系恶劣,缺乏知心密友,有话不想说,只能将所有的问题都压抑在心中。若这些问题不能得到有效化解,很容易把心理问题积压和放大,进而产生心理障碍。

对大学生心理产生不良影响的人际交往问题有以下几个方面。

(1)缺少知心朋友。这类大学生通常能够正常交往,人际关系也不错,但自己感觉缺乏能互诉衷肠、同甘共苦的知心朋友。因此,他们有时会感到孤独和无奈。

(2)与他人交往平淡。这类大学生能与他人交往,但总感到与人相处的质量不高,缺乏影响力,大多数属于点头之交,难以保持良好的人际关系。因此,他们经常感到空虚、迷茫和失落。

(3)交往困难。这类大学生渴望交往,但由于能力有限、方法欠妥、个性缺陷或心理障碍等原因,交往常常不尽如人意,因而感到十分苦恼。

(4)社交恐惧。这类大学生对人际交往敏感且害怕,极力回避与他人接触,不得不交往时则会紧张、恐惧,面红耳赤,难以自制。因此,他们常陷入焦虑、痛苦和自卑中,影响心理健康。

3.压力和负性情绪

"压力"一词已经成为现代社会生活中所使用的高频词。在大学校园中,学生每天都会面临各个方面的压力,包括学业、恋爱、择业、就业、竞争等。适度的压力有助于个体积极面对生活,提高机体的警觉性,防止意外伤害,并帮助个体成长。但过度或长期的压力会对个体的身心健康产生消极的影响,会让人觉得有心理压迫感,感觉不舒服,产生不愉快的情绪体验,如焦虑、愤怒、抑郁、冷漠、恐惧等。如果不能及时消除这些负面情绪,将会导致个体心理适应困难,甚至造成严重的心理疾病。

二、大学生心理健康的标准

根据处于青年期的大学生所具有的心理特点和特定社会角色的要求,在实践中,我们认为,大学生心理健康标准应从以下几个方面把握。

(一)智力正常

智力正常是大学生学习、生活及工作的基本心理条件,也是适应周围环境变化应具备的心理保障。对其衡量的关键在于个体是否能正常、充分地发挥效能,即个体是否有强烈的求知欲,乐于学习,能够积极参与学习活动。

(二)恰当的自我评价

恰当的自我评价是大学生保持心理健康的重要条件。大学生应做到自我观察、自我认定、自我判断和自我评价,做到自知,恰如其分地认识自己,摆正自己的位置,不因自己在某些方面优于别人而自傲,不因某些方面不如别人而自惭形秽,能够自我悦纳、喜欢自己、接受自己,能够自尊、自强、自制、自爱,能够正视现实、积极进取。

(三)情绪积极稳定

情绪稳定和心情愉快包括愉快情绪多于负面情绪,乐观开朗,富有朝气,对生活充满希望;情绪较稳定,善于控制与调节自己的情绪,既能克制又能合理宣泄;情绪反应与环境相适应。

(四)意志健全

意志是个体在完成一种有目的的活动时所进行的选择、决定及执行的心理过程。意志健全者在行动的自觉性、果断性、顽强性和自制力等方面都表现出较高的水平,在各种活动中都有自觉的目的性,能适时作出决定并运用切实有效的方式解决所遇到的问题,在困难和挫折面前能采取合理的反应方式,能在行动中控制情绪和言行,而不是盲目行动、畏惧困难、顽固执拗。

(五)人际关系和谐

良好的人际关系是事业成功及生活幸福的前提,其表现为乐于与人交往,既有广泛而深厚的人际关系,又有知心朋友;在交往中保持独立而完整的人格,有自知之明,不卑不亢;能客观评价别人和自己,善于取人之长、补己之短,宽以待人、乐于助人,积极的交往态度多于消极态度,交往动机端正。

(六)人格完整

人格是指个体比较稳定的心理特征的总和。人格完整是指个体有健全统一的人格,即个人的所想、所言、所做都是协调一致的。具体而言,人格完整一方面是指个体人格结构的各要素完整统一;另一方面是指个体具有正确的自我意识,不产生自我同一性混乱,以积极进取的人生观作为人格的核心,并以此为中心把自己的需要、目标和行动统一起来。

(七)社会适应良好

社会适应良好是指个体应与客观现实环境保持良好秩序,既要以有效的办法应对环境中的各种困难,又要根据环境的特点和自我意识的情况进行协调,或改变环境适应个体需要,或改造自我以适应环境。

(八)心理行为符合大学生的年龄特征

心理健康的大学生表现为朝气蓬勃、精力充沛、勤学好问、反应敏捷、勇于创新。若他们整天紧锁双眉、老气横秋,或像小孩子一样经常喜怒无常,过度依赖别人,甚至行为幼稚可笑,则是心理不健康的表现。

▶ 任务二 适应环境

一、大学新生不适应环境的情景

(一)面对新的环境内心苦闷

1.想家的心情难以排解

想家是大学新生最常见的心理状态,饮食不习惯,生活没人照顾,情感孤独,学业困惑等诸多因素都是想家的诱因。"刚上大学时远离了父母,远离了昔日的朋友,我的心里非常迷惘、非常伤感。陌生的新同学更增加了我心底的孤独。每天背着书包奔波在校园中,独自品味着生活的苦闷。"一位大学新生在接受心理辅导时如是说。

2.心理落差,定位迷惘

有的学生在中学时期的成绩很好,进入大学之后发现在大学里不像中学里仅"以成绩论英雄",由此产生强烈的失落感。在新环境中,大学新生面临重新给自己定位的问题,而内心感到苦闷的学生,正是因为在新环境中找不到自己的定位。

3.人际关系四处碰壁

大学新生如何与室友保持良好的关系?怎样与来自不同地方的同学融洽相处?与异性交往的尺度如何把握?这些问题在他们进入大学后凸显出来,不少大学新生都在这方面吃过苦头。如说话不留情面而得罪人,平时太"酷"让人觉得难以接近,事事只为自己着想让人反感等。往往造成人际关系紧张的并不是一些"大是大非"的问题,而是一些"小事""细节"。

4.怕辜负父母期望,凡事自己硬撑

这类情况多见于来自农村或小城镇的学生。家人甚至亲友都把希望寄托在自己身上,而来到大学后却发现自己微不足道,于是担心自己会辜负父母、亲朋的期望,情绪焦虑、郁郁寡欢。这类学生常常遇到事情也不向家人诉说,"所有问题都自己扛"。

(二)面对不少新的生活难题

大家饮食习惯不同,众口难调。初到陌生地,吃饭就是一个问题。如菜的口味、卫生习惯等各地均不一样。另外,作息时间也存在差异。在宿舍里,大家不是同一个时间起床、睡觉,作息各有不同,相互之间可能会造成一些影响,如"夜猫子"就会打扰睡眠差的同学,起得过早也会打搅别人的好梦,就连晚上习惯去几趟厕所也成为需要室友体谅的事情。

(三)面对新的学业困惑

1.面对"自由"不知所措

大学的学习方式与中学很不一样。老师不会"跟堂",没有太多的硬性作业,许多学习都要自己在课余时间完成。没有了老师的"指挥棒",学生面对突然多出来的"自由时间",常常不知该如何支配。

2.没有目标,失去动力

部分学生在上大学之前只想着考大学,来到大学之后就觉得生活没目标、学习没方向。人生由很多阶段组成,不同阶段应树立不同的奋斗目标。在进入大学阶段之后,新生就应该马上思考新的目标。

3.对所学专业不满意

对所学专业不满意也是大学新生最普遍的表现,一是不喜欢所学的专业,二是担心该专业的就业前景不好,对未来感到迷茫。这类学生对学习缺乏热情,情绪低落,精神苦闷。可见,大学新生必须重视入学前后的心理调适。能否在入学后做好充分的心理准备,能否在心理转型与重塑的过程中成功进行角色转换,将直接关系到学生在大学期间学习、生活的质量。

二、大学新生产生心理适应困难的原因

(一)新环境中知音难觅

处于青春期的大学新生有着强烈的自尊、认同和归属的情感需要,非常渴望从新同学处获得感情的共鸣,但往往由于青春期的闭锁心理,当他们与新同学接触时,总习惯用

高中时的好友标准来衡量。因此,他们采取被动接受的态度,从而阻碍了相互间的沟通和交流。一项全国性的调查指出,大一的学生75％有时会感到寂寞,40％的人则有较严重的寂寞感。

(二)对理想、前途的迷茫

部分大学新生带着"高考失利"的阴影,无可奈何地来到高职学校。社会上还未充分认识高职院校这种性质的高等教育的价值,某些高中老师也一直给学生强化"不好好读书,就去高职"。一旦面对只能考取高职院校的现实,他们在心理上无法接受理想自我和现实自我之间的巨大差距,一种失落感便袭上心头,对前途、命运感到迷茫。

(三)强烈的自卑感

由于心理发育还不成熟,部分大学新生容易产生强烈的自卑感。据调查,在不同程度上有自卑感的学生占调查对象人数的61％,主要表现为自己被录取的学校、专业不如别人而感到自卑;因自己来自农村山区而自卑;因在知识、才艺、人际关系、家庭背景乃至体形容貌等方面不如别人而自卑;因学习生活环境的变化而自卑。

三、大学新生如何适应新的环境

(一)适应新的校园环境

1.自然环境

第一次离家远行的入学旅程是大学新生独立处理事情的开始。入校后能否迅速了解和熟悉校园环境,将决定大学新生能否在这个环境中自如地生活、学习。

(1)要尽快熟悉校园的"地形"。有的新生入校后马上就到校园的各处熟悉情况,例如,教室、图书馆、商店等在什么地方,食堂什么时候开饭,甚至学校有几个大门等,都在短时间内了解清楚。这样,在办理各种手续、解决各种问题的时候就会比别人更顺利,更节省时间。

(2)要多向高年级的同学请教。直接向高年级的同学请教是熟悉校园环境最快捷的方法,一般来说,高年级的同学都比较愿意将他们的经验传授给新生,以帮助新生尽快适应校园生活,尽量少走弯路。另外,向自己的同乡请教也是不错的选择。

2.人际环境

高等院校的师生关系将变得非常灵活,学生要学会做自己的老师。此外,能否与同学建立良好的人际关系也是关键。

在中学阶段,学习内容、学习时间甚至学习计划等都是由老师安排的,学习效果也主要由老师来检查。而在高等院校里,班主任或辅导员与学生接触时间大大减少。在学习和生活上,老师只把握大的方向,具体的工作大多由学生自己或班干部组织完成,学生就需要学会做自己的老师。在大学新生的人际关系中,问题最多的还是同学之间的关系。由于班级和宿舍里的同学来自不同的地域和不同的家庭,他们在思想观念、价值标准、生活方式、生活习惯等方面都存在明显的差异,在遇到实际问题的时候往往容易发生冲突。差异是客观存在的,每个大学新生都必须面对它、接受它。

如果你与别人生活在一起,你就得连同他(她)的生活方式一起接受。如果别人的生活方式有碍于你的生活(如夜里看电视影响你的休息,未经允许随便动你的东西等),你就需要委婉地提出意见,并适当地进行自我调整(如调整作息时间、调换宿舍等)。

要想处理好同学之间的关系,还要做到对人宽、对己严,切忌以自我为中心。在平时的生活中做到"三主动",即主动与同学打招呼、主动和同学讲话、主动帮助别人。在帮助别人的时候,不要过于计较别人能不能、会不会报答你。要学会克服内向性格,热情、主动地处理好人际关系。

3.语言环境

新生在大学校园里应尽量用普通话进行交流,帮助自己消除陌生感,这样有利于新生角色的转变。除此之外,掌握一些必要的地方方言也有助于适应环境。比如出门办事或上街买东西都可能与讲方言的当地人打交道,如果会说当地的方言,交流起来更方便,也能避免可能发生的意外问题。

4.社会环境

对大学新生来说,离开家乡到异地求学就意味着踏入一个陌生的社会环境。在这个社会环境中,怎样搭乘公共汽车、怎样向别人问路、怎样去商店买东西、怎样和小商贩讨价还价等都要逐步熟悉,否则时刻有一种异乡人的感觉,这种感觉会影响一个人在新环境中的正常生活。

(二)适应大学生活

1.独立生活

刚进入高等院校的新生,应学会打理自己的日常生活。要准时起床、运动,学会自己整理床铺、收拾房间,学会自己洗衣服,学会自己照顾自己……在学习的过程中,如果能够和同学进行交流就更好了,因为同学间的互相影响和互相学习能够在一定程度上促进个体自理能力的提高。

独立生活的另外一个重要方面是理财。大学新生一般都没有太多的"理财"经验。

由于家长一般每月或每几个月给一次生活费,大学新生就要独立计划如何进行消费。计划不当,甚至没有计划的学生常常在月初大手大脚,将当月的伙食费提前花掉。赶时髦、讲排场的社会风气对大学新生也有一定的影响,往往一次娱乐活动的开支就花掉生活费的一大半,加上平时的伙食费,每个月的生活费就所剩无几了。因此,大学新生要学会"理财",要知道在生活中哪些开支是必需的,哪些是可有可无的,哪些是完全不必要的。钱要花在刀刃上,避免完全不必要的消费,可花可不花的尽量少花。此外,还要根据父母的经济能力和自己"勤工俭学"的能力来进行日常消费。有了对这些基本情况的分析,再制订自己每个月的"消费计划",就可使之切实可行。要尽量按照计划执行,列出当月的开支清单,多余的钱可以存入银行,以备急需时使用。

2.集体生活

宿舍是一个小集体,甚至可以说是一个小家庭,应将室友视为兄弟(或姐妹),要学会相互体谅、相互照顾,如果这样做了,在生活作息方面即使有再大的差异,也会融化在浓浓的友情之中。

(1)维护共同的生活环境。宿舍是公共场所,每个人都须遵守大家共同维系的生活规则。许多宿舍都有轮流值日制度,每个人都能为共同的卫生环境尽义务,诸如打水、扫地、倒垃圾。这些事情既是为别人做,也是为自己做。

(2)宿舍既是每个人的,也是大家的。若两个人开起了"卧谈会",会让其他人跟着睡不着;也不应将自己的东西占满大家共用的桌子、过道和晾衣绳等。这些行为损害了大家的利益,尽管别人采取克制宽容的态度,但这并不意味着你可以我行我素,这样的人会成为不受欢迎的人。

(3)为他人着想。在集体宿舍里要有良好的合作意识,别人在整理床铺时,你应该想想是否需要帮忙;有人生病时,你是否愿意帮他去食堂买饭。相互帮助的确是不可缺少的,因为人总会遇到困难或麻烦,相互帮助可以加深友谊。

(4)心怀宽容与谅解。同学朝夕相处,尤其是在居住条件并不宽敞的情况下,纠纷和隔阂在所难免。比如,某人在宿舍里招待客人,弄脏了你的床单;某人倒茶时不小心烫伤了你的脚或弄湿了你的书;某人把你从午睡中吵醒等。这时你难免心中不快,甚至发火。其实用恼怒和报复的做法对待他人,你的心里并不会感到舒服。只有心平气和,相互谅解与包容,才能圆满解决问题。

3.养成良好的生活习惯

生活习惯代表着个人的生活方式。良好的生活习惯将让你终生受益,要合理地安排作息时间,制订良好的作息制度。

（1）大学新生应养成早睡早起的习惯。研究表明,学生的睡眠时间一般每天不得少于 7 个小时。如果条件许可,午饭后可以小睡一会,但最好不要超过 40 分钟。

（2）要进行适当的体育锻炼和文娱活动。听音乐、跑步、做广播体操、踢足球等都有助于增强体质,提高对疾病的抵抗力,这是一种积极的休息。实践证明:"7＋1＞8",在这里,"7＋1"表示 7 小时的学习加上 1 小时的体育文娱活动。

（3）要保证合理的营养供应,养成良好的饮食习惯。营养学家的研究证明:早餐吃饱、吃好,对维持血糖水平是很有必要的;用餐时不能挑食偏食,还要多吃水果和蔬菜,要加强全方位营养。

（4）要杜绝吸烟、酗酒、沉溺于电子游戏、沉溺于网络等不良的生活习惯。

（三）适应大学学习

1.克服学习动力不足

部分大学学生不同程度地存在学习动力不足的问题。上大学前后的"心理落差"、自我控制能力差、缺乏远大的理想、没有树立正确的人生观等,都是导致大学新生学习动力不足的重要原因。

2.利用好宽松的学习氛围

上大学后很少有人监督你,很少有人主动指导你;没有人给你制定具体的学习目标,考试一般不公布分数、不排名……高等院校里的学习氛围外松内紧,表面的宽松并不意味着没有竞争。每个人都在独立地面对学业;每个人都应设定自己的目标;每个人都在和自己的昨天比,和自己的潜能比,也暗暗地与别人比。在这种竞争氛围中,大学新生还要改变一些原有的观念,即在高等院校里,考试分数并不是衡量学生的唯一指标,人们还看重学生在职业能力和素质方面的全面提升。在这里,竞争是潜在的、全方位的。

3.改进学习方式

进入高等院校后,教学模式变成了以学生为主导的自主学习模式。教师在讲授知识与技能后,学生不仅要消化课堂上学习的内容,还要大量阅读相关书籍和文献资料。可以说,自主学习能力的高低是影响学生学业成绩的重要因素。

这种自主学习的能力包括独立确定学习目标、对教师所讲内容提出质疑、查阅有关文献、确定自修内容,以及进行适当的职业技能训练以达到熟练水平等。

4.安排好课余时间

大学校园的课余生活丰富多彩,除了日常的教学活动之外,还有各种各样的讲座、讨论会、学术报告、文娱活动、社团活动、公关活动等。这些活动对于大学新生来说,的确令他们眼花缭乱。如何安排课余时间,大学新生常常心中没底。如果完全按照兴趣去做,则随意性太大,很难有效地利用高校的有利环境和资源。

大学新生要善于利用课余时间,参加社团活动,开展一些有益的文娱活动,这样可以增添你的生活情趣,使自己的生活充实丰富、生机勃勃。若能够拥有一项或多项自己有兴趣而又擅长的爱好,则有利于建立自信心,增强社会适应能力。

心灵探索

自我松弛训练

松弛是缓解紧张的主要手段,在心理咨询中,对焦虑的病人需要提供一些具体的指导方法,只有当我们自身具备相关经验时,指导他人才会得心应手。

1.腹式呼吸法

(1)有意地进行呼吸,将注意力集中在呼吸动作上。

(2)缓慢深吸气,使横膈下降,并默数1、2、3,吸气结束后停顿一下;再缓缓呼气,默念3、2、1。吸气时用鼻,呼气时用口。

(3)在呼气时,体验当时的感觉,并在继续呼吸运动中体验这种感觉的扩散。

2.肌肉松弛法

(1)用最佳放松姿势,坐、卧均可,但要使身体全部有所依靠。

(2)顺次体会肌肉紧张10秒钟左右,然后迅速放松。①上肢:握拳,手臂用劲(左、右、双),伸臂(左、右、双),抬肩触耳(左、右、双),双肩前收后展;②头部:皱额,皱眉,皱鼻,闭嘴,收颌贴胸,舌抵上颚,喉部紧张(不出声高喊),闭眼转动眼球(左、右、上、下、顺、逆时钟向);③躯干:弯腰,收腹,收臀,提肛;④下肢:伸展大腿、小腿、踝部、脚趾。

(3)在操作时,注意力集中于体验紧张及松弛的感觉。

3.自我放松(暗示)法

(1)取舒适而有支撑的姿势,闭眼。

(2)缓慢默念以下放松指令,同时做深呼吸,并用意念体会:①两手、两臂沉重发热;②两腿、两脚沉重发热;③腹部暖和、舒服(溃疡病患者省略);④呼吸深沉而平稳;⑤心跳平稳而规则;⑥额部冰凉;⑦当我睁开眼睛时仍能保持松弛,精力恢复良好;⑧顺次活动头、臂、脚、腿,睁眼,起立。

注:按先后顺序做,以上除⑤念10遍外,其余各念5遍,最后做⑧。

拓展 阅读

学习活动对心理健康的影响

从心开始　走近健康——心理健康与心理咨询

情境导入

　　有一个大二的女生,她因长期营养不良而导致全身长满了紫癜,精神不济,学习成绩下降,人际关系紧张。与该女生详谈后得知,她家庭十分贫困,她靠做家教挣来的工资生活,还要养活一个在读高中的弟弟,因此,她感到很自卑,总觉得同学们都瞧不起她,感觉很痛苦。其实,该女生入学初期成绩很好,大一时曾获二等奖学金,同学们对她评价都很好。可她却固执地认为同学们都因她家庭困难而鄙视她,最令她苦恼的是没有男生追求她。为了改变现状,她常常连续一个月不吃肉,节约开支,去购买漂亮衣服,以获得同学的"羡慕"与"尊重"。这样的牺牲,并没有让她感觉到自己的处境有任何好转,反而发现同学投来异样的眼光,心情越来越糟。由于长期节食,她患上了严重贫血,常常头晕目眩,上课时注意力难以集中,记忆力减退,学习成绩大幅下滑,以致多门课程补考,成为班上的"困难"学生。烦恼、自卑、懊悔时刻在吞噬着她不甘人后的自尊心,但此时的她已感力不从心。

　　像这样的女生在大学里并不少见,只是程度不同而已。由于自我认识的偏差而导致自尊与自卑的矛盾体验,为了掩饰自己的自卑,常常拒绝帮助,语言尖刻,防御多疑,封闭自我,就其内心体验而言是痛苦不堪的。她们在自卑与自尊的矛盾中挣扎,最后以偏颇的方式来解决问题,使自己越陷越深。

『思考』

你有哪些建议和措施可以帮助这个女生走出困境?

学习目标

◆知识目标

1.掌握心理问题的评估与诊断方法。

2.了解心理咨询的内涵及方法。

3. 了解当代大学生心理健康整体状况和主要挑战。

◆**能力目标**

1. 能够根据心理健康的标准,评估大学生的心理健康状况。

2. 能够根据当代大学生的特点,提出相应的心理健康策略和措施。

◆**素质目标**

1. 提高自身的心理素质,增强应对压力和挑战的能力。

2. 培养良好的心理调节能力,包括情绪管理、压力应对、自我认知等方面。

思维导图

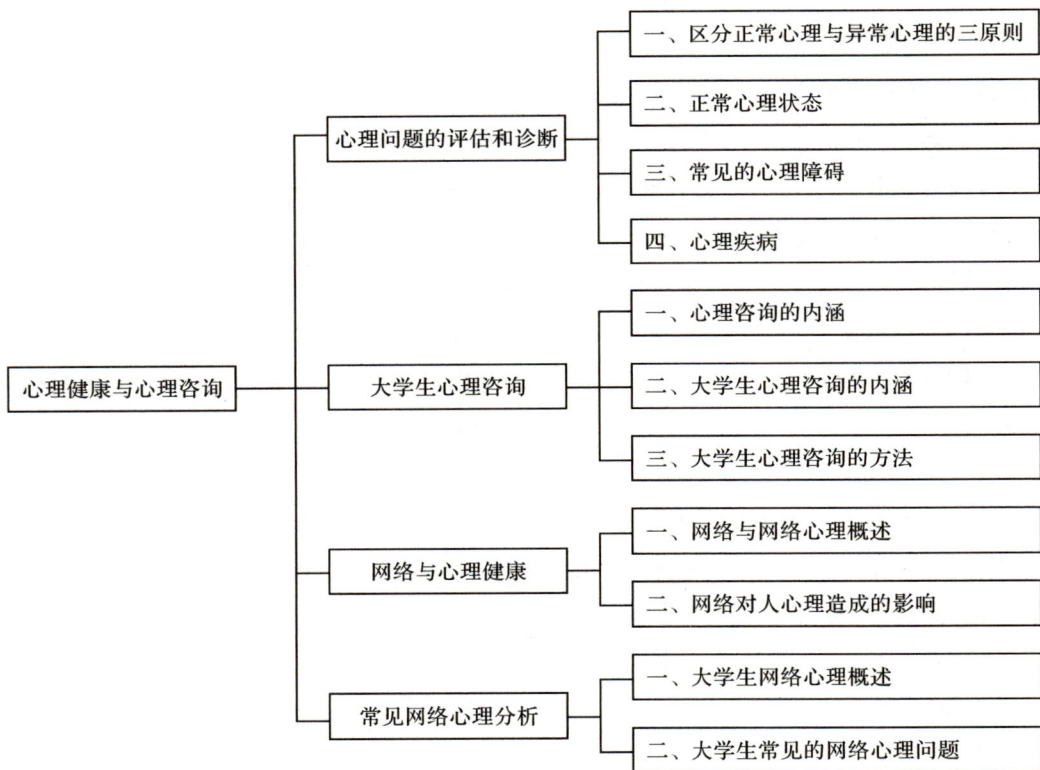

◉ 任务一　心理问题的评估和诊断

临床心理学将人的心理状态分为正常心理和异常心理。正常心理可分为健康与不健康,不健康表示可能存在心理困扰或心理问题,依照严重程度度划分为一般心理问题、严重心理问题和神经症性心理问题。异常心理可分为神经症、其他精神障碍、人格障碍,见图2-1。

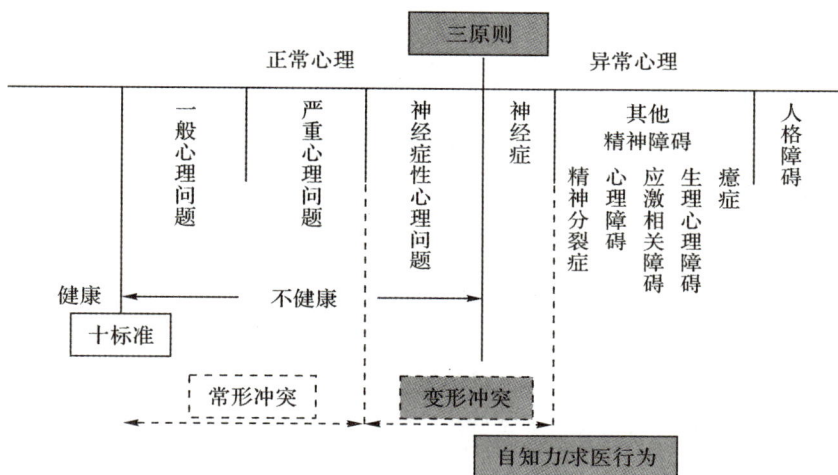

图 2-1　心理状态的分类

一、区分正常心理与异常心理的三原则

郭念锋教授提出了区分正常心理与异常心理的三原则。

(一)主观世界与客观世界的统一性原则

精神病性的幻觉是无对象的知觉,妄想是一种脱离现实的病理性思维。若一个人听到了别人在议论他,说他的坏话,并坚信有人在害他、攻击他、诽谤他,感到非常愤怒,痛不欲生,而这些根本没有事实根据,那么这个人就可以被评定为心理不正常。他的主观世界与客观世界是不统一的,这种情况多见于精神分裂症。

(二)心理活动的内在协调性原则

知、情、意、行协调一致是人类精神活动的整体性表现,一个人的心理过程一致表现在内心体验与环境的一致,如该笑的场合就笑,该哭的场合就哭,儿子结婚办喜事喜气洋洋,已故亲人办丧事痛哭流涕,这就是情感与所处的环境协调一致。相反,该哭时不哭,该笑时不笑，这就是反常、病态。

（三）人格的相对稳定性原则

"江山易改，本性难移"，说明了人格的相对稳定性。若一个人在没有明显的外界因素影响下而出现性格的反常，如平素开朗外向，突然沉默寡言，孤僻不接触人，我们认为这是破坏了他性格的稳定性，是反常的，如抑郁症等。

综上所述，自知力是区分正常心理与异常心理的重要指标。完整的自知力是指患者对其自身精神状态的认识和批判能力，是判断其是否有精神障碍及严重程度的指征。

心海拾贝

精神病性问题

精神病性问题是指人脑机能活动失调，丧失自知力，不能应付正常生活，不能与现实保持恰当接触的严重的心理疾病。其症状复杂多样，较常见的有思维障碍、联想散漫、知觉扭曲、情绪错乱、动作怪异、被害妄想、幻觉幻听，存在被操纵感和洞悉感等，患者常常生活在自己的幻想世界中，甚至以幻想代替现实，完全脱离现实。

精神分裂症是一种常见的、病因未明的重性精神病，其发病率在精神病中居首位，多起病于青壮年。并且常缓慢起病，具有思维、情感、行为等多方面障碍，精神活动不协调。其主要是精神活动的"分裂"，表现为联想散乱、思维混乱、情感迷乱、行为错乱、幻视幻听等。早期表现为懒散、淡漠、自语、猜疑、孤僻、恐惧不安、莫名其妙的身体不舒服等。

二、正常心理状态

正常心理状态就是具备正常的心理功能，没有脑的器质性病变，能保障人作为生物体适应环境，健康地生存发展；能保障人作为社会实体正常地进行人际交往，在家庭、社会团体、机构中正常地肩负责任，使人类赖以生存的社会组织正常运行；能使人类正常且正确地反映、认识客观世界的本质及其规律性，以便创造性地改变世界，创造出更适合人类的生存环境。

心海拾贝

美国人本主义心理学家马斯洛与密特尔曼提出了正常人的十条健康心理标准，至今仍受到人们的普遍重视和引用：

1. 充分的自我安全感；

2. 充分了解自己，并对自己的能力作出适当的评价；

3.生活目标切合实际;

4.不脱离现实环境;

5.保持人格的完整与和谐;

6.具有一定的学习能力;

7.保持良好的人际关系;

8.能适度地表达和控制自己的情绪;

9.在不损害集体利益的情况下,有限度地发挥个人才能与兴趣爱好;

10.在不违背社会规范的情况下,对个人基本需要予以恰当的满足。

正常心理状态分为健康心理和不健康心理两种心理状况,用来表示正常心理水平的高低和程度如何。

健康心理是人们追求的目标,但现代人大多处于亚健康状态。

不健康心理也称心理失衡,是正常心理活动中的局部异常状态。不健康心理不存在心理状态的病理性变化,具有明显的偶发性和暂时性,常与一定的情境相联系,并且常有一定的情境诱发,如果脱离该情境,个体的心理活动则完全正常。其从严重程度来划分,有以下三种。

一是一般心理问题。其是指由现实因素激发,持续时间较短(1~2个月),情绪反应能在理智控制之下,不严重破坏社会功能,未泛化的心理不健康状态。

二是严重心理问题。其是指由相对强烈的现实因素激发,初始情绪反应剧烈、持续时间较长(2~6个月),内容充分泛化的心理不健康状态。

三是神经症性心理问题。其是指已接近神经衰弱或神经症,或者它本身就是神经衰弱或神经症的早期阶段。

概念辨析

心理冲突的常形与变形

常形与变形的区分有两个标准:是否具有道德性质(是否能区分开道德与不道德),是否与现实有直接联系。

如出现第三者后,在离婚与不离婚之间矛盾,这就与现实事件直接联系,并能区分开道德与非道德性质,这就是常形。如一个人整天想着是该吃饭还是不吃饭,与现实事件无直接联系,并且无法区分开道德与非道德性质,这就是变形。

心理冲突如是常形,就可能是一般、严重心理问题。

心理冲突如是变形,就可能是神经症。

表2-1从四个方面总结了一般心理问题、严重心理问题和神经症性心理问题的区别。

表2-1　不健康心理状态的区别

指标	区别		
	一般心理问题	严重心理问题	神经症性心理问题
情绪反应强度	因现实生活、工作压力等因素而产生内心冲突引起的不良情绪反应,有现实意义且带有明显的道德色彩	因较强烈的、对个体威胁较大的现实刺激引起的心理障碍,痛苦感较强	情绪易激惹、失控、反复,常人难以忍受
情绪体验持续时间	求助者的情绪体验时间不间断地持续1个月或者间断地持续2个月	情绪体验超过2个月,未超过半年,不能自行化解	3个月及以上
行为受理智控制程度	不良情绪反应在理智控制下,不失常态,基本维持正常生活、社会交往,但效率下降,没有对社会功能造成影响	遭受的刺激越大,反应越强烈。多数情况下,会短暂失去理智控制,难以解脱,对生活、工作和社会交往有一定程度影响	学习、工作、生活、人际关系受影响,可能伴随睡眠障碍,注意力、记忆力下降,出现躯体化症状
泛化程度	情绪反应的内容对象没有泛化	情绪反应的内容对象被泛化	泛化且内容对象不具体或无对象
冲突类型	常形冲突	常形冲突	变形冲突

三、常见的心理障碍

心理障碍是由心理创伤所造成的心理失常,表现为神经症和身心障碍等,如焦虑症、强迫症、神经衰弱、抑郁症及神经性厌食症等。解决这类问题不仅需要心理咨询,而且需要采用心理治疗的手段。也就是说,在解决这类问题时,不仅要为患者提供指导方法,还要应用一定的心理矫正术进行矫正。

常见的心理障碍的特点如下。

(1)不协调性。其心理活动的外在表现与其生理年龄不相称,或反应方式与常人不同。比如,成人表现出幼稚状态(停滞、延迟、退缩);对外界刺激的反应方式异常(偏离)等。

(2)针对性。处于此类状态的人往往对障碍对象(如敏感的事、物及环境等)有强烈的心理反应(包括思维、情绪及动作行为),而对非障碍对象可能表现很正常。

（3）损害较大。此状态对人的社会功能影响较大。它可能使当事人不能按常人的标准完成某项（或某几项）社会功能。比如，社交焦虑症者（又名社交恐惧症者）不能完成社交活动，锐器恐怖者不敢使用刀、剪，性心理障碍者难以与异性正常交往。

（4）需求助心理医生。此状态者大部分不能通过自我调整和非专业人员的帮助来解决根本问题，往往需要心理医生的指导和帮助。

四、心理疾病

心理疾病是由个人及外界因素引起的个体强烈的心理反应（思维、情感、动作行为、意志等），并伴有明显的躯体不适感，是大脑功能失调的外在表现。

一般来说，患者仅仅依靠咨询解决不了此类问题，往往需要药物控制或住院治疗才有效果。作为咨询师在面对这样的咨询对象时，一定要谨慎，善于识别他们的问题是否在咨询的范围之内，如果不是，一定要及时转介到专业的精神科医院。

心理疾病的特点如下。

（1）强烈的心理反应。其表现在患者可能出现思维判断上的失误，思维敏捷性下降，记忆力下降，有黏滞感、空白感、强烈自卑感及痛苦感，缺乏精力，情绪低落至忧郁，紧张焦虑，行为失常（如动作重复、动作减少、行为退缩等），意志减退等。

（2）明显的躯体不适感。中枢控制系统功能失调会引起人体各个系统的功能失调，如影响消化系统会出现食欲不振、腹部胀满、便秘或腹泻（或便秘与腹泻交替）等症状；影响心血管系统会出现心慌、胸闷、头晕等症状；影响内分泌系统会出现女性月经周期改变、男性性功能障碍等。

（3）损害大。此状态的患者不能或只能勉强完成其社会功能，缺乏轻松、愉快的体验，痛苦感极为强烈，"哪里都不舒服"是他们真实的内心体验。

（4）需心理医生的治疗。此状态的患者一般不能通过自身调整和非心理科专业医生的治疗而康复。心理医生对此类患者的治疗一般采用心理治疗和药物治疗相结合的综合治疗手段。治疗早期可通过情绪调节、药物快速调整情绪，中后期需结合心理治疗解除心理障碍，通过心理训练达到社会功能的恢复并提高其心理健康水平。

▶ 任务二 大学生心理咨询

随着社会的发展，大学教育从精英教育转向大众教育，这使得大学生的优越感逐渐消失，迎接他们的是理想与现实的冲突，大学生的心理问题日益凸显。要研究大学生心理健康问题，就要了解大学生心理咨询的相关理论，寻找相应的解决方法。

一、心理咨询的内涵

(一)心理咨询的概念

"咨询"一词最初来源于拉丁语"consuitatio",意为"商讨、征求意见、寻求帮助、劝告、指导"等。心理咨询(psychological counseling)最早用于职业指导,之后逐渐运用于教育、医学、管理、健康等方面。但到底什么是心理咨询,至今尚未有一个统一的定义。著名心理学家泰勒(Tyler)认为:"心理咨询是一种从心理上进行帮助的活动,它集中于自我同感的成长,以及按照个人意愿进行选择和做出行动的问题。"罗杰斯(Rogers)则认为心理咨询是"通过与个体持续的、直接的接触,向其提供心理帮助并力图促使其行为、态度发生变化的过程"。

《中国大百科全书·心理学》则认为:"心理咨询是一种以语言、文字或其他信息为沟通形式,对来访者予以启发、支持和再教育的心理治疗方式。其对象不是典型的精神病患者,而是有教育、婚姻、职业等心理或行为问题的人。不能合作和无法交流的患者不能作为心理咨询的对象,但可以通过对其亲友提供咨询指导而间接给患者以帮助。"

综上所述,心理咨询是指受过专业训练的心理咨询人员与有教育、婚姻、职业等心理或行为问题,或有轻度的、属于机能性的心理失常的来访者进行人际交流,通过语言、文字或其他信息沟通形式帮助其重新认识自我和社会,克服成长过程中的危机,促进其健康发展的一个过程。

(二)心理咨询的特点

心理咨询主要包括两大特点。

1.专业性

心理咨询具有专业性,它是一系列心理学的活动过程,需要心理咨询者应用心理学的有关知识和技术对来访者的心理问题进行分析,并提供心理学的帮助。因此,心理咨询者必须经过专业训练,要在心理学有关理论指导下应用各种心理咨询的理论分析、评估来访者的问题,使用行为矫正、以人为中心等技术帮助来访者。

2.过程性

心理咨询具有过程性,它是一个完整的过程,因为心理咨询不仅要解决现有问题,更要促进人的成长。如果没有同感的基础,也没有思想交流的过程,心理咨询师有再高超的理论技术也无法产生真正的心理咨询效能。可见,心理咨询是一种特殊的人际关系的确立,不能是一两次见面,或一两次通信可以实现的。

（三）心理咨询的要素

心理咨询的基本要素包括咨询主体、咨询客体、咨询手段、咨询目的。

1.咨询主体

咨询主体是指通常所说的心理医生、心理咨询师等从事心理咨询的专业人员。只有经过心理学、医学等方面训练的心理咨询师、心理医生才能成为心理咨询的主体。

2.咨询客体

咨询客体是指接受心理咨询的人，也就是通常所说的来访者。咨询客体的范围很广，既包括有心理障碍和心理疾病的人，也包括正常人。

3.咨询手段

心理咨询的手段主要有语言、文字、表情、姿势，以及一些仪器设备等。在具体的应用过程中，通常是多种手段综合运用的。

4.咨询目的

心理咨询的目的是提高咨询客体的心理素质，增进其身心健康，减少或避免其消极情绪、消极行为的发生。

（四）心理咨询的意义

心理咨询作为一门新兴学科，对个体的健康成长有着重要的意义。

1.心理咨询有助于个体积极有效地面对现实

心理咨询能够让个体更全面、更客观地认识自己和现实，对于面临的问题，个体会积极通过改善自己的方式去应对，从而更加有效地、积极地面对现实。

2.心理咨询有助于提高个体的心理健康水平

心理咨询是一项直接服务于个体的经常性活动，有助于及时了解个体身心发展存在的各种问题，了解个体身心发展的影响因素，帮助个体客观认识自己的身心健康现状和发展水平，从而提高个体的心理健康水平，帮助个体顺利实现身心健康发展。

3.心理咨询有助于个体认识自身问题的根源

通过心理咨询，那些心理正常和有轻微心理疾患的个体能够正确认识自身面临的、尚未解决的内部冲突对自己身心发展的影响，认识问题的根源，从根本上解决问题，从而健康成长。

4.心理咨询有助于个体深化自我认识

心理咨询能够帮助个体深化对自我的认识，纠正个体的不适应行为，为个体提供改变自我、完善自我、发展自我的机会。

二、大学生心理咨询的内涵

(一)大学生心理咨询的概念

由心理咨询的概念可知,大学生心理咨询是指受过专业训练的心理咨询人员对有心理问题的大学生进行指导和教育,帮助其克服心理障碍和成长中的心理危机,重新认识自我,形成健康心理的过程。

(二)大学生心理咨询的过程

大学生心理咨询的过程主要包括建立人际关系、收集信息、心理诊断、实施指导和咨询结束五个步骤。

1.建立人际关系

大学生心理咨询的第一步是咨询双方建立平等、信赖的关系,这一步是心理咨询取得成功的先决条件,也贯穿于整个咨询过程的始终。咨询人员不能将自己视为高人一等的专家,而应该以平等的身份热情、友善、诚恳地对待来访者;来访者要将咨询者看作可以信赖的、对自己有帮助而又无威胁的人,只有这样才能尽情地向咨询师倾诉自己的心理问题。

2.收集信息

大学生心理咨询的第二步是收集信息,这是为心理诊断和心理治疗提供重要依据的一步。所收集的信息主要包括来访者的具体情况,咨询师可以通过了解来访者的基本情况、来访者的心理问题和需求这两个方面来收集信息。来访者的基本情况主要包括来访者的姓名、性别、年龄、民族、兴趣爱好、性格特征、文化程度、睡眠状况、健康状况、社会文化背景、偶像人物等。来访者的心理问题和需求主要包括来访者的学习工作和生活适应问题、认知发展问题、个性发展问题、行为品德问题、情绪困扰问题、人际交往和冲突问题、升学或职业选择问题、心理障碍、心理疾病等,以及来访者本人对自己的问题有无明确的意识,希望得到何种帮助等。

3.心理诊断

大学生心理咨询的第三步是心理诊断。通过诊断,咨询师才能确定来访者存在的心理问题的类型、性质、程度及产生的原因,为下一步解决问题提供条件。

4.实施指导

大学生心理咨询的第四步是实施指导,这是心理咨询最重要的阶段。大学生心理咨询在实施指导阶段,应根据来访者的症状程度采取最佳的治疗方法,进行相应的指导,使来访者形成健康心理。如果心理咨询师没有很大把握治疗来访者,就应该将来访者及时转诊,以免错过最佳的治疗时机。

5.咨询结束

一旦心理咨询师的指导措施对来访者产生了效果,心理咨询就结束了。在来访者离开之前,咨询师应嘱咐来访者以后要注意的问题,如果来访者主动交流收获、领悟和以后的打算,咨询师应积极鼓励,增强来访者的信心。此外,咨询师还应对来访者进行追踪调查,获取进展信息,并适当调整咨询目标和解决问题的策略,确保之后咨询工作的成果。

值得注意的是,大学生心理咨询的各个步骤不是截然分开的,它们彼此联系,相互交叉衔接,循环交替进行。

(三)大学生心理咨询的原则

大学生心理咨询遵循的原则主要有保密性、预防与治疗相结合、客观性、系统性、发展性、教育性等原则。

1.保密性原则

大学生心理咨询保密性原则是指心理咨询人员对来访者的心理问题及彼此谈话不能随便公开,来访者的名誉和隐私应受到道义上的维护和法律上的保证。严格遵守保密性原则是大学生心理咨询的一条基本原则。

2.预防与治疗相结合原则

大学生心理咨询要遵循预防与治疗相结合的原则,以预防为主,防重于治,一方面要对来访者进行心理疏导和教育,另一方面又要对其进行心理治疗,提高其心理健康水平。

3.客观性原则

大学生心理咨询要遵循客观性原则,即咨询人员要客观、实事求是地对待来访者的心理现象,咨询对象要以认真、诚实的态度配合咨询工作。

4.系统性原则

在大学生心理咨询中,咨询人员要坚持系统、整体的观点,对大学生的心理进行多层次、多因素的系统分析,对各种心理现象及其形成因素之间的相互关系进行整合研究,不能片面,这就是系统性原则的具体要求。

5.发展性原则

世界上的一切事物都处在运动变化发展中,这就要求大学生心理咨询要遵循发展性原则,咨询人员要以发展的眼光看待来访者的心理问题和心理疾病,为来访者指明心理发展的方向。

6.教育性原则

心理咨询以教育为最高目标,把心理教育作为教书育人整个系统的一个重要环节,这就要求大学生心理咨询要遵守教育性原则,要将心理教育、心理咨询、心理治疗相结合,帮助大学生克服心理障碍,提高他们的心理健康水平。

三、大学生心理咨询的方法

大学生心理咨询的方法主要有信件咨询、电话咨询、现场咨询、门诊咨询,以及网络咨询等。

(一)信件咨询

信件咨询是指心理咨询人员以通信的方式解答大学生提出的心理问题,为其提供指导。这一方法简便易行,私密性强,涉及面广,不受时空限制。但咨询人员与大学生没有面对面交流,不能深入了解他们的心理状况,只能给出原则性的指导意见,咨询效果得不到保证。

(二)电话咨询

电话咨询是指心理咨询人员通过电话对有心理问题的大学生进行劝告、安慰和指导。这一方法迅速及时,但通话时间有限,传递的信息也有限,咨询人员如果不能取得有心理问题的大学生的信任,就难以控制局面,咨询效果得不到保证。

(三)现场咨询

现场咨询是指心理咨询人员到有心理问题大学生的宿舍或家里为其提供服务。这一方法能及时搜集到第一手资料,但在我国实行还有一定的难度,尚待大力倡导。

(四)门诊咨询

门诊咨询是指心理咨询人员与有心理问题的大学生面对面交谈,详细了解、分析其心理问题。这一方法针对性强,了解信息全面,亲切自如,保密性好,是一种首选的心理咨询方法。但要求心理咨询人员要有心理学、咨询心理学、医学和临床学方面的知识,能够将心理咨询与心理治疗同步进行。

(五)网络咨询

网络咨询是指心理咨询人员通过网络对有心理问题的大学生给予安慰、答疑和指导。这一方法便于大学生毫无顾忌地倾诉自己的隐私、暴露自己的问题,也便于心理咨询人员全程记录咨询过程,从而反复思考、温习,还可以凭借行之有效的软件程序评估、测量他们的心理问题,具有极强的保密性、隐蔽性、快捷性及实时性。但双方的真实身份不便识别,并且可能存在信息交流不充分而引起误会、投射作用等问题,需要咨询人员进一步研究和思考。

◉ 任务三　网络与心理健康

当代大学生是互联网的忠实追随者,上网是他们学习生活的重要组成部分。理性地研究网络,认识与了解网络的基本特征、网络对人心理造成的影响,对分析与干预大学生网络心理问题具有十分重要的现实意义。

一、网络与网络心理概述

(一)网络的特征

网络之所以发展迅速,影响人们生活的方方面面,并为广大的网民所青睐,与其自身所具有的特征有着十分密切的关系。具体而言,网络主要有以下几个基本特征。

1. 便捷性

随着计算机通信技术的发展,网络已经成为联结世界各国和地区的桥梁和纽带,并且促使一种崭新的信息和通信网络系统得以形成,使我们能够快速便捷地传递和处理不计其数的数据、信息和知识,并囊括世界上的万事万物。通过网络,人们可以从无数的信息中快速查询自己所需要的信息;可以和远隔重洋的亲朋好友像当面交谈一样充分表达自己的意愿;可以和未曾谋面的陌生人交流情感,并附上各种照片、图片、表格等,淋漓尽致地表达自己的思想观点;可以实现网上学习、网上购物,等等。也就是说,人们利用网络,就可以感知到世界上任何一个范围所发生的事情。网络使"海阔凭鱼跃""天涯若比邻"由期待变为现实,并第一次真实、具体地体现了"秀才不出门,能知天下事"。

2. 开放性

互联网是一个对用户全面开放的系统,只要具备上网的条件,任何国家、民族、性别、职业、年龄的网络用户,都能够自由地从互联网上获得所需的信息,充分享受互联网带来的诸多便利和巨大乐趣。从系统论的角度来看,互联网是一个容量巨大的信息库,而网上的信息由不同的网络用户和服务者提供。互联网正是通过对服务者的开放,给网络用户提供一个开放的接入环境,从而使互联网上的每一个节点都能够自愿地为互联网提供各种信息服务。

互联网也是一个对未来开放的系统,这一特点使得互联网的每一个子网在遵循

TCP/IP 协议的前提下,可以随时根据需要进行更改,并且对整个互联网的使用不会造成不良影响,从而具有自己独特的风格和体系。

总之,互联网的开放性使其对用户产生强烈的吸引力,并且生命力极其旺盛。在网络开放性的基础上,互联网上庞大的信息资源得以共享和迅速传播。

3.全球性

实践证明,网络成功拓展了人类的认识和实践空间。它以其传播方式的超地域性将庞大的地球联接成"地球村""电子社区",每个网民都可以进入这个"地球村",成为这个"电子社区"的平等公民。互联网在广度和深度上都超越了我们想象的空间,它使得来自不同国家、不同民族,具有不同生活方式的人们,通过学习与了解彼此的宗教信仰、价值观、风俗习惯、生活方式,相互沟通和理解并达成共识。这实际上是真正实现了全球范围内人类的交往,体现了人与人之间的"无限互联"。

4.共享性

信息资源的共享给人们带来了前所未有的便利,信息技术给教育领域带来了无比深刻的影响和不可估量的机遇,互联网将成为全民教育的大课堂。网上大学的发展,使得任何一个学习者只要拥有一台能上网的电脑,就能够随时随地接受教育,学到大学生在学校学习的所有课程。

5.身份的不确定性

在网络世界里,尽管一切信息在其构成上都是确定的,但信息的庞杂性、虚拟性和超时空特征,使得广大网络用户无法清晰地辨别行为目的、意义和情感的传播通道。网络具有开放多元的特性,跨越了时空界限,但无法弥合历史文化的差异。这使得网络世界中人与人之间的交往易变、混沌,网络人际关系也因此充满了不确定性。不仅如此,在网络世界,主体的行为通常是在"虚拟现实"的情形中进行的,在网络技术的帮助下,每个网络用户的身份、行为方式、行为目标等都可以得到充分隐匿或篡改。

6.个性化

互联网联接了世界上不计其数的计算机网络,是世界上最大的计算机网络的集合,它不仅能够让这些计算机网络实现信息互通、资源共享,而且让这些计算机网络互相独立,各自分散管理,任何人都没有特权,每个网络用户都有可能成为中心,人与人之间的关系趋于平等,个体不断增强个性意识,不再为等级制度所制约和影响。可以说,网络为人的个性发展提供了自由广阔的空间,极大地张扬了个体的创造性。在网络世界里,每个网络用户怀着不同的目的,也有着不同的需要。网络呈现的自主性、隐蔽性、分散性等特点正是网民生活个性化的表现,这种表现包括上网目的的多样性,上网时间和地点的随意性、不确定性,上网身份的不实性。

7.虚拟性

网络世界是"人类通过数字化方式,孙接各计算机节点,综合计算机三维技术、模拟技术、传感技术、人机界面技术等一系列技术生成的一个逼真世界,其基本的环境是一种不同于现实的电子网络空间"。现实生活中的一切都可以在网络世界中被虚拟,每个网络用户基本的生存环境是一种不同于现实的物理空间的电子网络空间或赛博空间。一方面,网际关系的虚拟性是与实体性相对的,交往主体以某种虚拟的形象和身份进行沟通、交流,交往活动也不依附于特定的物理实体和时空位置;另一方面,尽管由于人的恶意操作可能使网际关系堕落变质,但是网际关系的虚拟性并非等同于虚假性。

8.平等性

作为一个自发的信息网络,互联网没有所有者,因而也就没有任何人能够控制与操纵它。在这里,每个网络用户都有发言权。同时,每个网络用户都没有绝对的发言权,网民可以充分感觉网络空间的自由性与网络主体的平等性。

(二)大学生网络心理特点

1.尝试心理

网络的平等性、开放性和互动性,激发了当代大学生的尝试心理。网络与传统的传播媒介,如广播、电视、报刊相比,区别是明显的。对于传统媒介,接受者没有更多的选择余地,只是单纯地处于被动接受的境地,而网络的出现则使这一状况得到了彻底改变。不管大学生身处何地,只要进入了互联网,就可以在统一的平台上,以互相平等的方式从事信息文化的制造、交流与利用。由于网络可以以匿名的方式进入,可以畅所欲言、展现自我,大学生的烦恼、苦闷、喜悦、理想在这里都可以得到尽情地表达和宣泄。对于崇尚民主、自由和平等的大学生而言,网络世界无疑是一个崭新的时空。

2.猎奇心理

猎奇是大学生的个性特点,网络资源的丰富、内容的刺激更催化了大学生的猎奇心理。网络上丰富的信息资源是其他媒体所不具备的:互联网作为最大的广域网,把不计其数的局域网联接起来,成为全球最大的图书馆和信息数据库,内容涉及社会生活的方方面面,如政治、经济、文化、科学、教育、艺术、生活,无所不包,大大拓展了大学生的视野,为大学生带来了全新的生活体验。网络信息集图、文、声、像于一体,对人的感官造成多方面的强烈刺激,再加上虚拟仿真的逼真,足以跨越时空的界限,实现人们在现实生活中无法实现的梦想。大学生正处在精力旺盛、求知欲强、想象力丰富的人生最佳阶段,网络上丰富的信息资源足以满足他们的猎奇心理。

3.满足心理

一般来说,人的生理、生存等基本需要得到满足以后,就会追求一个更高级的需要,即自我实现的需要。自我实现的需要就是人对自我发挥和完成使命的欲望,也是一种使潜力得以实现的倾向。正是由于人有自我实现的需要,个体的潜能才得以实现。在中学,学生可以凭借其优异的学习成绩获得老师的青睐和同学的关注,然而进入大学后,面对来自各个地方成绩优异的同学,一些学生的成绩优势没有了,由中学时老师的宠儿变成了一个普通的大学生。有的大学生不能很好地适应这种角色的变化,自信心受到严重影响,失落感和自卑感油然而生,为找回昔日的"自我",一些同学便在网络上寻找满足感。

4.减压心理

随着社会竞争的日益激烈,社会对人才质量的要求越来越高。许多大学生在这种情况下承受着巨大的心理压力,造成了学业负担相对较轻,而心理压力相对较重的现象。面对求学与就业中的竞争、冲突、矛盾和挫折,他们需要一个宣泄的渠道。网络的隐匿性、开放性、便捷性和互动性等特点,给大学生适时转移、倾诉和宣泄自己的不良情绪提供了机会和场所。大学生可以宣泄被压抑的不良情绪,获得一定的心理治疗效果,这如同人们喜欢唱卡拉 OK、听摇滚乐、看足球比赛一样,可以通过尽情地呼喊、喧闹来发泄心中的郁闷。

5.娱乐心理

网络被称为继报刊、广播和电视之后的第四媒体,它具有传播速度快捷,彻底打破地域界限,拉近传播者与受众距离的优势。在网络传播中,网络受众可以主动接受所需要的信息,改变了传统媒体中受众的被动性;网络受众可以随心所欲地点击所需要的信息,参与媒体的传播活动,或与媒体传播者交流沟通,成为媒体的一部分。在网上打游戏、聊天、听音乐、看电影、读娱乐性网文是大学生网上娱乐的重要方式。网络传媒的这些特征和功能正好与大学生的好奇、浪漫,喜欢惊险刺激,对新事物、新知识反应迅速的心理特征相匹配,故上网冲浪成为他们休闲的重要方式。

6.情感表达心理

通过上网寻求以互相关心、互相理解和互相尊重为要素的广义的人类之爱,是潜藏在大学生内心深处的极为深刻的上网动机。他们在网络中结识朋友,获得现实生活中无法得到的情感交流、尊重和满足感。网络给他们提供了一个最好的场所,使每个人对爱的需要都能得到满足。在网络里,他们表达情感的方式主要有聊天、建立个人主页和在 BBS 上发表自己的观点及见解。

二、网络对人心理造成的影响

互联网的快速发展,不仅在很大程度上改变了人们的生产生活方式,而且对人们的心理也造成了不可忽视的影响。具体而言,网络对人的心理所造成的影响主要表现在以下三个方面。

(一)网络对认知的影响

网络对人类认知的影响,有利有弊。网络拓宽了人们的信息来源渠道,提高了收集信息、汇集信息的效率,增加了信息所包含的内容,开阔了人们的视野,提高了人们的认知水平。网络为人们提供了更多的学习机会,创造了良好的学习环境,有利于实现自我。对于某些辨别是非能力较差的人而言,网络上铺天盖地、五花八门的信息,会让他们眼花缭乱、无从选择,形成思维模式的非清晰状态。

(二)网络对人格的影响

在这个提倡个性化的时代,网络的出现在很大程度上强化了人们的自我意识状态,使人们能够有意识地充分张扬个性,增强处理事件时的独立性、自主性和支配性。同时,由于网络的虚拟性,人们在网络中的行为与现实中的表现有一定的差异,甚至截然相反,网络中频繁的角色转换也会对人们的人格统一性造成很大的影响和破坏,动摇知、情、意的和谐统一,致使人们出现人格分裂倾向,形成双重人格、多重人格,甚至心理疾患。

(三)网络对情感的影响

作为一种新兴事物,网络的出现极大地影响了人的情感。互联网不仅给人们创造了一个全新的情感交流空间和场所,而且可以让人们在网络世界里充分、自由地表达自我和宣泄情绪,这在现实中是无法做到的。现实生活中人们情感的表达必然在一定程度上受到环境、社会规范和社会关系的影响和制约。网络为人们情感的表达提供了多种渠道,满足了人们情感表达的多样化需求,有助于人们保持和维护良好的心理健康状态。

▶ 任务四　常见网络心理分析

由于大学生在网络时代普遍出现了各种心理问题,为了引导大学生正确对待和使用网络,下面将对大学生网络心理以及常见的网络心理问题进行分析。

一、大学生网络心理概述

关于大学生网络心理,这里将重点分析其类型以及网络对大学生心理健康的影响。

（一）大学生网络心理的类型

从整体上而言,大学生网络心理可以分为积极的网络心理和消极的网络心理。

1. 大学生积极的网络心理

（1）追求开放性和多元性。网络是一个对网络用户全面开放的信息源,汇聚了各种文化、思想、观念。这就为大学生追求开放性和多元性的文化观念提供了良好的平台。

（2）自由平等的参与意识与自我实现欲望。网络的平等性、自由性,很好地适应了追求自由与平等的大学生群体的要求。在网络虚拟世界中,没有来自现实社会的各种限制和约束,只要参与进来,任何人都可以成为互联网的"主人"和中心,在网上根据自己的意愿,做自己想做的事,成就自己的梦想。当代社会的大学生,一方面利用网络积极地接受教育、寻求新知,另一方面为了生存与发展而不断地寻找展示自我的机会。网络成为他们实现自我的一个重要方式。一旦得到认可,他们的学习热情、工作热情就会更加高涨。

（3）强烈的求知欲与好奇求新心理。互联网上内容丰富、情况复杂,稍有好奇心,就会被带入纵深的网络世界。例如,网络游戏作为一种新的娱乐方式,将动人的故事情节、丰富的视听效果、高度的可参与性,以及冒险、悬念、神秘、刺激等诸多因素融合在一起,为玩家提供了一个虚拟而又近乎逼真的世界。它所包含的充满神秘的内容,极大地激起了大学生的好奇心。总之,互联网以其传播速度快、内容新、手段先进等优势,引起了大学生的特别关注,激发了他们学习网络知识、应用网络技能的强烈欲望。

2. 大学生消极的网络心理

（1）发泄欲求心理。社会学家埃尔温·高夫曼曾将网络比喻成一个舞台:台前是网络,台后是真实的世界。对于当代大学生而言,激烈的竞争给他们带来了很大的压力,他们渴望有朋友可以真正倾听自己的心声,一起分享学习与生活中的快乐与痛苦。于是,上网逐渐成为他们放松身心的一种方式。在互联网上,大学生能够更加自由、随意地发表自己心中的真正想法,抒发自己想要表达的感情,而不必过于担心会受到约束、限制。当他们心情压抑、情绪低落的时候,当他们处于迷茫或者进退两难的境地时,当他们义愤填膺、需要释放情感时,通常会上网发"帖子"、聊天、打游戏等,将现实生活中不敢表达的情感尽情抒发在聊天室里,或者将平时不敢提、无处提的意见贴到BBS上去。

（2）回避现实心理。一些大学生在中小学时代是老师的宠儿,是他人眼中的重要角色。可是到了大学,这种特殊的地位被动摇了,因而优越感与自信心大大降低。又由于没有特长,在学校中难以建立起曾经的自信,他们的价值感和自我成就感便无从谈起,并由此产生深深的自卑感和失落感。这种心理压抑随着时间的推进,逐渐演变成对任何事情都无所谓的态度,甚至毫无原则地自我放纵、自我原谅。在这种情况下,他们希望找到一个空间,以填补在现实生活中的失落感,找回原来"辉煌"的自我,而网络这个虚拟空间正好迎合了这种需求。

（3）焦虑心理。网络技术的迅速发展,促使一些大学生担心自己的知识更新落后于网络的发展,被新技术和时代所淘汰,从而产生心理上的焦虑。同时,网络通道拥挤,内容庞杂无序,网上人际关系的隐匿性与不确定性等缺陷,使大学生在网络上不断"碰壁"之后产生焦虑心理。

（4）虚拟的自我实现心理。强烈的自我意识是当代大学生群体所具有的一个显著特征,虚拟的网络能够为他们实现自我提供相对理想化的空间。在网络上,大学生可以享受前所未有的平等、自由氛围,以及巨大成功、强烈刺激的感觉,社会与家庭的希望、学习与就业的压力所造成的心理上的压抑与孤独,在网络上不复存在;他们还可以在网络世界轻松地实现小时候的梦想,或成为一名武功盖世的侠客,或成为一名指挥千军万马战无不胜的将军等,而不受社会及他人对自己行为的指责。

（5）猎奇心理,追求感官刺激。相关调查显示,相当一部分大学生上网的目的是猎奇,即出于好奇或冲动的心理,在网上查询在现实生活中难以了解与获得的奇艳事物或色情、暴力信息,并借以获得感官上的强烈刺激与精神上的愉悦。

（6）自卑心理与抵触情绪。这种心理常见于那些怀着兴奋与好奇的心理第一次上网的大学生,他们进入网络虚拟世界后,由于缺乏系统的网络知识和应用自如的检索技能,与身旁那些操作娴熟的网络用户相比,呈现出巨大的差距。在羡慕这些在网上出入自如的网民的同时,这些大学生心中会产生某种无形的心理压力,甚至逐渐出现了自卑心理。还有一些习惯于传统文献检索、查阅程序的大学生,面对上网查询这一全新的检索方式时,由于操作不熟练,也会忐忑不安,因而产生一些抵触情绪。

（7）急功近利心理。网络信息的丰富性与快捷性,使许多大学生把上网看作实现理想的一条捷径,以及通往成功的必不可少的有利条件。在他们眼里,网络能够创造无限的商机,带来巨大的财富和名望。同时,在一定程度上社会误导也使大学生不能对"成功"的定义形成正确的理解,从而表现出急功近利的心理。

（二）网络对大学生心理健康的影响

实践证明,"技术是一柄锐利的双刃剑"。正如英国历史学家阿诺尔德·J.汤因比所说:"技术每提高一步,力量就增大一分。这种力量可以用于善恶两个方面。"因此,网络对大学生心理健康的影响可以分为积极影响与消极影响。

1. 积极影响

（1）开阔大学生的视野，节约学习时间。网络世界具有十分丰富的信息资源，大学生一旦进入其中，就能畅游在知识的海洋中。与其他媒体相比，互联网具有信息量大、传播速度快的优势，每个网民都能够成为信息的接收者和发送者，且呈现出双向性和多向性。阿尔温·托夫勒在《第三次浪潮》一书中指出："未来的文盲不再是不识字的人，而是没有学会学习的人！"信息技术的发展，使网络学习成为一种现实。作为知识与信息的载体，网络是书籍、视听媒介等学习媒体的自然延伸，只不过网络本身的强大功能具有无可比拟性。它使人们更加容易地获取所需信息，进行人际交往。与通过书籍、视听媒介等进行学习相比，网络学习并没有本质上的不同，只是网络极大地节约了人们学习的成本。因此，大学生为获取知识所付出的成本也在减少。

（2）便于大学生产生协同学习的观念。协同学习是指学习者在与他人相互作用的过程中所进行的学习。利用互联网所构成的协同学习环境，可以让来自不同国家和地区的大学生，一起对某个问题展开讨论，实现对指定内容的有效学习。同时，网络还可以使教育者和学生形成协同学习的模式，大学生还可以通过网络随时随地向教育者提出问题，寻求答案，也可以在网上自由地表达自己的意见和观点。

（3）有利于激活大学生的创新意识。网络信息技术的共享性使文化作为无形的资产扩散到世界各地，造福于每个网络用户，达到了"文化增值"的作用。同时，网络信息技术在一定程度上使得大学生摆脱了对知识、权威的从众心理，激发了其对探索未来和创新知识的信心，从而有利于充分发挥其创造性思维。

（4）符合大学生的心理特征。大学生越来越认为，他们在网络环境中能够不断地接受教育，是自主获得知识，而不是消极、被动地接受知识。这使得大学生进行自主学习成为一种趋势，表现在自主选课、自主决定学习进度等，从而更加有利于大学生的个性发展，充分调动大学生学习的自觉性与主动性。

2. 消极影响

（1）破坏正常的学习规律和学习生活。大学生过分依赖网络技术和沉迷于虚拟的网络世界，严重破坏了他们正常的学习规律和学习生活。据报载，某所高校的百名大学生由于迷恋网络而影响学业，面临退学，引人深思。网络技术虽然消除了人与人空间与时间的距离，但使得人们心理上的距离越来越远。沉迷于虚拟网络世界的大学生不关心身边的人和周围发生的事情，热衷于网上冲浪、网上交友，加深了自我的封闭意识。不少大学生存在着一定程度的心理迷惘、精神困惑及上网综合征等，不能形成正确的学习规律和生活规律。

(2)易受不良信息的毒害和误导。网上不实信息、文化糟粕、落后思想对网上环境造成了严重的污染,大学生容易受到这些不良信息的毒害和误导。西方资本主义国家不断在网上宣扬资本主义意识形态,加强政治、文化的殖民扩张和渗透,严重损害了网络环境。一些不法分子利用网络发布虚假信息、文化垃圾,严重腐蚀和误导了大学生的思想。

(3)容易造成角色虚拟与混乱。大学生沉迷于网络世界,容易造成角色虚拟与混乱。网络世界包含着大量信息,面对这些信息,大学生常常感到无从选择,一不小心闯入游戏,便容易上瘾。不仅如此,在网络世界里,他们无法将自己的游戏角色与现实定位进行匹配。因此,他们在网络里的表现可能完全不同于现实生活:一个在现实生活中胆小怕事的人在网络上可能是一个叱咤风云的侠客;一个在现实生活中内向、不善言辞的人在网络上可能极为幽默风趣;有些相识的人在现实生活中见面并不怎么打招呼,而在网络上很可能极为健谈或者能够与人开玩笑。这表明网络充分展现了人们性格中的另一面。如果长期沉溺于网络世界,就会逐渐不能在现实生活中认清自己的真实角色。

(4)隔绝人与人之间的直接交流。互联网隔绝了人与人之间的直接交流,致使人们感觉越来越孤独。沉溺于网络中的大学生,其实更渴望被关注,如果有人发来邮件,他们都会感到十分惊喜和感激,这种孤独感驱使其每天检查好几次邮箱。如果没有邮件,他们就会倍感失落,从而降低对自我的约束力,在网络中说一些在现实生活中不敢说的话,做一些平时不能做的事。因此,网络充分地暴露了压抑在人们心理深层的需要和欲望。但是,这种宣泄只会更加降低人们对自我的约束力,使其无法继续正常学习、工作、生活,甚至会引发网络犯罪。

二、大学生常见的网络心理问题

目前,随着大学生上网人数的不断增加,各种各样的网络心理问题呈现出不断增加的趋势,下面对大学生常见的网络心理问题进行分析。

(一)大学生网络心理问题的特点

概括而言,大学生网络心理问题呈现出以下几个特点。

1.生理疾病的并发性

网络心理问题是由于患者长期处于网络的虚拟环境中而形成的心理疾病,也就是说,形成这种心理疾病的基础和前提是长时间上网。大学生花费过长时间上网,就会使大脑神经中枢一直处于高度的兴奋状态,引起交感神经过度兴奋,肾上腺素水平异常增高,血压升高。这些改变能够引起一系列复杂的生理和生物化学变化,特别是植物神经紊乱、体内激素水平失去平衡，致使免疫功能降低，诱发多种生理性的并发疾患，如紧张性头痛、心血管疾病、胃肠神经官能症等。同时，大学生在上网时长时间注视着显示屏，会消耗过多视网膜上的感光物质视紫红质，如果未能及时补充合成物质维生素 A 等营养，就会导致眼痛、视力下降、怕光等。

2. 病症发现的隐蔽性

网络心理问题又称网络心理障碍，是指人类进入以互联网为标志的信息时代后在高科技环境下的产物，是伴随着计算机科学的发展和网络的普及而出现的新疾病，是网络用户在现实环境与网络虚拟环境的巨大反差下形成的特殊心理状态。因此，人们在现阶段很难认定网络心理问题。在患病初期，患者周围的人很难对此种病症进行确认，患者自身也很难意识到自己已经患有这种心理疾病。一般在患病的中后期，人们才会发现自己患有这种心理疾病。而网络心理问题一旦发展到中后期，患者的心理就会发生严重的扭曲，极易做出危害自身健康和社会安全的不良行为。

3. 预防和治疗的紧迫性

与其他心理障碍一样，网络心理问题也源自文化抑制，也就是说一个人所受的文化教育程度越高，所具有的文化禁忌越深，内心的冲突也就越强烈。因此，具有较高知识水平、热爱自由与平等的大学生上网时间过多，就更容易产生网络心理问题。随着大学生使用网络人数的不断增多，患有网络心理问题的大学生呈现快速增长的趋势，如果不及时采取预防措施、进行科学的治疗，就会导致网络心理问题蔓延。

4. 治疗手段的模糊性

网络心理问题产生的根本原因是人脑的潜意识发生了病变，其特征已经突破了传统心理疾病的特点，因而现代医学的各种医疗手段和心理学的理论并不能对这种病症进行彻底的治疗。同时，网络心理问题涉及多个学科范畴，难以单纯依靠医务人员或心理专家单方面进行治疗，并且医学界和心理学界对此种疾病的认识也只处于起步阶段。因此，要想治疗网络心理问题，必须让计算机科研人员、医学家、心理学家、思想政治教育家共同进行深入研究和探讨，从而达到标本兼治的目的。

(二)大学生网络心理问题的类型

网络对于正处于心理发展"断乳期""危险期""关键期"的大学生，有着直接、激烈和深刻的影响，导致部分大学生沉迷虚拟世界，荒废学业，出现不同程度的心理问题。大学生网络心理问题大多数表现为"感情上自我迷失，角色上自我混淆，道德上自我失范，心理上自我脆弱和交往上自我失落"。归纳而言，大学生网络心理问题主要包括六类：网络成瘾、网络恐惧、网络孤独、网络抑郁、网络自我迷失和自我认同混乱、人格障碍。

1. 网络成瘾

与赌博成瘾者相似,网络成瘾者也是在无成瘾物质作用下行为冲动失控,这导致上网者精神颓废、萎靡不振、学业失败、工作表现变差等弊害。网络成瘾综合征(IAD)是纽约的精神病医生依凡·金伯格于1994年发现的一种新的心理障碍。他将其定义为"无成瘾物质作用下的上网行为冲动失控",这是过度使用互联网而导致的一种现象。大学生过分沉迷于网络是一种心理不健康的表现,典型的症状有上网时间持续数小时且一直精神焕发、兴高采烈;下网后则精神颓靡、表情呆滞、情绪失落、生物钟紊乱、社会活动减少、自我评价降低,且大量吸烟和饮酒,对现实生活失去热情,有的大学生甚至荒废学业,产生自杀意念和行为,滥用药物。网络迅速普及,使部分大学生痴迷于网络,完全不能自拔。

网络成瘾的五种类型及具体表现,如表2-2所示。

表2-2 网络成瘾症的类型及具体表现

类型	具体表现
色情成瘾	上网者极为迷恋网上的色情图片、色情影视、色情音乐、色情笑话以及网络色情文学作品等,每周花费大量时间浏览、观看色情网站
游戏成瘾	由于网络游戏的数量大、花样多,而且更新速度快,上网者对其过分痴迷。大学生尤其热衷于那些互动性很强的智力开发游戏,但是那些反动愚昧、血腥暴力、色情的游戏,也吸引了很多大学生,这对他们造成了很大的毒害和误导
视听成瘾	上网者在网络上花费大量的时间光顾音乐、影院网站,疯狂地阅览网络音乐和电影资料
网络交际成瘾	上网者利用各种聊天软件、网站的聊天室或专门交友网站进行人际交流,发生网恋、网络黑交易,发表反动或愚昧言论,甚至产生网络欺诈与愚弄等错误行为,从而诱发犯罪
信息超载成瘾	这包括强迫性地从网上收集非迫切需要的、无关紧要的、无用的大量垃圾信息。这种行为是纯粹的盲目行为,没有预先的计划和目的,会白白浪费很多时间,可以说是一种网络生活怪癖

2. 网络恐惧

大学新生,尤其是来自经济欠发达地区的农村学生,几乎没有接触或很少接触过互联网。当他们进入大学后,面对丰富多彩的网络界面,看到接连不断出现的各种电脑软件、书籍,看着周围同学熟练地使用电脑查找信息、自由聊天、观看各种节目时,不禁感到害怕和迷茫。"害怕"是担心自己学不会或学不好计算机操作,以至于不能有效利用网络来学习和生活,甚至可能成为"网盲",由此产生对网络的畏惧感。另外,一些对网络比较熟悉的大学生也害怕跟不上网络快速发展,害怕掌握不了新的网络技术而被淘汰。"迷茫"则是因为众多的电脑书籍和软件让他们眼花缭乱,不知所措,而对网络产生害怕的感觉。因此,网络心理畏惧常常发生在大学新生的身上,而且这种恐惧感很可能在较长时期内一直伴随着他们。

3.网络孤独

网络孤独主要特征为人们的社交功能与交流技巧出现了一定程度的障碍,异常动作、复杂多样化的行为明显增多。由于网络交往具有广泛性、间接性、自主性、随意性、开放性、多元性、安全性、隐蔽性等特点,人们常常会轻易被网络交往所吸引。过分依赖网络的大学生由于可以在网络世界里自由自在地与他人进行交往,不受约束地放纵自己的情感,再加上避害就利的心理,他们会将现实世界的情感移植到网络虚拟世界中。

一些大学生由于性格内向、自卑,心思敏锐,惯于独自承受心理负荷,不愿意或不善于与他人交往,厌恶人情来往。当网络时代到来时,他们对网上交往这种匿名、隐匿性别和身份的形式极其喜欢,经常向网友宣泄自己内心的压抑、不快以及不良情绪,讲述自己的"心情故事"。这时他们觉得心情得到了放松,并在精神上感到愉悦,还从网友那里得到了一定的心理安慰。于是,他们慢慢地对现实生活失去了感受力和参与感,终日在网上漫游,局限于用人机对话的模式来进行人际交往。由于减少了现实社会中人与人的交流,这些大学生逐渐与周围伙伴疏离,彼此间的感情日渐淡漠,生活的情趣也开始消磨,变得越来越孤僻,内心倍感空虚。不上网时,他们发现自己依然要面对现实生活的烦恼,感受那份难以排解的孤独,于是产生了情感交往上的"网络漂移"症。

4.网络抑郁

抑郁是一种持续时间较长的低落消沉的情绪体验,处于抑郁状态中的大学生缺少青少年应有的朝气和活力,看到的万事万物都是灰暗的,言语动作减少,孤独沉默,对什么都提不起兴趣,更不愿意主动与人交往,常常感到精力不够、情感低落、容易疲劳、注意力以难集中、思维迟钝,同时伴有消沉、自怨自责、痛苦、羞愧、悲伤、忧郁的情绪体验,严重者甚至会自我封闭和轻生。他们的自我评价也偏低,总是过分自责,遇事总往坏处想,对前途悲观失望。抑郁症严重困扰大学生的学习生活,对人际交往产生负面影响,给家庭和社会带来沉重的负担。

5.网络自我迷失和自我认同混乱

网络人际交往的匿名性使得现实社会中的规范、规则、道德失去了应有的效应,大学生在网上表现自我时,往往抛弃现实社会生活中的自我,甚至企图借助网络将自我凌驾于现实社会之上。一些大学生在上网时,妄想凭借网络所提供的方便性和隐蔽性,完全摆脱现实世界对个人的规范和要求,全力追求个人心理的满足,为此不断更换自己的网络身份,没有人知道他是谁,用网络掩盖自己的真实面目、真实声音。这时他便可以随心所欲扮演各类角色,玩各种游戏,发泄对现实社会的不满,甚至还在网上随意谩骂、诽谤他人,编织不文明语言或暴力游戏去投人所好、伤害他人,可以说,在网上尽情地展示出了人性的阴暗面。网络虚拟世界给个体带来了自我体验的"边缘感",典型例子为网络黑客、网络犯罪。

此外,美国心理学家艾里克森指出,青少年面临的冲突是同一性与角色混乱的矛盾。这里所说的角色混乱就是指个体不能正确地选择适应社会环境的生活角色,不能整合自己所承担的各种角色。在以计算机为终端的网络虚拟世界里,部分大学生无法正确认识自己,不知道自己是什么样的人或想要成为什么样的人。由于大学生还没有形成清晰、牢固的自我同一性,当网络屏蔽了他们与现实生活的联系时,他们会误以为网络虚拟世界中的他人就是现实生活中的他人,网络所虚拟的现实就是现实社会中的真实生活,很容易造成角色混乱、性别混乱、权威混乱等心理危机。

6.人格障碍

过度沉迷于网络,在网上进行人际交往容易诱发各种人格障碍,比较突出的有以下两种。

(1)双重人格障碍。双重人格障碍主要表现为一个人具有两种或多种人格身份,这些人格身份交替出现在不同时间、不同地点。大学生在网络上进行人际交往时,长时间对自己的真实身份和性别进行隐匿,也容易造成人格分裂,危害自己的心理和他人的情感。同时,还容易引起交往双方的互相怀疑,不利于建立真正的、彼此信任的友谊。部分大学生在网上交际时,经常扮演与自己实际身份和性格特点相差甚远的虚拟角色,如一个沉默寡言、十分邋遢的男孩在网上表现得非常阳光、能言善辩;有的大学生还同时拥有多个分别代表不同身份和性格特点的网名,女扮男、男扮女的现象在网上也普遍存在。在这种情况下,部分大学生经常面临网上网下判若两人,或徘徊于多重角色之间。当多重角色之间的矛盾与冲突达到一定程度或角色转换过于频繁时,就会出现双重或多重人格障碍。

(2)攻击型人格障碍。网络人际交往具有间接性、非现实性、匿名性、隐蔽性等特点,这使得上网的人们认为无需对自己的言行承担任何法律责任或者受到道德的谴责,他们常常在言语上非常直接坦率,感情表达十分直接,有些大学生甚至在网上做出了违法犯罪和不道德的行为。有些极端的大学生还对他人进行人身攻击、人格侮辱,贬损其名誉。当一个人的某种行为习惯养成之后,在一定条件的刺激之下,有可能转换成个人的人格特点,并可能强化其人格特质中的攻击性因子,形成攻击性人格。针对大学生的网上交往道德状况调查显示:上网的大学生在网上交往中可能会发生网上攻击性行为或违法犯罪行为。

(三)大学生网络心理问题产生的原因

归纳而言,大学生网络心理问题产生的原因主要有以下几点。

1.追求不现实的"成功"

在网络虚拟世界中,个体能够比较容易获得心理上的满足。这是因为网络提供了新的方式来满足人的心理需要,这种方式就是隐藏真实的自我。如果大学生将替身的成功当作是自身的成功,就会迷失自我。因此,大学生沉迷于网络世界会导致各种各样的心理问题,如网络机制缺乏必要的制约力而造成大学生的自我道德意识弱化及自我膨胀;长期处于虚拟角色扮演状态会使大学生表现出自制力及行为责任意识降低,较少关注社会评价,还会做出一些违背社会道德的行为,并且不感到内疚、羞愧、恐惧。生活中的压抑在网络世界得以宣泄,从而使得大学生在一定程度上获得了心理治疗,并产生了强大的内驱力。但是,大学生的心智发展尚不完全成熟,很容易过分依赖网络,长期沉迷于网络世界,从而导致性格孤僻。

2.上网动机不良

部分大学生上网的动机不正当、不纯洁,如有的大学生专门通过网络来骗取对方的情感,即人们常说的网恋,一旦失去新鲜感,马上更换网恋对象,极大地伤害了对方的身心健康。也有部分大学生上网是为了骗取钱财。

3.家庭教育存在问题

研究表明,家庭气氛越好,子女对现实社会生活的参与度和满意度越高,其情感体验和表达就越积极正向,并且乐于参与各种社会活动,较为认同和适应集体,对生活保持乐观的态度。当进入网络世界时,也能保持较为清醒的认识,从而能最大化地利用网络所带来的便利。家庭气氛越差,子女对现实社会生活就越疏离,产生的负性情绪也越多,从而更易在网络虚拟世界中寻求情感补偿,而过多使用网络又会导致其社会联系大量减少,出现各种心理问题。

心灵探索

活动一　走进心理健康课程

1.活动目标

激发学生对心理健康课程的学习兴趣,帮助学生认识心理健康的重要性,体验自我认知、情绪、人际关系等重要组成部分在保持与维护个体身心健康方面所起的积极作用。

2.活动步骤

活动流程见表2-3。

表2-3　活动流程

活动阶段	项目序号	活动内容	活动目的	时间控制	道具准备
热身阶段	活动一	从"心"开始	抓住学生的注意力,提升学习兴趣	10分钟	朗读材料
实施阶段	活动二	姓名串烧	促进班级新成员尽快认识彼此,推动班集体意识的建立	30分钟	无
	活动三	悠长假期	启发学生合理规划大学生活,珍惜时光	40分钟	纸、笔
	活动四	魅力四射	引导学生对自身人格特质分析,发展积极正向人格,增进人际关系	30分钟	无
	活动五	打开千千结	正确面对、理性分析人际交往中的困境,主动交流,团结协作	30分钟	空旷场地
升华阶段	活动六	放松按摩	放松身心,在舒缓融洽的氛围中凝聚团体	10分钟	放松音乐
	活动七	国王与天使	感受团体中的关爱与自我价值,增进了解与亲密度,提升班集体凝聚力	10分钟	写名字用的纸条

活动二　从"心"开始

1.活动目的

调动学生参与课堂的积极性,抓住学生的注意力,提升学生对本课程的学习兴趣。

2.活动准备

几段长短不同、带"心"字的朗读材料。

3.活动方法

根据场地情况和参与人数,所有参加人员围坐一圈或按横排首尾相接。每个人将左手掌朝下伸向左前方,右手食指伸出,点在右侧人员伸出的左手掌心中,要求食指必须与掌心接触。听导师读材料,每当听到"心"这个字时,所有参加人员需要迅速用左手抓住左侧人员的食指,同时也要迅速将自己的右手食指缩回,不要被右侧的人抓住。

【玩法提示】

(1)集中精力参与,认真分辨故事中关键字,保持动作的敏捷性。

(2)一方面力图抓住左边同学的手指,另一方面避免被右边的同学抓住。

注意:一定要抓住"心理"的"心"字才算成功,听到"辛苦""新生"等词语里的"辛""新"作出错误的反应,则判定为当次失误。

4.活动思考

通过这次活动,你认为游戏成功的关键是什么? 活动过程中认真听取材料、分辨关键字、保持注意力,在抓住别人的同时避免被抓,你认为如何更好平衡这中间的关系?

拓展 阅读

网络心理问题干预的
专业指南和方法

认清自我　完善自我——培养自我意识

情境 导入

晓刚，21岁，某理工学院四年级学生。他相貌堂堂，一表人才。四年来，他一方面努力完成学业，另一方面从事一些兼职工作，显得很成熟，与周围的人相处得很好。在别人眼中，他是一个自信、开朗、有幽默感、坚强而有头脑的人。但他说这不是真正的"我"，他在心底藏着另一个胆小、懦弱、自卑的"我"，而那个外在的"我"不过是表面现象而已。

晓刚始终能体验到两个"我"在斗争，一个要求他自信坚强，另一个迫使他自卑懦弱。他觉得自己每天都戴着面具生活，外在的"我"只不过是个虚假的外壳，所以他总是被真正的"我"打击着，经常产生危机感和不安全感。他越努力表现自己，就越有压力，总觉得外在的"我"和内在的"我"不能统一起来。这正是青年人容易遇到的自我同一性的问题，是个人的内部状态与外部环境协调一致的问题。

无论是外在"我"还是内在"我"，都是自我构成的一部分，个体应学会接纳自我、整合自我，既要看到自己优秀的一面，也不要贬低内在"我"，通过实际行动提升内在的"我"，从而解决自我同一性的危机。

『思考』

如何理解晓刚体验到的两个"我"的现象？

学习 目标

◆知识目标

1.理解自我意识的基本概念及其在个体发展中的起源和演变过程。

2.理解自我意识在个体心理和行为中的基本作用。

3.掌握自我认知偏差的类型及其形成机制。

4.理解自我意识健全与心理健康的关系及其相互影响。

◆能力目标

1.能够描述和解释自我意识在个体生活和社交中的具体表现和影响。

2.能够分析和评估个体自我意识在不同情境下的影响力和调节机制。

3.能够识别和描述自我认知偏差对个体决策和行为的潜在影响。

4.能够应用理论知识为大学生提供个性化的自我意识发展指导和支持。

◆素质目标

1.培养对自我意识多样性和个体差异的尊重和理解。

2.提升在个体心理健康支持和干预中对自我认知偏差的识别和处理能力。

3.提升大学生建立积极自我意识的能力。

4.增强大学生自我意识成长的能力和实际行动意识。

思维导图

```
                                        ┌─ 一、自我意识的概念
                    ┌─ 自我意识的产生与发展 ─┼─ 二、自我意识的相关理论
                    │                      └─ 三、自我意识的发生与发展
                    │
自我意识与培养 ──────┼─ 自我意识的作用与自我认知偏差 ─┬─ 一、自我意识的作用
                    │                              └─ 二、自我认知偏差
                    │
                    └─ 自我意识的培养 ─┬─ 一、大学生自我意识发展中的问题
                                      └─ 二、大学生自我意识的培养
```

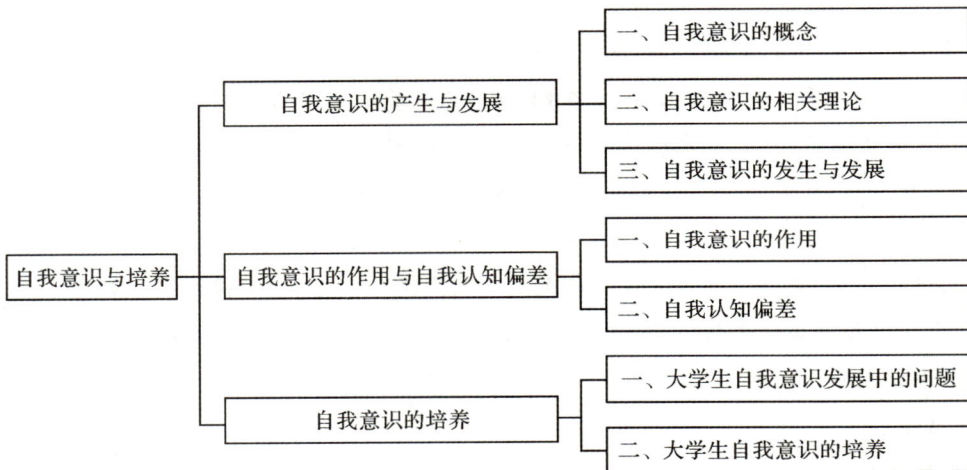

▶ 任务一 自我意识的产生与发展

一、自我意识的概念

关于自我意识的研究历史悠久,早在古希腊时期,先哲苏格拉底以德尔菲神庙的箴言"认识你自己"作为自己的座右铭,可见,两千多年前的哲学界已经有了对自我的思考。时至今日,"我是谁?我从哪里来?我将到哪里去?"依然被学者称为哲学史上最难回答的三个问题。

真正从心理学意义上对自我概念的研究是从詹姆斯开始的,他把"自我"从意识活动中区分开来,将"自我"概念引入心理学。自詹姆斯1890年把自我概念引入心理学至今,心理学对自我概念的研究曾几度兴衰。而对于自我概念的界定,也因不同学派心理学者研究取向、角度、方法上的差异,出现了多种不同的解释。

在此,我们综合地对自我意识做如下解读。

自我意识是指自己从多角度、多层面、全方位对自己以及周围环境关系的认识、体验和评价,是个体关于自我的全部思想、情感和态度的总和。

所谓"认识"即我感知到的"我",如"我"的外形外貌、学识能力、个人背景、人际关系等;所谓"体验"即我感受到的"我",是"我"对如上各种自我认识或积极或消极的情感接纳;所谓"评价"即"我"对自己现状及发展前景的定位。

简言之,自我意识是指自己对自己所有的认识,是个体拥有的关于自我的整体信息,如相貌、身高、身材、兴趣、爱好、性格、气质、社会关系、社会地位,自己在群体中应该享受的权利、所承担的义务等。可以说,与我有关的一切,共同构成了一个我。

心灵拓展

"人设"与印象管理

"人设"即人物设定,原指文艺作品中对人物角色形象的各种设定。现在"人设"更多地被用作对公众人物,特别是对流量明星的包装,诸如"学霸人设""毒蛇人设""暖男人设""吃货人设"等类型层出不穷。面对如此之多花样翻新的"人设",很多人不禁发出感叹,觉得演艺圈太不真诚了。其实,在戈夫曼的拟剧理论中,不止演艺明星,我们每个普通大众都有"人设"。这个"人设"就是自我的前台部分,是呈现在别人面前的你自己,换句话说,是你按照自己的预期所包装的印象管理。比如,面试时精心准备的自我介绍,同学会上定制的衣着妆容,社交媒体中精心处理过的照片等。

好的人设和印象管理,能帮助我们最大范围地展示个人的魅力,拉近与他人的关系,获得更多的支持与肯定。

那么,如何才能建立一个好的"人设"呢?

1.多一些真诚,少一些套路

印象管理要展示自己更好的一面,这无可厚非,可是需要注意,好的一面应是真实的,而非虚假的。真实的人设管理起来更加容易掌控,也更加游刃有余。

2.寻求内群体的比较和参考

在社会心理学中,一个人在工作、学习等群体生活中与之互动最密切的群体被称为内群体。内群体满足了个体关于归属与爱的心理需求,在自我印象管理的过程中,在内群体中寻找参照样本,有利于与群体保持一致性,获得群体内更多的认同。

3.挖掘自身潜能

"人设"能帮助我们获得更好的外在评价,但也要知道,这只是一种自己在社交场合中的形象梳理。个体不应当被这个框架限定,而是要在此基础上,不断充实与丰富自己,开拓更广阔的人生体验。

二、自我意识的相关理论

自我意识是一个多层次、多维度、复杂的心理系统,依据不同的情况应运用不同的理论。

(一)拟剧理论

拟剧理论是运用社会学来解释人类行为的经典理论。它借助表演、场景和角色等戏剧用语类比日常生活,以此对人类行为展开研究。该理论的代表人物戈夫曼引入戏剧表演中的"舞台"一词,将人类的日常活动比作舞台,进而区分出前台自我和后台自我。

1.前台自我

前台自我是一种制度化的社会存在,人们所扮演的通常是具有一定理想化和社会化的自我。广义上的前台表现就是在公众环境中我们展现的行为举止,如新生报到时的你,站在学生干部竞聘台上的你,或者刚刚开始进行一段恋情的你等。

2.后台自我

台后自我即破除了条条框框的限制,更多的是自发性主我的流露。在后台,人们不必像在台前那样关注自身形象以及布景的限制,其行为是自然放松的。后台自我更多是一个人在熟悉的圈子里的真实的样子,如居家的老师和讲台上的老师的不同表现,面对父母和出门见恋人的不同穿搭举止等。

(二)精神分析理论

对于即将在几年后开始的职业生涯,你是否已经有明确的自我规划,是否清楚未来的方向?你知道自己该往哪里去,该做什么吗?相信很多学生还没有确定的答案。没有答案,就容易产生恐慌和焦虑,而你可能完全没有感受过类似的负面体验。这可能要归功于你内在的"我"一直在本能地"做些什么",以此来缓解、掩盖和躲避自己的焦虑。

在精神分析流派创始人弗洛伊德的人格结构理论中,自我结构被划分为本我、超我、自我三个层次(图 3-1)。

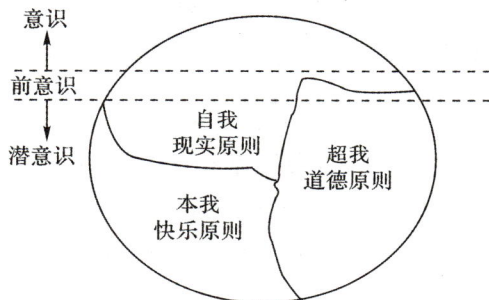

图 3 - 1 弗洛伊德人格结构理论

1.本我

本我是自我结构中最原始的一个部分,遵循快乐原则行事,贪图享乐,常常只追求当下的快乐,而没有长远的眼光与对现实的认知和分析。

2.超我

超我是自我结构中积极上进的部分,遵循道德原则行事,代表社会的道德要求和行为标准,与"本我"天然冲突。

3.自我

自我是"本我"和"超我"二者的协调者和统筹者,遵循现实原则,尽力让二者协作共进。

在个体成长发展过程中,内在超我和本我的冲突会造成个人的困惑、焦虑、迷茫、挣扎等现实状况。我们将其称为自我的内在整合冲突。一般认为,这个过程要到 25 岁左右才结束。当然,这只是一般值。具体整合情况因个体人格差异与阅历等不同而变化。

(三)差序理论

在初次见面的场合,你是怎么介绍自己的?

心理学家研究发现:东方人在介绍自己时,通常会习惯性地先说自己来自哪里,以所属单位或学校等社会关系开场;而西方人在介绍自己的时候,更强调个人的兴趣爱好、行为特质等。

我国著名社会学家费孝通在其论著《乡土中国》中提出和归纳了这种东西方社会生活中的自我差异,并将其以"群体格局"和"差序格局"命名。

1.群体格局

西方社会的自我格局,被费老师称为群体格局。他将西方社会构成形象地比喻为田里的柴火,几根束成一把,几把束成一扎,几扎束成一捆,几捆束成一挑。若将中间扎起的绳子剪开,彼此仍是一根根独立的柴火。西方人的自我是更为独立的自我。

2. 差序格局

比较起来,东方传统社会的自我格局显得更为复杂,被称为差序格局(图3-2)。就像一块石头丢在水面上一圈圈推出去的波纹,波纹愈推愈远,也愈推愈薄,每个人都是他所推出去的圈子的中心,被圈子的波纹所推及的就发生联系。投下去的石头就是"我"自身,而周围或近或远的一圈圈涟漪,是我们自身与周围人群亲疏有别的人际关系。很明显,东方人的自我结构比西方更为复杂,是关系化的自我、互相依存的自我。

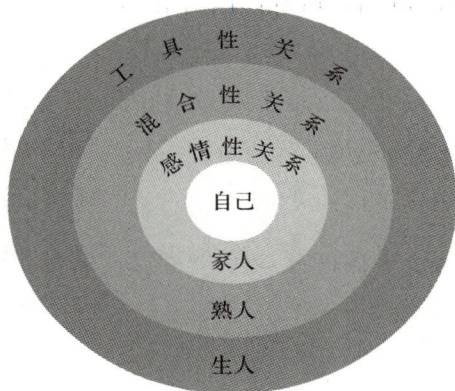

图3-2　费孝通东方人自我的差序格局

东方的传统文化倡导集体主义,一方有难八方支援,而西方的传统文化倡导自由、独立,推崇个人英雄主义。久而久之,东方人更容易形成关系中的自我,侧重我与外在世界发生的联系,与家人、同学、朋友等的关系,而西方人的自我则是个人特质的自我,更加趋向于独立自主的个性。

三、自我意识的发生与发展

我们是从什么时候开始意识到自我的?人类的自我意识从无到有,最终达到相对稳定成熟,大致经历以下几个发展阶段。

(一)自我中心期

刚刚出生的婴儿尚未出现自我意识,还不能把自己和外界事物分开。这个时期的婴儿依旧生活在主体与客体尚未分化的状态之中。

大约在8个月时,他们的自我意识开始萌生,这就是最初形态的自我意识。他们能意识到自己身体的存在,当听到自己的名字时能够做出相应的反应,可以将自己与外部区分开来。

在9～12个月时,他们能认识自己的面孔,看到自己的照片、视频、镜像等,会有模糊的亲切感,对着自己的照片或影像微笑、拍手,具备了模糊的自我意识。

1岁以后,给幼儿眉心点上红点,再抱到镜子面前,孩子可能出现有意识的擦额头的举动。这表明他们知道镜中人是自己。这个点红点的测验就是发展心理学著名的"点红"实验,与对动物自我意识的探索两两对照,不难发现,猩猩等动物的自我意识大概等同于1岁左右的人类婴儿。

2～3岁时,幼儿能够使用第一人称代词"我"称呼自己,这是自我意识完全萌生的重要标志。随着"我"的使用频率的提高,要求"我自己做"的事情越来越多,开始有了自己的要求,应该说3岁幼儿的自我意识有了一定的发展,但其行为仍是以我为中心的,即以自己的身体为中心,用自己的想法解释外部的世界,并将自己的想法和情感投射到外界事物上去,呈现出明显的"自我中心"特点,这也是幼儿心理自我发展的前三年被称为"自我中心期"的重要原因。这种自我中心的特点是儿童最重要的心理特点之一,从2岁左右萌生,3岁后表现最为突出,通常持续到6～7岁。

心灵拓展

皮亚杰的"三山实验"

"三山实验"是知名发展心理学家皮亚杰针对3～7岁儿童设计的经典实验之一,以此证明该年龄段儿童自我中心化的特点。

实验内容:在桌子上放置三座山的模型,在高低、大小、位置上,三座山之间有明显的差异。实验时,先让儿童从模型的不同角度观察这三座山,然后让他坐在其中一边,将一个布偶娃娃放置在他对面(图3-3)。

此时实验者要儿童回答两个问题。第一个问题是"你看到的三座山是什么样子?"第二个问题是"布偶娃娃看见的三座山是什么样子?"并要求儿童从四张图片中指出哪一张是布偶娃娃看到的"山"。

结果发现,儿童对两个问题给出同样的答案(即认为娃娃看到的景象与自己看到的相同),只会从自身所处的角度看三座山的关系,而不能设身处地从对面娃娃的立场来看问题。据此得出结论:"自我中心"是该年龄段儿童心理发展阶段的共有现象。

图 3-3　皮亚杰"三山实验"

(二)客观化时期

从 3 岁到青春期,大概是幼儿园到初中以前的时间段,是自我意识发展的客观化时期。这个时期个体受社会化影响最深,也是个体学习社会角色规范的重要时期。个体主要通过观察、模仿、学习、认同、内化的形式逐步形成各种性别角色、家庭角色、社会群体角色,习得社会规范。

这一时期自我意识的特点是模糊的、不自觉的、被动的。个体虽然能够感受到自己的内心世界,但仍然主要依据外在的评价去认识自己、他人及周边世界。对自己的认识往往服从于父母、老师等权威。

如果问这个年龄段的孩子"你是一个什么样的人?"许多孩子会答不上来,说没有想过。即使回答了,也往往是对自己一些外部特点的描述,如我是一个"爱画画的人""守纪律的人""喜欢猫的人"等,或者是转述老师、家长或其他成人对他的评价。他们也意识不到自己所面临的各种矛盾,因而内心世界很平静,没有忧愁、没有烦恼,是一个"从快乐到快乐"的时代。

(三)主观化时期

主观化时期延续时间最长,从青春期一直延续到成年期。大概在初中到高中阶段,个体开始"发现"了自己,如发现自己能想出某个主意而别人想不出,从而感到自豪、得意;开始关心自己的发展,出现理想或幻想;还有了许多内心的"小秘密";开始对周围人的想法、个性等感兴趣……自我意识的全新发展和最后成熟,是从青年初期(高中阶段)开始的,并在青年期内基本完成。

这一时期,个体经历了由分化到矛盾再到统一的过程,最终完成自我整合。这一时期是自我意识发展的关键时期,自我意识主要表现出如下特点。

1.平衡理想我与现实我

平衡的具体做法为:努力改善现实自我,使之逐渐接近理想自我;修正理想自我中某些不切实际的要求,使之与现实自我接近;或者放弃理想自我而迁就现实自我。

2.抽象思维能力大大提高

这一时期个体的自我意识能超越具体的情境,进入精神领域。

◎ 任务二　自我意识的作用与自我认知偏差

一、自我意识的作用

(一)自我意识对个体成长的影响

1.促进个体社会适应,建立和谐的人际关系

自我意识健全的人能够正确地评价自我,同时也能科学客观地认识、评价他人与社会,能够建立和谐的人际关系。如果大学生过分地以自我为中心,会出现理想自我与现实自我差距过大,容易造成社会适应不良和人际关系不协调,从而影响其心理健康。

2.促进个体自我教育,完善自我

自我意识健全的人能够正确评价、认识自我,可以有效地进行自我调节,并控制、纠正心理偏差,缩小理想自我与现实自我的差距,以达到加强自我教育的目的。如果不能很好地客观评价自我则需要重新调整认知结构,改变对自己的认识,重塑理想自我以接近现实自我,达到与社会统一协调。

3.促进个体自我调节,创造最佳心理品质

健全的自我意识通过合理的自我认识、良好的自我体验、自觉的自我调节,能促进自我实现,最大限度地挖掘自身心理潜能。

(二)自我意识能够丰富人的情感

个体自我意识成熟后会形成一个新的更高级的情感世界。如当人意识到我是独特的时会产生独孤感;当有自尊需要时则产生羞耻感;当发现存在一个内在自我时,会感到内在自我和外在行为的种种不符或冲突而产生痛苦彷徨等新的情感;当把自己的情感作为自我意识的客体时,才得以发现大自然的美丽,音乐、绘画等艺术品之美,从中体验到美感。

总之,自我意识的不断发展完善使得人的情感日益丰富,生活日益多彩。

二、自我认知偏差

需要指出的是,人在认识自己的时候,往往是达不到完全客观的,可能出现这样或那样的认知偏差。认知偏差是指人们在知觉自身、他人或外部环境时,常因自身或情境的原因使得知觉结果出现失真的现象。在自我认知方面,个体倾向于以有利于自身的方式进行自我知觉。比如,我们倾向于把成功归因于自己的努力、智慧和能力等内部因素,而将失败归因于运气不好、客观条件受限等外部因素。

这种把成功归因于自己而否定自己对失败负有责任的倾向性,即人在自我服务方面的自我认知偏差。

常见的自我认知偏差主要有以下几种。

(一)聚光灯效应(spot light effects)

聚光灯效应是指不经意地把自己的问题放到无限大。

夏天大家都会穿得比较清凉。某天,一位女同学走在路上,听见身后不远处两个同学在交谈,提到夏天到来,最早穿裙子的女生都是腿比较细的那些,因为腿粗的姑娘先穿了裙子大家都会注意到她长了一副"萝卜腿"。本来是无心之谈,可是听到对话的女生却特别在意,回到寝室反复照镜子,询问室友自己是不是长胖了,甚至可能开始新一轮的减肥。造成这种情况的原因可能就是聚光灯效应。

心灵拓展

聚光灯效应

聚光灯效应又称焦点效应,是美国心理学家季洛维奇和萨维斯基于 1999 年提出的心理学名词。

当时,心理学家季洛维奇和萨维斯基在美国康奈尔大学设计实施了这样一个有趣的心理实验:要求被试穿着十分怪异出格的衣服在马上要上课的时候走进教室,招摇地从前门走进去,经过所有的座椅,然后到达教室的最后排坐好,下课后,再从后门离开。结果显示,被试认为有 50% 以上的人都注意到了他,但针对当时在场同学的调查显示,被试的被关注度其实只有 23%。

由此推论:人们往往以为自己是一切的中心,是所有情境的焦点。太在乎和自己有关的事物,这就是聚光灯效应。

英国心理专家艾玛·库克撰文称,有两种情况最容易遭遇聚光灯效应。第一,重大聚会之前;第二,过度关注自身,而忽视了外部评价。

聚光灯效应的启示:正反方向的聚光灯效应可带来自卑和自负。我们假设自己的成功所有人都知道,其实并不是;相反,我们的失败也并非你想象的那么多人关注。的确有一些人当时注意到了,但是他们很快就遗忘了。活用这个知识,可以有效缓解舞台紧张、面试紧张等心理反应。

1. 自卑与自负

在大学生自我意识发展过程中最常见的认识偏差包括自卑和自负两种。

(1)自卑。其主要是指个体自我意识评价过低,自愧无能而失去自信,伴有自怨自艾、悲观失望等消极情绪体验。自卑常常以消极防御的形式表现出来,如猜疑、焦虑、紧张、不安、羞怯、孤僻、自欺欺人等。自卑的人十分敏感,经不起刺激。

(2)自负。与自卑正好相反,自负是个体过度自信的心理表现。自信本来是一种优秀的品质,但有些学生如果过度自信,骄傲自大,听不进他人的建议和劝告,一意孤行,这种自我膨胀的自信就很容易导向"自负"。自负的人缺乏自知之明,容易失败,也容易受伤。

2. 自卑产生的原因

自卑心理产生的因素很多。如消极的心理暗示(我不行或我不能;唯恐别人耻笑);过低的自我期望,容易用已发生的负性结果验证自己的能力;过强的自尊心也是造成自卑的主要原因。自尊心过强会导致自尊需求得不到满足,会产生心理失望,从而丧失自信心。另外,如果一个人经常遭遇挫折和外界打击也很容易产生自卑心理。

3. 如何克服自卑

自卑往往是自己给自己的心理压力,可以通过调整心态加以克服。心理学家阿德勒认为,每个人都有先天的生理或心理欠缺,这就决定了每个人的潜意识中都有自卑感。若处理得好,会使自己超越及克服自卑去寻求优越感,若处理不好就将演化成各种各样的心理障碍或心理疾病。以下方法可供大家尝试,用以克服自卑心理。

(1)积极心理暗示。当你在某些情况下时,不妨对自己说"别人行,我也能行""别人能成功,我一定能成功",以此鼓励自己,增强自己的信心。

(2)体验成功的乐趣。经常回忆依靠自己的努力而成功的事或合理想象将取得的成功,以此激发自己的自信心。

(3)学会正确归因。当遇事时,要分析事情出现的原因,不能因一次失败就认为自己能力不行,殊不知这次失败的原因很可能是多方面的,不一定是能力不足造成的,对过去的成绩要做客观分析。自我评价不宜过高,要认识自己的缺点和弱点,充分认识自己的能力、素质和心理特点。要实事求是,不夸大自己的缺点,也不抹杀自己的长处。特别要注意对缺陷的弥补和优点的发扬,将自卑的压力变为发挥优势的动力,从自卑中超越自己。

(4)建立兴奋点。当你处于劣势或面对自己的弱项时,可以通过有意转移话题或改做别的事情来分散自己的注意力。如可将注意力转移到自己感兴趣的,也是最能体现自己才能的活动中去,以淡化和缩小弱项在心理上造成的自卑阴影,缓解压力和紧张情绪。

(5)自身行为调整。如行走时抬头挺胸;目光要正视别人;敢于当众发言;想到就去做;把微笑挂在脸上。

(二)乐观偏差(optimistic bias)

乐观偏差又称非现实的乐观主义(unrealistic optimism),是指人们倾向于认为自己更可能经历积极事件,而他人更可能遭遇消极事件的现象。

对于他人遇到的积极事件,更容易产生与自己有关,自己也可能遇到类似事件的联想。如看到媒体报道有人中了彩票大奖,进而产生自己如果中奖要如何分配奖金的联想,而对于车祸、癌症等灾难性事件,则很少产生与自身相关的联想。

乐观偏差的启示:乐观偏差与自我中心有关。乐观偏差的好处在于让我们觉得自己的生活、自己周围的世界更美好;相对应的弊端也十分明显,认为坏事不会降临,所以不做出适当防御。如明知熬夜、酒驾等行为有害,可在很多时候,仍然缺乏必要的风险意识,直至结果难以挽回才追悔莫及。

(三)虚假独特性(false uniqueness effect)

虚假独特性是指在能力方面,当人们成功时,会把自己的才智和品德看成是超乎寻常的,以满足自己的自我形象,即高估自己的优点在人群中的独特性。

虚假独特性的启示:认为自己是很棒的、很强的、与众不同的。而事实上,我们大部分人都是芸芸众生中的一员,需要保持理性,找准自己的真实定位,才不会错判时局。

(四)虚假普遍性(false consensus effect)

虚假普遍性是指在道德方面,当人们行为不佳时,会高估自己观点和立场的普遍性。

虚假普遍性的启示:认为我们的观点,别人也有;我们的看法,别人也类似;我们的信念,别人也相同。虚假普遍性在很多社会事件中都有缩影,如酒驾的司机,认为别人也酒驾,是虚假普遍性;认为自己技术高,肯定不会出事,则是虚假独特性。

通过介绍自我认知偏差不难发现,人在认识自己的过程中,很难达到完全理智、客观。那为什么人类在千万年的遗传进化中,依然保留了这种认知偏差呢?那是因为这种不客观虽有弊端,但也有一定的好处。比如,相信自己比同伴拥有更多的天赋和积极的品质,能使我们对自己保持良好的感觉,产生良好的自我安全感,缓解压力,提升自信。

我们只有在保持偏差适应性的同时,理性判断、谋定后动,更好地审时度势,避免认知偏差引起的错误评价和群体冲突,才能更好地处理自我冲突与群体关系,更好地平衡自己的心理水平。

▶ 任务三 自我意识的培养

一、大学生自我意识发展中的问题

在自我意识的发展成熟期,大学生通过积极的自我观察、自我探索和自我思考对自己有了更深的认识,他们开始从多角度审视自我、调整自我,并向理想自我靠近,建立"自我同一性"。虽然不断进行着自我意识的调整、整合,但大学生在处理各种自我矛盾时,由于身心尚未发展成熟,他们在经历心理煎熬的过程中,往往面临着因自我意识偏差而产生的诸多情绪和行为问题。

(一)过度的自信(自负)与过强的自卑

大学生的自我评价存在的第一大问题是走极端,要么评价过高(自负),要么评价过低(自卑)。自信是大学生的优秀品质,有助于大学生的自我实现。但过度自信就会导致自负,缺乏自信就会产生自卑。自负是一种虚假的自信,即相信自己是天才而不再努力。自负是一种自我欺骗,是自卑的另一种表现形式。自卑与自负二者的平衡点是自信,即一个在自信的上线,一个在自信的下线。过度的自信(自负)与过强的自卑都会影响大学生心理的健全和完善,是不容忽视的自我意识问题。

(二)过分的自我中心与盲目的从众行为

大学生自我意识发展中的第二大问题是自我意识过强与自我意识太弱所表现出来的过分以自我为中心与盲目从众行为。

在人的自我意识发展过程中,处于生理的自我意识阶段就出现了自我中心。大学生的自我意识发展已进入心理自我发展的高级阶段,若仍然停留在生理自我中心的水平上,就已经是心理问题了。当大学生的自我中心倾向与个人主义、自私自利等不健康思想和过强的自尊心、唯我独尊等心理特征结合时,就会强化自我中心,变成过分注重和强调自己,忽视他人及与他人的关系,形成只顾自己不顾别人的自我意识缺陷。以自我为中心的大学生在追求自我设计、自我完善、自我实现的自我意识发展中,往往只注重个人价值的追求和实现,而忽视其社会意义,走向脱离社会的自我设计道路。

与大学生过分的以自我为中心相反的另一种自我意识问题是盲目的从众行为。从众是个体在群体的影响和压力下，放弃自己的意见而采取与大多数人保持一致的自我保护行动，是一种普遍的社会心理和行为现象。比如，学习从众、消费从众、恋爱从众，以及择业从众等在大学校园相当普遍。盲目的从众行为，反映出部分大学生自我意识弱化，独立性较差，缺乏个体倾向性的世界观、人生观、价值观。具有过强的从众心理的大学生有害怕孤独、缺乏自信等不良心理特征，加之传统的"听话""服从"的教育，会导致他们现实生活中丧失自我，缺乏主见，遇到问题束手无策，影响心理健康发展。

（三）行为上低自制力与情绪上迷茫焦虑

自我控制是自我意识的关键环节，是对自己行为、思想和言语的控制，以达到自我期望的目标。很多学生虽然深知"我应该做什么""我应该成为怎样的人""我可以选择如何去做"等自我控制的核心内容，但却无法成功地激励自己果断地付出行动，无法有效地抑制违背理想的行为或情绪。大学生的低自制力主要表现在：无法按照开学时制订的学期计划安排规律的作息和自修，往往坚持了一个星期就放弃自我约束和自我监督；无法鞭策自己为阶段目标付出持久的努力，如有的人想提高英语听说能力，但做不到每天进行早读和听力训练；无法抵御外界的诱惑，如复习阶段被室友怂恿打网游；无法控制和调适自己的情绪波动，对挫折耿耿于怀，产生强烈的自卑感，等等。

随着自我意识的发展，大学生自己的"自我"理论也进行着确立和整合。在这一过程中，对于自我理论中的一些核心概念，如"什么是我最重要的特质""什么是我未采的目标"等问题，大学生并没有明确的答案，他们尚未发掘自己最大的优势，也来不及进行长远而可行的人生或职业规划。在空闲的时间里，他们思考自己的未来，但往往思而无获，因为他们大多数心中并没有长期的计划，人生目标也没有完全确定；面对新闻媒体有关职场竞争的大量报道，他们觉得自己即将迎来的职业生涯充满了太多变数和不确定性，因为他们并没有看到自己超过他人的特质和优势。这样的思考和顾虑充斥在自我意识发展的过程中，让大学生感到不安、迷茫和焦虑，对未来没有把握，对自己也没有信心。

大学生自我意识发展过程中出现的失误、偏差是心理还不成熟的表现，这是由其身心发展状况和成长背景决定的，并不是某个人的缺点，而是所有大学生或多或少都要亲身经历的，是这个年龄阶段的特征。因而是普遍的、正常的，但也是必须调整的。只有认识到这一点，才有可能去面对它、正视它，并争取解决它，以达到自我真正的统一、强大和健康。

二、大学生自我意识的培养

一位哲人曾经说过：一个自我意识尚未觉醒的人，不是一个完整意义上的人；一个自我意识不成熟的人，不是一个真正健全的人。那么，进入大学的我们，如何才能从"觉醒"到"成熟"，不断提升自我意识，做到"更好的自己"？我们可以通过自我认知、自我悦纳和自我控制三个方面的自我教育来加强。

（一）"人贵有自知之明"——正确的自我认知

"人贵有自知之明"，全面而正确的自我认知是培养健全的自我意识的基础。有位智者说："你可能很聪明，可能博览群书，并且很会引用他人的说辞，但如果你不认识自己，你永远不可能超越肤浅的层次。"有句谚语还说："认识你自己，就能认识整个世界。"

在正确认知自我的基础上，大学生还应学会客观评价自己：运用辩证唯物论的思维方式，坚持一分为二地看待自己；善于发现自己的优点和潜力，正视自己的缺点和不足；多听取师长和朋辈的评价意见，等等。

（二）"天生我才必有用"——积极的自我悦纳

提升自我悦纳的水平重点在于做到积极悦纳真实的自我。积极悦纳自我是无条件地接受自己的一切，包括自己满意的、不满意的，优势和劣势等方面，笃信"天生我才必有用"。具体包括三方面：第一，接受自己的全部，无论优点还是缺点，无论成功还是失败；第二，无条件地接受自己，接受自己的程度不以自己是否做错事有所改变；第三，喜欢自己，欣赏自己，体会自我的独特性，在此基础上体验价值感、幸福感、愉快感及满足感。最终达到相信自己存在的价值，认可自己的能力，并在行为上表现出一种与环境和他人积极互动的心理定式。

积极悦纳自我要正确剖析自我，增强自信，要确立以能力为本的奋斗目标，要进行内省或归因训练，增强自信。

（三）"做更好的自己"——有效的自我控制

自我控制是主动、定向改造自我的过程，也是个体对待自己态度的具体化过程。健全自我意识和完善自我的根本途径是进行有效的自我控制。如何达到有效的自我控制，元认知监控不失为一种科学的管理策略。元认知通常被广泛地定义为任何以认知过程和结果为对象的知识或者任何调节认知过程的认知活动，即对认知的认知。

处于青年期的大学生，他们自我的发展与社会的发展往往存在很多矛盾。在改变不了周围环境的情况下，只能理智地选择对自我的调整。因此，根据大学生自我意识发展的特点，设计、输入正确的元认知知识，使其头脑中获得一套相对发达的元认知系统；培养大学生元认知调控能力，对其生理素质、心理素质、社会文化素质及其相互关系进行调控，实现人与环境的良性互动，使其自我意识获得良好的发展，最终形成和谐、积极的完美人格。

心灵探索

自信心小测试

请根据自己的情况,选择"是"或"否"。

(是否)1.没有人赞同我,我仍然会冷静地坚持到底。

(是否)2.我不满意自己的容貌。

(是否)3.当别人对我态度不好时,我的情绪不会受到影响。

(是否)4.我很不欣赏自己。

(是否)5.我乐意接受别人对我的批评。

(是否)6.我总觉得自己不够优秀。

(是否)7.我觉得自己是个有能力的人。

(是否)8.在参加演讲比赛之类的活动时,我心里总是没底。

(是否)9.我是一个受欢迎的人。

(是否)10.我觉得自己缺乏魅力。

(是否)11.我不喜欢与他人攀比。

(是否)12.我总觉得自己将来很难有所作为。

(是否)13.我很少为了讨别人喜欢而打扮自己。

(是否)14.我经常勉强去做自己不愿意做的事情。

(是否)15.我不喜欢他人安排或支配我的生活。

(是否)16.我认为自己的缺点很多,优点很少。

(是否)17.我经常认真听取别人的意见。

(是否)18.我总是回避与别人交往。

(是否)19.我的记性非常好。

(是否)20.学习中遇到的难题,我总是求助他人。

结果解释:

奇数题回答"是"记1分,回答"否"记0分;

偶数题回答"否"记1分,回答"是"记0分。

总分数14～20分:说明你更倾向于积极地看待自己,对自己信心十足,明白自己的优点,对自我的评价比较高;

总分数7～13分:说明你的自信心比较适中,对自己的评价不太高,也不太低,偶尔表现出缺乏信心的情况;

总分数0~6分:说明你对自己的评价比较低,显得对自己不太有信心。你可能过于谦虚或自我轻视。因此,你可能过分关注自己的缺点和不足,你需要更多地关注一些自己的优点和长处。

拓展 阅读

提升自信力的方法

开启智慧　快乐学习——学会高效学习

情境 导入

　　记笔记对于在校大学生来说是学习生活中最为普通的一个行为,也是大学生日常学习的基本功。笔记记录着收获、体会、进步。2019 年 12 月 20 日,浙江大学发起了首届最美笔记的评选活动,在全校近千份学习笔记当中筛选出了 50 份最美笔记进入网评阶段,也让我们可以通过网络来了解浙大"学霸"的笔记是什么样?

　　这些本科生学习笔记包括课堂笔记、实验报告、与学习有关的纸质笔记,以及手写版电子笔记等多种形式。我们看到,进入终选阶段的笔记媲美"艺术作品",每个学生都有自己记录笔记的风格。有图文并茂、精工细作的中国建筑史课程笔记;有构造精准、标注清晰的基础医学导论笔记;有简洁工整、要点突出的物权法笔记;有字迹秀丽、中英对照的数据结构基础笔记;有天马行空、充满创意的西方艺术历史与理论笔记……无一不体现了浙江大学学生爱学、善学、勤学的精神品质。浙江大学团委相关负责人介绍,首届最美笔记评选大赛,晒出的不仅是大学生的优良学风,更展现出当代青年孜孜以学的精神面貌。希望这样的活动让更多的学生认识学习、重视学习,提高学习效率,真正洞察"书山有路勤为径"的深意。

　　『思考』

　　开展"最美笔记"的评选有何意义? 从中我们能得到哪些启发?

学习 目标

◆知识目标

1.理解学习的概念。

2.熟悉与学习相关的理论。

3.了解当代大学生学习的特点。

◆能力目标

1.能够识别和理解当代大学生学习的特点,从而调整学习的方式和策略。

2.能够运用各种学习策略,提高学习效率和学习成果。

◆素质目标

1.培养学生的学习动机和学习兴趣,激发他们对知识的热爱和追求。

2.培养学生的学习自觉性和自主性,使他们能够管理、调节学习状态。

思维导图

```
                                            ┌─ 一、学习的含义和特点
                           ┌─ 学习的意义 ─┤
                           │                └─ 二、学习与心理健康
                           │
                           │                ┌─ 一、动机概述
                           │                ├─ 二、学习的兴趣
  学会高效学习 ──────────────┼─ 学习的动机 ─┤
                           │                ├─ 三、学习的困惑
                           │                └─ 四、与拖延症做朋友
                           │
                           │                ┌─ 一、学习策略的定义
                           └─ 学习的策略 ─┤─ 二、学习策略的特征
                                            └─ 三、学习策略的分类
```

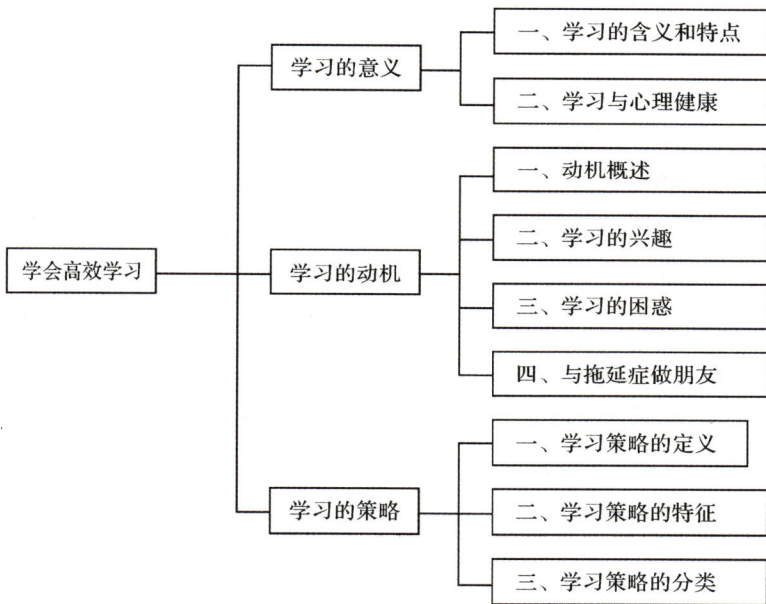

▶ 任务一　学习的意义

学习是人自身和环境相互作用、相互影响的过程,是人身心发展不可或缺的一个重要途径,是人们认识客观世界、改造客观世界的必要手段。什么是学习?学习对人的身心发展起什么作用?人的学习活动是如何产生的?这些对大家了解、学习心理学知识十分重要。

一、学习的含义和特点

汉语中"学习"一词最早出现于我国经典著作《论语》中。《论语·学而》中有"学而时

习之,不亦说乎"的表述。在我国古代,学和习是两个概念,是分开独立使用和理解的。所谓"学"是指学习各种抽象的理论知识、先贤思想,如四书五经、先贤语录及各种典籍,比较强调思维和思考能力;所谓"习"更多的是指"练习""实习"的意思,经常指练习某种技能、技艺,更加偏重于动手能力。随着古人对"学"和"习"两种行为的认识和理解,人们发现思维能力和动手能力同等重要,学习一词逐渐在各种场合广泛使用。

(一)学习的含义

在现代心理学中学习有广义和狭义之分。广义的学习是指人和动物为了生存,为了更好地适应和改造环境,通过自身活动不断重复练习以获得固定个体行为模式的过程。按照心理学家巴甫洛夫的观点,凡是能够建立条件反射的有机体,都存在学习的行为,这是动物和人类生活中的普遍现象。具体而言,学习除了能让我们获得生活经验外,还能传承数千年来的人类文明,前人的智慧、文明和历史,以往的科学文化知识和对自然界的认识等。狭义的学习是指人们的学习活动和过程,是人们有目的、有计划、有组织的按照知识的难易程度、关联程度系统地学习某种知识或技能,学习有一定的规律和方法。本章所指的学习指的是狭义的青年学生的学习活动。

现阶段,国内外教育学家对学习的阐述有很多,要给学习下一个确切的定义是十分困难的。美国心理学家桑代克(Thorndike)认为,人类的学习就是人类本性和行为的改变;美国教育家约翰·杜威(John Dewey)认为,学习是人们自身和他人经验验证、改造和改组的过程;南京师范大学吴永军教授认为,学习就是指学生在完成学习任务时经常的或偏爱的基本行为和认知取向,它是学习者连续一贯表现出来的学习策略和学习倾向的总和。

我们认为,学习本身是一种活动性的存在,是人或动物为了自身生存,在生活过程中(教育过程中)经过不断重复思考和练习,以积累个体行为经验的过程。对于大学生来讲,学习是在一定情境下掌握知识、学习技能,以及因知识、技能导致个体的行为、情感、态度和价值观发生变化的过程。在这些变化中,有些变化是可以被外界轻易观察到的,如学生进入大学后,言谈举止发生的明显变化;有些变化是潜移默化的,是内隐于心不易被察觉到的,需要借助间接的方式才可以察觉到,如受大学校园环境、文化氛围的影响,学生自身价值观、世界观产生的变化等。

需要指出的是,不能简单地将一个人产生的变化全部归于受学习活动的影响。一个人的成长、衰老、疲劳等行为变化,往往是由其身体生物因素导致的,不是由学习引起的。

(二)学习的特点

人类的学习与动物的学习在学习方式、过程、媒介和主动性等方面有本质的区别,人类的学习是完成从自然人到社会人转变的个体社会化的过程,是在社会生活实践中通过思维活动产生和实现的。在这里,我们主要探讨学生的学习问题。大学生的学习是在教师的指导下开展的,一般包括掌握知识和技能、培养智力与能力、养成道德品质和行为习惯等,有其特殊性,具体如下。

1. 以掌握间接经验为主

人类的学习过程是在实践中发展的,是感性认识向理性思考的飞跃,是改造主观世界和客观世界的过程。大学生的学习和科技工作者的研究学习是存在本质区别的,科技工作者主要探索的是未知世界的知识,更加侧重于对知识的创新和对客观世界真理的发掘,大学生学习专业知识和技能,在学习的过程中虽然也会有发明、创造性活动,但本质上还是以学习掌握前人所积累的知识和经验为主,通过对前人知识经验的吸收、消化、创新和提炼获得知识,从而认识客观世界。为了更快地掌握知识、积累经验,大学生的学习需要通过一定途径的实践对所学知识进行验证、观察、巩固和运用,这种实践学习和工人参加生产活动、科学家从事实验活动也有着本质的区别。因此,大学生的学习不是以知识的创新为主,而是以在尽可能短的时间内掌握某一领域、专业的相关知识、经验为主。

2. 在教师的指导下开展

学习是有一定科学规律可循的,学生在学习过程中,教师的指导至关重要。教师是经过严格教育、训练的教育工作者,需要掌握教育学、心理学和相关专业知识,他们掌握了一定的教育方式和方法,按照特定的教育目的和要求,根据教学计划,系统地开展教学活动。教师采用的方式方法、使用的教材,都是根据特定教育目标、学生特点,有计划地组织、设计的,因而可以有效提升学生学习的效率和效果,避免学生在学习的道路上进行无意义的探索。一般而言,中小学和本专科教育,教师的作用主要体现在对前人知识的传授、讲解上;硕士和博士研究生教育,教师的作用主要体现在给予学生研究方向、方法的引导上。

3. 知识学习和价值观改造同步进行

我国的教育工作者在党的坚强领导下,全面贯彻党的教育方针,坚持中国特色社会主义教育发展道路,坚持社会主义办学方向,立足基本国情,遵循教育规律,坚持改革创新,以凝聚人心、完善人格、开发人力、培育人才、造福人民为工作目标,培养德智体美劳全面发展的社会主义建设者和接班人。

在全面建设社会主义现代化国家新征程上,大学生是接过历史接力棒的主力军。希望大家不负时代重托、不负青春韶华,勤奋学习,树立正确的世界观、人生观、价值观,走好人生道路,为实现第二个百年奋斗目标、实现中华民族伟大复兴的中国梦贡献自己的智慧和力量!

4. 学习须有学习准备

什么时间开始学习,学习哪些内容,使用哪种方法最为有效等,这些都与学习的心理准备有关。

学习准备是一个比较宽泛的概念,一般是指学生在学习新的专业知识之前,其自身的身体、智力和生理发展水平,以及知识经验储备和心理发展水平等对新专业知识的准备和适应。人们在幼儿阶段(3～6 岁)和学龄初期(7～8 岁),学习的主要内容是简单的知识、生活技能及容易掌握的行为规则、习惯,这个时期学生个体的生理成熟水平对新学习起着重要的作用;青少年时期,随着学习内容的日益复杂、抽象,起决定性作用的因素开始转变为学生已有的知识经验、智力发展水平,学生对学习活动的认知、理解和需要,以及学习的动机、态度和行为习惯等。

学生的原有准备状态是学习新知识、开展新的教育教学活动的出发点,根据学生原有的准备状态开展教育和教学活动,在教育学上被称为"量力性原则"或"可接受性原则",这一原则能否合理、正确地运用和贯彻,取决于教育工作者的水平,这直接影响着教育教学活动的效果。学生的知识、经验准备属于显性因素,可以通过中考、高考,以及各类入学考试、面试等形式进行了解和确定,而学生的个性、认识发展准备属于隐性因素,教育工作者要对其进行测量十分困难。

二、学习与心理健康

思想开放独立、个性鲜明张扬、乐于表现自己、热爱人际交往、推崇民主平等、向往美好未来是当代大学生心理发展的基本特征。学习与心理健康的主要关系:学习对心理健康起促进作用,心理健康也会影响学习的效率和效果,二者相互促进、相互影响。

(一)学习对心理健康的促进作用

学习是个体从自然人到社会人转变的必经之路,每一个人的成长、成熟都离不开学习。学生的第一任务是在教师的指导下尽快掌握前人总结、积累的经验和知识。学习可以促进学生的心理健康和心理发展,主要表现在以下几个方面。

1. 学习可以开发人的智力,提升人的潜能

人的智力是与生俱来的,但对潜能的开发离不开教育和学习,人的智力在学习中不断发展和提高。大学生的观察力、注意力、记忆力、抽象思维和想象能力等只有在实际的学习应用中才能不断得到开发、利用和提高。一个人的智商再高,如果不学习,智能也得不到开发。具有一定的智力水平是心理健康的基础,智力的发展程度也反映了心理健康的水平。

2.学习能给个体带来满足感和成就感

大学生刚刚度过高三生活,都经历了艰苦的学习过程。学习活动需要勤奋、努力和付出,善于学习、勤于工作的人,总是可以从中体会到快乐和满足。学习使自己充实,通过努力学习,他们获得一定的成绩,得到老师和同学的认可,也会发现自己的价值,这种学习活动是非常快乐和愉悦的人生体验,是一种高级的精神享受。

3.学习能促使个体心理健康水平不断提高

学习活动能主动纠正个体错误的认知观念,形成正确的世界观、价值观和人生观,健全个体的人格,提高自己的适应能力,也有助于人与人的交流、合作,建立和谐的人际关系。心理健康不是一蹴而就的,需要不断地学习和实践,只有不断加强学习,才能提高自己的心理健康水平。

(二)心理健康对学习的影响

学习是一种非常复杂的心理现象,不仅与感知、注意、记忆、思维、想象等认知过程直接相联系,还涉及人的学习动机、情绪、态度和意志等各种非智力因素。简单地将学习与智力画等号是不妥的,智力好、智商高在很多情况下与学习成绩不成正比,也不能以学习成绩的好坏来推测人的智力、智商的高低。在众多非智力因素当中,心理健康状况对学习的影响是非常重要和显而易见的。对国内某高校在校大学生心理健康与学习关系的研究发现,大学生逐渐成为心理问题的高发人群,心理健康问题发生率逐年上升。抑郁是大学生最为常见的心理情绪症状之一,心理健康的学生学习成绩优秀的比例明显高于心理不健康学生。良好的心理状况有利于学生学习成绩的提高,心理健康状况良好的学生学习成绩高于心理健康状况差的学生。

(三)影响学习的心理因素

目前国内学者普遍认为影响个体学习成绩的因素有两个。

1.外在因素

外在因素如家庭环境、社会环境等。

2.内在因素

内在因素即个体的心理状态,如智力、学习动机、个性、情绪等。内在因素主要有智力和非智力因素两个方面,其对学生学习成绩的影响起决定性作用。

(1)智力因素。影响学习成绩的智力因素可以简单地理解为智商,主要包括获取知识、理解概念和解决问题的能力,这些能力往往是由先天的生理、遗传条件决定的。一般而言,学习成绩与智力成正相关,即在其他变量一定的情况下,智商越高的人学习成绩越好。但是,我们也应该看到,智力因素对学习的影响并不是点对点的单一对应关系,智力因素的影响不是孤立存在的,而是与其他因素共同作用的。目前,考察智力最常见的方法就是智力测验,测试过程同样受到测验者的情绪、性格、躯体健康状态等非智力因素的影响。

(2)非智力因素。非智力因素主要包括学习动机、学习兴趣、个性、情感,以及个人意志等。近年来,国内外研究的热点主要集中于个性、动机、情绪和自我观念等方面,并认为非智力因素主要是围绕着个性而展开的。非智力因素对学生学习成绩的作用比较复杂,具有正向和负向的双重作用。

在非智力因素当中,对学习影响最为明显的是学习动机。学习动机是促进学生进行学习活动的动因,对学习起着定向和趋力作用,是学习过程的核心。学习动机可分为外在动机和内在动机,内在动机所引发的是学习者所追求的目的,是心理控制源驱动最重要、最稳定的部分。良好的学习动机能够激发学生的学习兴趣,使其保持旺盛的学习热情,在学习活动中表现出极大的韧性和毅力,有利于学习的进步。当个体智力或个性处于相对低水平时,加强学习动机可使学习成绩达到较理想的水平。但学习动机也不能无限加强。心理学著名的耶克斯-多德森定律告诉我们:学习动机强度与学习效果之间可以用倒"U"形描述,即中等强度的动机水平有利于学习效果的提高,而动机过弱或过强都会对学习效果不利。在一定条件下,良好的学习动机对学习成绩的影响超过了智力因素。

心灵拓展

"最近发展区"理论

维果茨基(Vygotsky),前苏联心理科学的奠基人,社会文化理论的创始人,对整个心理学界产生重大影响,他被誉为"心理学界的莫扎特"。19世纪30年代,他提出了自己独特的教学发展观——"最近发展区"理论。该理论认为,学生的发展有两种水平:一种是学生的现有水平,即学生在独立活动时所能达到的解决问题的水平;另一种是学生可能的发展水平,也就是通过教学所获得的潜力。两者之间的差异就是最近发展区。

维果茨基的"最近发展区"理论主要是就智力而言的,其实在个体心理发展的各个方面都存在着"最近发展区"。儿童具有某种天生的能力,如感知觉、不随意注意、形象记忆等,这些能力是个体消极适应自然的心理能力,称之为低级心理机能。在儿童与成人或更为成熟的同伴交往中,这些基本的心理机能发展为更高级的、复杂的认知功能,如观察(有目的的感知)、随意注意、词的逻辑记忆、抽象思维等,称之为高级心理机能。他强调社会文化以及社会交往在儿童高级心理机能发展中具有重要作用。

　　"最近发展区"理论给我们提供了一条理解个体发展的途径：个体的发展主要是从与更成熟或更有经验的同伴的社会交往中而获得的。维果茨基说："如果儿童在最近发展区接受新的学习，其发展会更有成果。在这个区内，如能得到成人帮助，儿童比较容易吸收单靠自己无法吸收的东西。"

◉ 任务二　学习的动机

一、动机概述

　　有时候我们会立即完成任务，特别是当这项任务能使我们更接近某些期望的目标时，如准备新年晚会现场布置的材料。有时候我们对任务会拖延甚至会制造借口不完成，浪费宝贵的时间，特别是面对那些自己不愿意做但又是我们"应该"做的事情，如不喜欢英语，但为了考试而"复习"时就会很拖延。影响你面对任务或坚持、或放弃、或拖延的背后的力量就是动机，动机是一种激发、引导、维持并使行为指向特定目的的力量。

（一）动机有强弱之分

　　不同人的动机有强弱之分，同一个人的动机也有强弱之分，如中文系的琪琪在中文学习中很愿意思考和阅读，甚至在戏剧社里也主动运用所学给台词添彩，而对看似简单的背英语单词则能拖则拖。这其中蕴含什么样的规律吗？

　　有研究者发现，人类的动机强度与活动效率呈倒"U"形曲线关系，动机过高或过低都会使活动效率下降，中等强度的动机才最有利于问题的解决。任务的难易程度不同，动机的最佳水平也会变化。对于一个简单的任务，如打字，需要一个较高的动机水平；对于较复杂的任务，如考大学，那么较低的动机水平更为有利。这也被称作耶克斯-多德逊定律（Yerkes–Dodson Law），见图4–1。

　　在生活中，很多大学生并没有按照这个定律行事。对背单词这件较简单的事情，很多大学生会一拖再拖，用较低的动机来应对；而面对应聘这样的复杂任务，却暗示自己一定要成功，结果焦虑不堪，难以发挥出应有的水准。这就是为什么有时候陪同去面试大学生获得了这份工作，而志在必得的学生却与这份工作失之交臂。

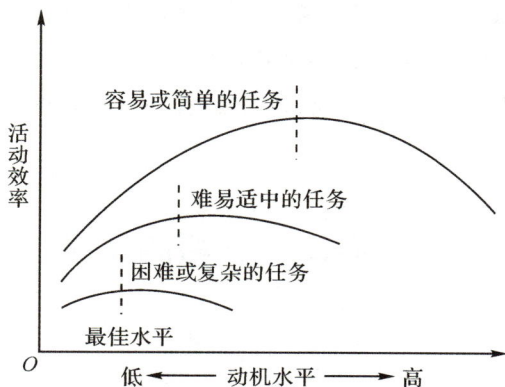

图 4－1　耶克斯－多德逊定律

（二）动机有内在外在之分

大多数学生学英语关注的是学习带来的外部结果，即外在动机，而琪琪喜欢中文则是由中文本身的意义和价值引起的内在动机。具有内在动机的人能够独立、自主和积极参与，具有好奇心的人喜欢挑战，能够坚持不懈地努力，忍受挫折与失败；具有外在动机的人只为了达到外在目的，一旦达到目的，动机就会下降，如果失败则会一蹶不振。

发现学习的外在动机不是难事，而真正推动大学生持续学习的根本却是内在动机。那么外在动机能转化为内在动机吗？恐怕不能，实际上它们是两个独立的连续体，具有各自的高端和低端。但是外在动机会对内在动机产生影响。

有这样一个故事。一群孩子在一位老人家门前嬉闹，非常吵，老人难以忍受。于是他出来给每个孩子 25 分钱，对他们说："你们让这里变得热闹，我觉得自己也年轻了，我准备了这些钱表示感谢。"孩子们很高兴，第二天还来，一如既往地嬉闹。老人再次出来，给了每个孩子 15 分钱。他解释说，自己没有收入，只能少给一点。15 分钱也还可以，孩子仍然兴高采烈地走了。第三天老人只肯给每个孩子 5 分钱。孩子们勃然大怒："一天才 5 分钱，知不知道我们多辛苦！"他们向老人发誓，再也不陪他玩了。

老人阻止孩子们嬉闹的方法很有效，他将孩子们的内在动机"为自己快乐而玩"变成了外在动机"为得到钱而玩"，他操纵了钱这个外部因素，也就操纵了孩子们的行为。对外部力量的控制会降低个人的自信心和控制感，哪怕是奖励。生活中部分学生为了奖励和惩罚而去学习、做事，却失去了本来的好奇心和学习的快乐。当然外在动机也不是没有积极意义，结合耶克斯-多德逊定律，个人在简单的事情上能保持高动机，多半是外在动机发挥的作用。

(三)对成就的追求有高低之分

成就动机是指希望尽可能独立并成功地完成或掌握一些非常困难或极具挑战性事情的动力。其包含两大要素:追求成功和避免失败。在做事情的时候,人们既会受内心渴望的驱使,又会评估成功的可能性,同时考虑成功后获得的奖励(可能是物质上的奖励,也可能是精神上的奖励)。成就动机高的人制定的目标难度适中、比较实际,从而能提高目标完成的概率。成就动机低的人制定的目标要么要求很低,要么几乎没有成功的可能。趋向成功和避免失败的两两组合,就形成了成就动机的四种类型,见表 4－1。

表 4－1 成就动机的类型

类型	表现
高驱高避	目标设置过高,过度努力,害怕失败,焦虑恐惧。 如《三傻大闹宝莱坞》里的拉朱,因为肩负改变家族命运的使命,进入最好的工程院校后很恐惧每一次失败,求助于神明保佑
高驱低避	自我效能感高,成功定向,失败了反而会想办法。 如《当幸福来敲门》里的克里斯·加德纳,生计的困苦并没有打倒他,他继续追求自己的理想,努力发挥所长,最终获得成功
低驱高避	目标设置过低,极力避免失败。 如佳琪的舍友华月,对诗歌文学很感兴趣,在课堂上总害怕发言时出错,完全回避回答老师上课时的提问
低驱低避	放弃努力,认定自己是个失败者。 如《三傻大闹宝莱坞》里的乔伊,在被退学的时候,放弃了自己的生命,在墙上写下"I quit"的遗书

主动把自己感兴趣的经济和必须要学的英语专业相结合的学生,更偏向于高驱低避型,在面对挫折时主动思考,设置合理的目标,成功的可能性就更大。其他三种类型则偏向于避免失败,或者害怕恐惧,或者失去继续努力的动力和信心。其实成就动机的大小,除了和每个人独特的成就需要相关,还和环境结果及对自己的自信程度相关。一个人在追求目标的过程中可能经历四种类型状态,最初可能努力实现目标,但是在实现的过程中遇到挫折,特别是挫折连续发生时,就开始怀疑自己,修改自己的目标,避免失败,或者自我放弃。个人能否维持在高驱低避类型的状态下,最重要的是保持对自己的信任和尊重,努力调整、寻找新的目标机会。

二、学习的兴趣

兴趣对于人们来说是最基本的动力,人们每天的行为都会受到兴趣的影响,兴趣中蕴含着巨大的潜力。曾经有教师在课堂上对"你对什么感兴趣"做过很多次调查,大学生一般会回答"我喜欢听音乐""我喜欢看电视""我喜欢打羽毛球""我喜欢旅游""我喜欢打游戏"等,很少听到有大学生回答"我喜欢学习""我喜欢我的专业"。部分大学生对每天接触的、日后很可能作为职业的专业学习没有表现出强烈的兴趣,甚至认为兴趣都是学习之外的爱好。

人们成长在"专注学习,少花时间在没用的东西上"的氛围里,很少有人真正享受学习新知识、掌握和创造新观点所带来的兴奋,对学习本来的兴趣及学习的内在动机被外在成绩削弱了,同时削弱的还有人们的爱好。有一些大学生只关注学习或者成绩,连在业余爱好中发展兴趣的机会也被剥夺了,他对兴趣的回答只能是"我对什么都不感兴趣"。

只有将兴趣变为做事业的激情,才能享受创造的快乐。例如,乔布斯因为对电子技术的狂热,才有了现在的苹果产品。在某个电视求职节目中,喜欢公交车的大学生的经历让很多人惊叹,他坚持了自己的兴趣,把兴趣和职业规划相结合,既得到了旅游体验师的职位,又获得了心理的满足。

我们如何才能寻找到兴趣呢?其实兴趣就蕴藏在我们的生活中,我们在做让自己感兴趣的事情时会由衷地体验到愉悦。

(一)兴趣需要实践

一个人只有真正尝试过才能真正了解自己的兴趣。没有人能轻易找到让自己永葆热情的专业,就算有一些想法也可能是叶公好龙。如果你还没有找到自己真正的兴趣,那就要去尝试更多的可能。

(二)兴趣需要专注

在从事某项活动时,我们往往因为不够专注而体验了失败,其实如果尽可能投入其中往往可能会获得较大的成就,也容易发现兴趣。

(三)兴趣需要重新发现

如果现阶段的任务不能刺激你,你至少应该关注它能给你带来的乐趣。如果你对某门课程非常不感兴趣,总是拒绝接触它,那就太遗憾了,如果你能把注意力放在能够激发自己兴趣的部分就会发现它的乐趣,如寻找老师讲的内容与自己兴趣的联系等。

总之,当我们放下对某事的成见投入地做事情时,就更容易觉察到自己的兴趣和做这件事的乐趣。无趣的状况往往是个人早早地决定了不再努力时产生的,而转念之间就可能与自己内心的兴趣相遇。除此之外,我们需要尽量发现自己对做事本身的兴趣,如果关注点总在别人的评价上,往往会阻碍自己进行更多的探索。

三、学习的困惑

学习是大学生活中的重要组成部分，在了解了学习的内在动力之后，相信大家一定会调整好自己的学习状态，接下来让我们一起面对实际学习过程中的困惑和压力，学会如何与"学习"和平相处。一般来说，我们和学习容易产生三个层面的矛盾，如果我们能换一个视角，重新理解矛盾背后的深意，可能会有不同的解读和感悟。

（一）焦虑与自责

如为英语考试而焦虑，为没有完成计划而自责，我们很容易在学习中产生焦虑和自责。特别是考试时的高度焦虑，经常会让我们的大脑一片空白，表现得更糟糕。有些大学生想要消除焦虑反而更紧张、更疲惫。既然难以消除焦虑，那么焦虑的存在有没有意义呢？其实焦虑和自责是对自己的一种提醒，是对自己学习的良好期待和关心，这其实表达了一种良好的意愿，完全没有焦虑的生活是乏味的，完全没有自责的人生是危险的，其实适度的焦虑和自责能让自己更努力。

（二）拖延或逃避

我们在目标实施过程中不可避免会遇到挫折，进而会产生拖延或者逃避。

有的人在面对学习困难的时候开始拖延，不到最后一刻不行动，于是找一个完美的借口——"没做好不要怪我，是因为时间不够"，看似潇洒，其实都是对自己的折磨。逃避或拖延是在表达"我不想失败"，当出现这种情况时，你可以回到成就动机上，让自己从已有成就的小事情上寻求解决之道。

（三）习得性无助

如果在挫折连续出现时，我们就非常容易变得失望和抑郁，产生习得性无助而自我放弃。

一个人遭受的打击过多，出于自我保护，可能会觉得自己注定学不好，甚至是个一无是处的人。当一个人对某个方面出现习得性无助的时候，如果能从其他方面重新找到自己的位置，或许能突围出来，重新树立自信，若一味地自我否定，可能会抑郁，甚至伤害自己。

大学生在努力学习和成就自我的路上，面对不同层级的学习困惑，如何才能提高自己的受挫能力呢？首先，要知道自己真正想要什么，寻找真正感兴趣和重要的事情，只有这样在做事情的时候才能更专注；其次，为个人的成长而学习，把关注点放在掌握知识上，而不是放在证明自己上；最后，也是最重要的，就是放弃完美主义，允许失败，更多地接纳和欣赏自己。

四、与拖延症做朋友

人类是因为拥有理性才和动物区分开来的,但实际上,人类存在很多非理性的行为,拖延就是典型的非理性行为。图4-2形象地描述了大学生在拖延过程中的心路历程:拿到任务并不是立即开始着手做,而是先做很多无关的事情,然后进入恐慌区,接着是在最后期限到来之前哭着把事情做完,结束后捶胸顿足地警告自己下次不能再拖延了。

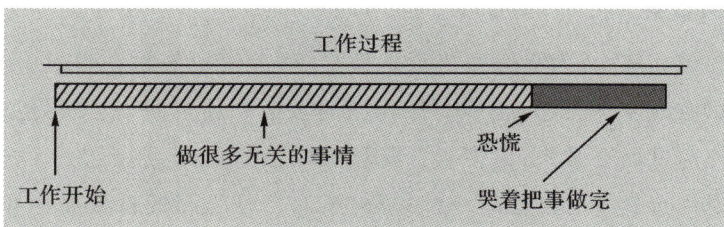

图4-2　工作拖延时间发展示意图

(一)拖延的生理机制

我们完成每一项任务和计划就像完成游戏中的进度条,设置合理的目标、及时开始、努力坚持等都是在执行进度条,但是在执行的过程中,存在各种诱惑,稍不注意就容易分心,拖慢进度条,部分人为了眼前的小诱惑而放弃完美的计划和长远的目标。

1.奖励承诺系统和多巴胺

现代神经科学家在人的大脑中发现了奖励承诺系统,每当大脑的这个区域受到刺激的时候,就会释放多巴胺,促使人们产生期待:"再来一次! 这会让你感觉良好!""多巴胺"这种神经递质,具有强大的魔力,很容易让人们沉迷于一些诱惑,欲罢不能。当人们知道用手机上网就可能看到新消息,下一个视频有可能会让自己捧腹大笑时,就会不停地点击,忘了还有执行进度条这件事。

2.锻炼自控力

人们总希望通过一些方式来帮助自己抵御诱惑,你都用过什么方式呢? 如切断网络、卸载游戏、远离寝室等,这些都是自控力在发挥作用。自控力其实是一种帮助我们在面对诱惑时,稳定心率,三思而后行的能力。但自控力要抵御的不是外在的诱惑而是内心的冲突,这种冲突正是失控的关键。如何才能打破这个魔咒,提高自己的自控力呢?

自控力其实更像是一种生理指标,而不是人格因素,而且几乎每个人都拥有自控力。心理学家针对孩子进行的棉花糖实验发现,当他们四五岁的时候,就拥有延迟满足,以期获得更大的长期收获的能力。但是自控力对于大脑来说是一项非常耗能的工作,当大脑感到能量不够时,总是倾向于在完全失去能量之前关掉自控力而保存实力。我们提高自控力就是要训练自己相信"我还有实力"。长跑运动员都知道当第一次疲惫来临的时候并不是真的疲惫,而撑过这次疲劳之后还能获得新的进步。运动是锻炼自控力最好的方法,一项研究发现,改善心情、缓解压力最有效的锻炼是每次 5 分钟,而不是每次几小时,任何能让你离开椅子的 5 分钟的活动都能提高你的自控力储备。充足的睡眠也能起到类似的效果。执行进度条的过程,极佳的方式不是过完全隔离诱惑的生活,而是努力保持身心愉快的生活,加强运动。

(二)拖延背后的原因

拖延对于很多人来说就是一场噩梦,让人们痛恨又无奈,品尝"自己订好的计划总是不能完成"的苦涩滋味。然而人们为什么会拖延呢?原因主要有以下几个方面,见表 4-2。

表 4-2 拖延背后的原因

原因	举例
觉得完成任务的过程没意思	背单词
问题太难了	做高等数学题
觉得完成这个任务没价值	洗衣服
害怕别人对自己做的工作给予消极的评价	写论文
对完成结果的恐惧,或者还有更多任务需要做	写作
避免被控制	这个老师太不通情理,坚决不按时交作业
追求最后期限来临前的兴奋和刺激	晚起床,最后一分钟赶上公交车
完美主义	不断修改自己的设计方案
压力过大	精力耗尽了,再也不想努力了
社交需要	同学都拖延,我不拖延没朋友

拖延是一种习惯,改变起来并不容易,你肯定有过下定决心绝不拖延却失败的经历。你尝试一下改变两手自然交叉的方式,就能深切体会到改变习惯的困难。拖延确实给我们带来了麻烦,很多人把它当作影响自己追求梦想和目标的罪魁祸首,更重要的是它让人们对自己做出消极的评价。

想改变拖延就要认真计算你的拖延成本,真正从心里认识到拖延的代价。接下来就是行动,很多人认为行动前必须先改变态度,其实真正迈出改变第一步的不是改变态度,而是行动,做出行动的同时态度也就跟着改变了。

（三）结构化拖延法

斯坦福大学的哲学教授约翰·佩里根据自己多年来的拖延经历提出了"结构化拖延法"，他认为"拖延者完全可以利用拖着不干正事的心态，完成很多有意思且有意义的事情，从拖延者直接变身为高效能人士。"

（1）拖延的人并不是一无是处。如果你不相信，可以想想自己在拖延这件事的时候是不是完成了很多其他事情？比如把好久没有收拾的宿舍好好打扫了一下，还落了个"勤快"的雅称。

（2）把你必须完成的任务按照重要性和紧急性排序，列一个清单，当然最紧急、最重要的事情排在最前面，然后把一些很重要的事情依次排在后面。

（3）最关键的一条是避免在没有完成清单最上方的任务时开始完成后面的任务。

（4）当下一个更紧急、更重要的任务登上清单最上方时，个人就可以拖着其他任务，去完成这项更紧急、更重要的任务。这样执行任务的方式，使人们感到"最后期限"在生活中非常常见。

"结构化拖延法"看似是一种阿Q的精神，却暗示着一种主动构建的价值观，其帮助人们换个视角看待当下的问题，同时也契合了有关拖延的最新研究：拖延不是时间不够用，而是因为焦虑导致大脑中解决问题的带宽不够，心力不足。或许人们最该解决的不是拖延的行为，而是因拖延带来的沮丧和自我否定，解决了这些情绪因素，就为开始行动提供了带宽。

心灵拓展

克服拖延的方法

你有拖延的习惯吗？你是否有过这样的情况：约会总是迟到，作业总是不能按时完成，计划要做的事情一推再推……那么我们该怎样克服拖延呢？下面的10个小技巧可以参考。

1.将工作分成小块完成。一次只专注于一个小块，化难为简，就会觉得容易很多，进而迅速完成它。

2.为小块儿工作设定最后期限。如果只有一个远的时间点，你会很容易拖延。如果设定月计划、周计划，直到天计划，你会更有效率。

3.消除干扰。关掉QQ、关掉音乐、关掉手机……将一切会影响你工作效率的东西统统关掉，全心全力地去做事情。

4.去掉拖延的诱因。把事情分类，优先做紧急、重要的事情。

5.和鼓励你行动的人做朋友。跟能够激发你进取心的朋友多联系,这些人会影响你的行动。

6.找一个同伴。和同伴互相监督彼此计划和目标的执行情况,会让学习充满乐趣。比如一起考证,共同学习,共同进步。

7.固定时间,养成习惯。比如每晚7~9点,雷打不动地坐在书桌前开始学习,你会发现你能提前完成很多任务。

8.找出拖延背后的原因。最常见的原因是恐惧,你需要暂时搁置自己无谓的担心和所有负面的设想。

9.想办法让任务变得有趣。在做任务的过程中找到自己的兴趣点。

10.放手去做。畏首畏尾的拖延不可能让你取得很大的成功,最关键的是去行动!有拖延习惯的同学们,别忘了放手去做哦!

▶ 任务三 学习的策略

一、学习策略的定义

所谓学习策略就是学习者为了提高学习的效果和效率,有目的、有意识地制定的有关学习过程的复杂方案。

二、学习策略的特征

(一)主动性

学习者一般采用的学习策略都是有意识的心理过程。学习时,学习者先要分析学习任务和自己的特点,然后根据这些条件,制订适当的学习计划。对于较新的学习任务,学习者总是在有意识、有目的地思考学习的计划。只有反复使用的策略才能达到自动化的水平。

(二)有效性

所谓策略实际上是相对于效果和效率而言的。一个人在做某件事时,使用最原始的方法,最终也可能达到目的,但效果不好,效率也不高。比如,记忆一列英语单词表,如果一遍又一遍地朗读,只要有足够的时间,最终也会记住。但是,记忆保持的时间不会长,记得也不是很牢固,如果采用分散复习或尝试背诵的方法,记忆的效果和效率一下子会有很大的提高。

(三)过程性

学习策略是有关学习过程的策略。它规定学习时做什么不做什么、先做什么后做什么、用什么方式做、做到什么程度等诸多方面的问题。

(四)程序性

学习策略是学习者制订的学习计划,由规则和技能构成。每一次学习都有相应的计划,每一次学习的学习策略也不同。但是,相对于同一种类型的学习,存在着基本相同的程序,这些基本相同的程序就是我们常见的一些学习策略,如 PQ4R(preview、question、read、reflect、recite、review,PQ4R)阅读法。

三、学习策略的分类

(一)认知策略

认知策略是指学习者加工信息的方法和技术,其基本功能有两个:一是对信息进行有效加工与整理;二是对信息进行分门别类储存。认知策略可细分为以下三种。

1.复述策略

复述策略是指个体在工作记忆中为了保持信息,运用内部语言在大脑中重现学习材料或刺激,以便将注意力维持在学习材料之上。

(1)利用无意识记和有意识记。无意识记是指没有预定目的、不需经过努力的识记。无意识记很轻松,不易疲劳。有意识记是指有目的、有意识的识记。大学生学习主要靠有意识记。

(2)排除相互干扰。在安排复习时,要尽量考虑预防前摄抑制、倒摄抑制的影响。如坚持睡前和清晨复习,此期间的复习效果好,因为睡前复习无后继活动的干扰,清晨复习无前行活动干扰。另外,要尽量错开两种容易混淆的学习内容。学习时,还要充分考虑首因效应和近因效应,要把最重要的新概念放在复习的开头或最后。

(3)整体识记和分段识记。对于篇幅短小或者内在联系密切的材料,适于采用整体识记,即整篇阅读,直到记牢为止。对于篇幅较长、较难,内在联系不强的材料,适于采用分段识记,即将整篇材料分成若干段,先一段一段记牢,然后合成整篇识记。

(4)多种感官参与。在进行识记时,要学会同时运用多种感官。有心理学家证明,人获取知识的方式:83%通过视觉、11%通过听觉、3.5%通过嗅觉、1.5%通过触觉、1%通过味觉。而且,就内容而言,人一般可记住自己阅读的10%、自己听到的20%、自己看到的30%、自己看到和听到的50%、交谈时自己所说的70%。这一结果说明,多种感官参与能有效增强记忆。

(5)复习形式多样化。所谓复习形式多样化,即用多种不同变化的方式复习同一内容比只用一种方法多次复习同一内容效果好得多。

（6）画线强调。画线是阅读时常用的一种复习策略。在画线时，首先，了解在一个段落中什么是重要的，如主题句等；其次，要谨慎地画线，只划重要的信息；最后，复习并用自己的话解释这些画线的部分。此外，还可以使用圈点批注的方法，与画线策略一起使用。

2.精细加工策略

精细加工策略是一种深层加工策略，它是为了寻求字面意义背后的深层意义，将新学的材料与头脑中已有知识联系起来，以增加新信息的意义。下面就是一些常用的精细加工策略。

（1）记忆术。记忆术包括位置记忆法、缩简和编歌诀、谐音联想法、关键词法、视觉想象和语义联想等。

（2）做笔记。笔记能够促进新信息的加工和整合，能帮助学习者维持应该注意的东西，有助于学习者抓住学习材料的重要部分，能使学习材料变得特别有意义和清晰。记笔记时，笔记本上不要写得密密麻麻的，在笔记本上要留出足够的空白。事后，要学会自己整理好笔记，即根据自己的情况梳理笔记，增减笔记内容，附上自己的疑问和感想。还要根据笔记来组织复习，积极思考笔记中的观点，并与其他有关联的知识相联系，使知识系统化，以巩固学过的知识。

（3）提问。无论阅读还是听讲，学生要经常评估自己的理解状况，思考这样一些问题："谁""什么""哪儿""如何"等，多提问能对学习中的问题领会得更好。

（4）生成性学习。生成性学习就是要训练学生对阅读的东西产生自己的类比或表象，如图形、图像、表格和图解等，以加强其深层理解。这种方法最重要的一点就是需要积极地加工，不是简简单单地记录和记忆信息，更不是从书中寻章摘句或稍加改动，而是要加工这些信息，产生新的东西，从而把所学的信息、自身的知识和经验联系起来，进而产生新的理解。比较常用的生成性学习有类比、比较、扩展和引申。

（5）利用背景知识，联系生活实际。新学信息能否和已有知识建立联系，背景知识的多少是非常重要的。对于某一知识，我们到底能学会多少，一个决定性因素就是我们对这一方面的知识已经知道多少。学习者一定要把新的知识和已有的背景知识联系起来，还要联系实际生活。这不仅能帮助学习者理解这些信息的意义，还能帮助他们感觉到这些信息的价值。

3.组织策略

组织策略是指整合所学新知识与新旧知识之间的内在联系，并形成新的知识结构。组织策略是使信息由繁到简、由无序到有序的一种重要手段。组织过的材料储存在大脑中,就像图书馆经过编码的书,易于检索。它不仅有利于材料的识记和提取,还能有效地提高对材料的理解和表达。下面是一些常用的组织策略。

(1)列提纲。列提纲时,先对材料进行系统地分析、归纳和总结,然后用简要的词语,按材料中的逻辑关系,写出主要和次要的观点。

(2)利用图形。一是系统结构图。学完某学科知识,对学习材料进行归类整理,将主要信息归纳成不同水平或不同部分,然后形成一个系统结构图。二是流程图。流程图可用来表现步骤、事件和阶段的顺序。流程图一般是从左向右展开,用箭头联系各步骤。三是模式图或模型图。模式图是利用图解的方式来说明在某个过程中各要素之间是如何相互联系的。模型图是用简图表示事物的位置,以及各部分的操作过程。四是网络关系图。利用网络关系图可以解释各种观点是如何相互联系的。画网络关系图时,先找出主要观点,然后找出次要观点或支持主要观点的部分,接着标出这些部分,最后将次要的观点和主要的观点联系起来。在网络关系图中,主要观点位于图正中央,支持性的观点位于主要观点的周围。

(3)利用表格。一是一览表。制作一览表,首先要对材料进行全面综合分析,然后提取主要信息,并从某一角度出发,将这些信息全部陈列出来,力求反映材料的整体面貌。二是双向表。双向表是从纵横两个维度罗列材料中的主要信息。层次结构图和流程图都可以衍变成双向表。

(二)元认知策略

元认知策略大致可分为三种,即计划策略、监控策略和调节策略。

1.计划策略

元认知计划是指根据认知活动的特定目标,在一项认知活动之前计划各种活动、预计结果、选择策略,想出各种解决问题的方法,并预估其有效性。元认知计划策略包括设置学习目标、浏览阅读材料、产生待回答的问题,以及分析如何完成学习任务。

2.监控策略

元认知监控是指在认知活动进行的过程中,根据认知目标及时评价、反馈认知活动的结果与不足,正确估计自己达到认知目标的程度、水平,并且根据有效性标准评价各种认知行动、策略的效果。元认知监控策略包括阅读时对注意力加以跟踪,对材料进行自我提问,考试时监控自己的速度和时间等。

3.调节策略

元认知调节是指根据对认知活动结果的检查发现问题,采取相应的补救措施,根据对认知策略效果的检查及时修正、调整认知策略。元认知调节策略和监控策略是有关联的,例如,当学习者意识到他不理解课程的某一部分时,他会返回去阅读困难的段落,在阅读困难或不熟的材料时放慢速度,进行反复阅读等;测验时,暂时跳过某个难题,先做简单题目等。

(三)资源管理策略

资源管理策略是指辅助学生管理可用环境和资源的策略,它有助于学生适应环境并调节环境以适应自己的需要,对学生的动机有重要的作用。其可分为以下几种。

1.时间管理策略

(1)统筹安排学习时间。每个人根据自己的总体目标,对时间作出总体安排,并通过阶段性的时间表来落实。对每一天的活动,都要列出一个活动优先表。

(2)高效利用最佳时间。首先,要根据自己的生物钟安排学习活动;其次,要根据一周内学习效率的变化安排学习活动;最后,要根据一天内学习效率的变化安排学习活动。

(3)灵活利用零碎时间。大段时间的学习容易导致学习疲劳,而零碎时间的学习能使大脑处于兴奋状态,效果甚佳。

2.学习环境管理策略

我们应选择干扰较少的地方学习,尽量避免使人分心的环境刺激。如果有条件,最好有专门的学习场所。

3.努力管理策略

努力管理策略主要包括意志控制策略和自我强化策略。如为了维持意志力,可以进行自我激励。

4.社会资源利用策略

社会资源的利用包括对学习工具的利用和对社会人力资源的利用。大学生可以利用的学习工具主要有参考资料、工具书、图书馆、广播电视,以及电脑与网络等;可以利用的人力资源主要有教师的帮助及同学之间的合作与探讨。

心灵探索

你的考试焦虑指数有多高

测试说明:请根据自己的实际情况回答以下问题。其中,与自己的情况"很符合"计3分,"较符合"计2分,"较不符合"计1分,"很不符合"计0分。

1.在重要考试的前几天,我就坐立不安了。

2.临近考试时,我就拉肚子。

3.一想到考试即将来临,身体就会发僵。

4.在考试前,我总感到苦恼。

5.在考试前,我感到烦躁,脾气变坏。

6.在紧张的复习期间,常会想到"这次考试成绩不好怎么办"。

7.越临近考试,我的注意力越难集中。

8.一想到马上就要考试了,参加任何文娱活动都感到没兴趣。

9.在考试前,我总预感到这次考试考不好。

10.在考试前,我常做关于考试的梦。

11.到了考试那天,我就不安起来。

12.当听到考试铃声响起时,我的心马上紧张得跳起来。

13.一到重要的考试,我的脑子就变得比平时迟钝。

14.考试题目越多、越难,我越感到不安。

15.在考试中,我的手会变得冰凉。

16.在考试时,我感到十分紧张。

17.一遇到很难的考试,我就担心自己会考不及格。

18.在紧张的考试中,我却会想一些与考试无关的事情,注意力集中不起来。

19.在考试时,我会紧张得将平时背得滚瓜烂熟的知识忘得一干二净。

20.在考试中,我会沉浸在空想之中,一时忘了自己在考试。

21.在考试过程中,我想上厕所的次数比平时多。

22.在考试时,即使不热,我也会浑身出汗。

23.在考试时,我会紧张得手发僵或发抖,写字不流畅。

24.在考试时,我经常会看错题目。

25.在进行重要的考试时,我的头就会痛起来。

26.当发现剩下的时间来不及做完考题时,我会急得手足无措、浑身冒汗。

27.我担心如果考了低分数,家长或老师会严厉指责我。

28.在考试后,当发现自己懂得题没有答对时,就十分生气。

29.在有几次重要的考试之后,我腹泻了。

30.我对考试十分厌烦。

31.只要考试不记成绩,我就会喜欢考试。

32.考试不应当像现在这样在紧张的状态下进行。

「测试标准」

各题得分相加为总分。

若得分 0～24 分,属于"镇定",说明你能以较轻松的态度对待考试,分值越低,说明你对考试越不在乎。

若得分 25～49 分,属于"轻度焦虑",说明你面临考试时有轻度不安,这是正常现象。

若得分 50～74 分,属于"中度焦虑",说明你面临考试时心情过于紧张,焦虑感过高,难以考出实际水平,并会对身心健康有损害。

若得分 75～96 分,属于"重度焦虑",提示你患有"考试焦虑症",每逢考试来临便会不由自主地产生莫名其妙的恐惧感,容易"怯场",会严重影响考试成绩,对身心健康很不利。

拓展 阅读

激发学习潜能

健全人格　绽放生命——人格发展与心理健康

情境 导入

请仔细阅读以下描述，看看是否与你相似？

你很需要别人喜欢并尊重你。你有自我批判的倾向。你有许多可以成为优势的能力却没有发挥出来，同时你也有一些缺点，不过你一般可以克服它们。

你与异性交往有些困难，尽管外表上显得很从容，其实内心焦急不安。你有时怀疑自己所作的决定或所做的事是否正确。

你喜欢生活有些变化，厌恶被人限制。你以自己能独立思考而自豪，别人的建议如果没有充分的证据你不会接受。

你认为在别人面前过于坦率地表露自己是不明智的。你有时外向、亲切、好交际，而有时则内向、谨慎、沉默。你的有些抱负往往很不现实。

怎么样？这段话是否准确地概括了你的人格特质？而我要告诉你的却是这其实是一顶戴在谁头上都合适的帽子。

曾有心理学家在给一些大学生做完明尼苏达多相人格测评量表（minnesota multiphasic per-sonality inventory，MMPI）后，分别拿出两份报告让参加者判断哪一份是自己的。其中一份是参加者的真实测试结果，而另一份就是类似上面这样一段笼统的、几乎适用于任何人的描述。结果，绝大多数大学生竟然都选择了那份虚拟的报告，他们普遍认为这段话将自己刻画得入木三分，更准确地表达了自己的人格特征。这种情况被称为"巴纳姆效应"。这一效应其实在生活中十分普遍。比如算命先生那些含糊不清、无关痛痒的话语，又比如十二星座的特征等。

『思考』

人格到底是什么？你了解自己的人格属性吗？

学习目标

◆知识目标

1. 理解人格的定义和其在个体生活中的重要性。

2. 掌握人格形成的基本特征和受影响因素,包括家庭、社会环境等。

3. 理解大学生人格与心理健康的相互关系,以及人格发展中可能出现的偏差和障碍。

◆能力目标

1. 能够分析和解释大学生人格形成过程中的关键因素和动态变化。

2. 能够识别和评估大学生可能存在的人格偏差和障碍,并提出相应的调适和矫治建议。

3. 能够应用人格塑造和调适的理论知识,指导大学生改进和完善个人的人格特征和行为表现。

◆素质目标

1. 培养对自身人格发展和他人人格成长的关注和尊重。

2. 提升帮助他人改善人格偏差和障碍的能力和意愿。

3. 增强通过促进积极人格特征和行为习惯来推动社会和谐的责任感和实际行动能力。

思维导图

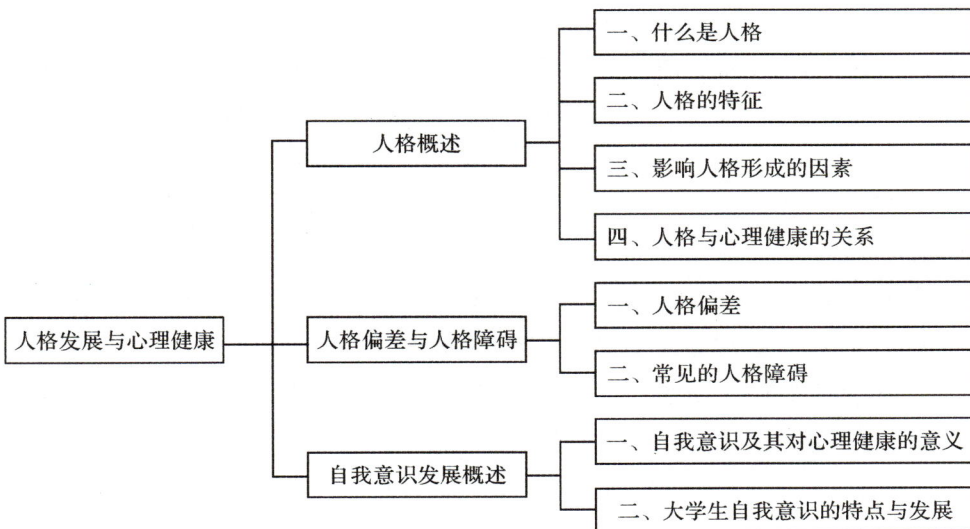

◉ 任务一　人格概述

人格是指个人在社会中整体的、区别于其他人的心理特征,它是一个十分复杂的心理成分,凝聚着个人文化的、社会的、家庭的、教育的和先天的风貌。对于大学生而言,人格的成熟与否将会在很大程度上决定其心理健康与否。因此,在大学生心理健康教育的过程中,对大学生的人格问题进行分析和应对是非常重要的。

一、什么是人格

"人格"一词源于古希腊语(Persona),即舞台上演员戴的面具,不同的面具体现了角色的特点和性格。如京剧里的脸谱,红脸代表忠义,白脸代表奸诈,黑脸代表刚强。心理学用其来描述人的心理,以表示在人生大舞台上每个人扮演的不同角色以及表现出的相应行为。

人格是一种心理现象,亦称个性,它反映了一个人总的心理面貌,是相对稳定的、具有独特倾向性的心理特征的总和。它包括人格倾向性(需要、动机、兴趣、理想、信念、价值观等)和人格心理特征(气质、性格、能力等),它是在长期的社会生活实践中形成发展起来的,是伴随着人的一生不断成长的心理品质。人格的成熟意味着个体心理的成熟,人格的魅力展示着个体心灵的完善。人与人之间显著的差别就在于人格。"人有千面,各有不同。"人格有着鲜明的个体特征,人格的差异铸就了个体千差万别、千姿百态的心理面貌。

近年来,研究者们在对人格描述模式上形成了比较一致的共识,提出了大五人格,堪称人格心理学中的一场革命。研究者通过词汇学的方法,发现大约有五种特质可以包含人格描述的所有方面。

(1)外倾性。如好交际对不好交际,爱娱乐对严肃,感情丰富对含蓄等,其表现出热情、社交、果断、活跃、冒险、乐观等特点。

(2)神经质或情绪稳定性。如烦恼对平静,不安全感对安全感,自怜对自我满意等,其包括焦虑、敌对、压抑、自我意识、冲动、脆弱等特质。

(3)开放性。如富于想象对务实,寻求变化对遵守惯例,自主对顺从等,其具有想象、审美、情感丰富、求异、创造、智慧等特征。

(4)随和性。如热心对无情,信赖对怀疑,乐于助人对不合作等,其包括信任、利他、直率、谦虚、移情等品质。

(5)尽责性。如有序对无序,谨慎细心对粗心大意,自律对意志薄弱等,其包括胜任、公正、条理、尽职、成就、自律、谨慎、克制等特点。

　　虽然心理学上的人格内涵极其丰富，但基本内涵有两个方面：一是个体在人生舞台上应表现出的种种言行应遵从的社会准则，这是我们可以观察到的、外显的行为和人格特质；二是内隐的人格成分，即面具后面的真实自我，这是人格的内在特征。

心灵拓展

人格在人的素质结构中起着近乎决定性的作用

　　如果留意观察周围的人，你会很容易发现这样一些现象：做同样一件事，有人做得又快又好，有人做得又慢又差，当然也有人做得慢而好，有人做得快而差；面对同一个任务，有人沉着冷静、坚定自信，有人焦虑不安、退缩不前；面对弱者的求助，有人热情慷慨，有人麻木不仁……人与人之间的差异实在太大了。如果有机会到医院妇产科的婴儿室，你就会很容易发现：同样是新生儿，有的在大哭大叫，有的在酣甜大睡，有的在东张西望。所以《左传》中有"人心不同，各如其面"的感慨。进化程度越高的生物，个体之间的差异越大，这种情形在人类这里发展到了顶点。从这个意义上可以说人类是个体差异最大的一种生物。当然人与人之间也有很多相同的东西，所谓"人同此心，心同此理"。人与人之间的共同性和差异性都是心理学家关注的问题，这种关注集中体现在对人格的研究上。

　　"人格"一词的使用范围非常广泛，可以在生理、心理、宗教、伦理、法律和美学等不同领域赋予它不同的意义。例如，我们常常听人说，张三的人格卑鄙，李四的人格高尚，这是从伦理道德上予以评价。在某种情境下有人气愤地说："这是对我人格的侮辱。"这里的"人格"又属于法律范畴，说明有人侵犯了他的尊严和人权。有的广告会说这种产品能增进你的人格，其意是指对你的衣着、发型、装饰等有所改进，令你的外表更加美观，这时的"人格"则是指容貌、仪表给人的印象等。

　　有这样一个小故事：一位老教授的三个得意门生事业有成，一个在官场上春风得意，一个在商场上捷报频传，一个埋头做学问，如今也苦尽甘来，成了学术明星。于是有人问老教授：你以为三人中哪个会更有出息？老教授说："现在还看不出来。人生的较量有三个层次，最低层次是技巧的较量，其次是智慧的较量，他们现在正处于这一层次，而最高层次的较量则是人格的较量。"

　　这个故事生动地向我们说明：在人的素质结构中，人格起着近乎决定性的作用。

二、人格的特征

(一)独特性

个体的人格是在遗传、环境、文化等先天与后天因素交互作用下形成的。不同的遗传、环境及文化,形成了每个人各自独特的心理特点,如有的人开放自然,有的人顽固不化,有的人沉默寡言,有的人豪爽,有的人谨慎等。环境会使某个人格特质在不同人身上表现出不同的含义。如独立性这一人格特质,在缺乏父母爱护的家庭中成长的孩子,独立包含靠自己努力的含义;而在一个民主型家庭成长的孩子,独立则是健全人格培养的重要部分。

(二)稳定性

人格的稳定性是指那些经常表现出来的特点,是一贯的行为方式的总和。正如我们所说的"江山易改,本性难移"。一个人的某种人格特质一旦稳定下来,要改变是较为困难的。这种稳定性还表现在人格特质在不同时空下的一致性。例如,一个性格外向的大学生,他不仅仅在家庭中非常活跃,在班级活动中也表现出积极主动的一面,在老师面前同样能自然地表现自己,不仅大学四年如此,即使毕业若干年后再相逢,这个特质依旧不变。

(三)统合性

人是极其复杂的,人的行为表现出多元性、多层次的特点。各种人格的组合千变万化,从而使人格表现得异彩纷呈。在每个人的人格世界里,各种特征并非简单堆积,而是如同宇宙、世界一样,依据一定的内容、秩序与规则有机组合起来的动力系统。人格的有机结构具有内在一致性,受自我意识的调控。当一个人的人格结构的各方面彼此和谐一致时,人们就会呈现出健康的人格特质,否则就会出现各种心理冲突,导致"人格分裂"。

(四)功能性

人格是一个人生活成败、喜怒哀乐的根源。正如人们常说的"性格决定命运"。人格决定了一个人的生活方式,有时甚至会决定一个人的命运。人们常常使用人格特质解释某人的言行及事件的原因。面对挫折与失败,有志者认真总结经验教训,在失败的废墟上重建人生的辉煌;而怯懦的人一蹶不振,失去了奋斗的目标。当人格功能发挥正常时,个体健康而有力;当人格功能失调时,个体就会表现出懦弱、无力、失控甚至变态。

(五)可塑性

人格是在遗传、环境、文化等许多因素影响下形成和发展起来的。由于社会化水平所限,个体在儿童期和青年期(成年前期)的人格还不稳定,容易受外界因素影响而发生改变,尤其是青年期的人格正处于定型阶段,家庭、学校及社会环境都对其产生深远的影响。

三、影响人格形成的因素

塑造和培养良好的人格是个体成长与发展的关键。在一个人的人生发展历程中，有许多因素会影响到人格的发展。

（一）生物遗传因素

心理学家艾森克（Eysenck）不但致力于人格结构的分析，而且试图寻求人格形成的原因。艾森克认为人格的个体差异主要是由遗传造成的。他的主要根据：第一，人格的三种基本特质在一个人的一生中保持相对稳定。一项研究表明，被试在 45 年内的内外向性保持在一定水平上。第二，跨文化的研究表明，在不同国家、不同文化背景下，不同的研究者运用不同的方法都发现了人格的三种基本特质，即内外向性、神经质及精神质。如果不是生物因素起主导作用，就不能解释这样的跨文化一致性，因为不同的国家、不同的文化背景意味着环境和教育存在显著差异。第三，对于人格的三种基本特质，都可以进行生理学的解释。就内外向性而言，外向的人喜欢社交，喜欢刺激较强的活动，内向的人不爱交往，喜欢安静的环境，这是因为大脑皮层的生理唤醒水平不同。外向的人大脑皮层唤醒水平比内向的人低，所以他们要去寻求较强烈的刺激，缺少刺激对于他们而言意味着枯燥、沉闷和无聊；内向的人大脑皮层唤醒水平较高，微弱的刺激就足以维持他们的兴奋，所以较强的刺激很快就会使他们感到疲劳。因此，外向的人喜欢嘈杂的聚会，而内向的人却希望早一点离开。

另有心理学家对双生子做了研究，结果表明：遗传是人格不可缺少的影响因素，但遗传因素对人格的作用程度因人格特质的不同而不同。遗传主要决定了人格形成和发展的基础，通常在智力、气质这些与生物因素相关较大的特征方面，遗传因素较为重要，如气质的形成，包括兴奋性强弱、主动或被动、反应速度快慢、活动水平高低、反应强度等；而在价值观、信念、性格等与社会因素关系紧密的特征方面，后天环境因素更重要。人格发展过程是遗传与环境交互作用的结果，遗传因素影响人格发展的方向及形成的难易。

（二）社会文化因素

人一出生便置身于社会文化之中，并受社会文化的熏陶与影响，文化对人格的影响伴随着人的一生。例如，M. 米德（M. Mead）等人研究了新几内亚三个民族的人格特质，结果表明：来自同一祖先的不同民族各具特色，这鲜明地体现了社会文化对个体的影响力。居住在山丘地带的阿拉比修族，崇尚男女平等的生活原则，成员之间互相友爱、团结协作，没有恃强凌弱、争强好胜，而是一派亲和景象；居住在河川地带的孟都古姆族，以狩猎为生，男女间有权力与地位之争，对孩子处罚严厉，这个民族的成员表现出攻击性强、冷酷无情、嫉妒心强、妄自尊大、争强好胜等人格特质；居住在湖泊地带的张布里族，男女角色差异明显,女性是这个群体的主体,她们每日操作劳动,掌握着经济实权,男性则处于从属地位,其主要活动是艺术、工艺与祭祀活动,并承担养育孩子的责任,这种社会分工使女人表现出刚毅、支配、自主与快活的性格,男人则有明显的自卑感。

M.米德等人的研究表明:社会文化具有塑造人格的功能,这反映出不同文化的民族有其固有的民族性格,不同地域有着不同的文化传统,不同的文化发展时期有着不同的文化认同。

(三)家庭环境因素

家庭对一个人的人格形成和发展具有重要且深远的影响。家庭是儿童最初的生活环境,许多精神分析学家认为,一个人从出生到五六岁,是人格形成的最主要阶段,人格类型已基本形成。在这个阶段,绝大多数儿童在家庭中生活,由父母抚养长大。因此,父母的教养态度对一个人人格的形成和今后的发展起着重要作用。俗话说"有其父必有其子",其中不无道理。父母按照自己的意愿和方式教育孩子,使他们逐渐形成了某些人格特质。

家庭教养方式一般可以分为以下三类。

第一类是权威型教养方式。父母在对子女的教育中表现得过于支配,孩子的一切由父母来控制。成长在这种教育环境下的孩子容易形成消极、被动、依赖、服从、懦弱的人格特质,做事缺乏主动性,甚至会形成不诚实的人格特质。

第二类是放纵型教养方式。父母对孩子过于溺爱,孩子表现为任性、幼稚、自私、野蛮、无礼、独立性差、唯我独尊、蛮横胡闹等。

第三类是民主型教养方式。父母与孩子在家庭中处于一个平等和谐的氛围中,父母尊重孩子,给孩子一定的自主权,并给予孩子积极正确的指导。父母的这种教育方式会使孩子形成积极的人格特质,如活泼、快乐、直爽、自立、彬彬有礼、善于交往、易于合作、思想活跃等。

由此可见,家庭对个体人格的培育起到了至关重要的作用。父母在养育孩子的过程中,表现出了自己的人格,并有意无意地影响和塑造着孩子的人格,形成家庭中的"社会遗传性"。

(四)早期童年经验

"早期的亲子关系确定了孩子的行为模式,塑成其日后一切的行为。"这是有关早期童年经验对人格影响力的一个总结。中国也有句俗话:"三岁看大,七岁看老。"

斯皮茨(Spitz)在对孤儿院里的儿童进行的研究发现,这些早期被剥夺父母照顾的孩子,长大以后在各方面的发展均受到影响。许多孩子由此患上了忧郁症,其症状表现为哭泣、僵直、退缩、表情木然。也有研究发现,被抛弃会使儿童产生心理疾病,孩子容易形成攻击、反叛的人格。

人格发展的确受童年经验的影响,幸福的童年有利于儿童向健康人格发展,不幸的童年则会引发儿童不良人格的形成。但二者不存在——对应的关系,溺爱也可能使孩子形成不良人格特点,逆境也可以磨炼出孩子坚强的性格。早期童年经验不能单独对人格起决定性作用,它与其他因素共同来决定人格。早期童年经验是否对人格造成永久性影响是因人而异的,对于正常人来说,随着年龄的增长、心理的成熟,童年的影响会逐渐减弱,并不会永久不衰。

(五)学校教育因素

学校是一个有目的、有计划地向学生施加影响的教育场所。教师对学生人格的发展具有指导、定向作用。教师的人格特质、行为模式与思维方式会对学生产生巨大影响。每个教师都有自己独特的风格,这种风格为学生设定了一个"气氛区",在教师的不同气氛区中,学生表现出不同的行为表现。洛奇(Lodge)在一项教育研究中发现,在性情冷酷、刻板、专横的教师所管理的班集体中,学生的欺骗行为增多;在友好、民主的教师气氛中,学生欺骗行为减少。心理学家勒温(Lewin)等人也研究了不同管教风格的教师对学生人格的影响作用,他们发现在专制型、放任型或民主型的管理风格下,学生会表现出不同的人格特点。

教师的公正性对学生有着至关重要的影响。一项有关教师公正性对中学生学业与品德发展的研究表明,学生极为看重教师对他们是否公正、公平,教师的不公正表现会导致中学生的学业成绩和道德品质的降低。

班级是学校教育的基本组成部分,班级的特点、要求、舆论和评价对学生人格的发展具有"弃恶扬善"的作用。

(六)自我调控系统

外界因素体现的是人格培养的外因,而外因是通过内因起作用的。人格的自我调控系统就是人格发展的内因,该系统是以自我意识为核心的。自我意识是人对自身以及对自己同客观世界关系的意识,包含自我认知、自我体验、自我控制三个子系统。自我调控系统的主要作用是对人格的各个成分进行调控,保证个体人格的完整、统一、和谐。

综上所述,在人格的培育过程中,各种因素对人格的形成与发展起到了不同的作用。就人格状态而言,后天环境因素的作用更大。但就人格的不同成分来看,遗传、环境的作用因人格特质而异,因人而异。例如,人的气质、智力等受遗传因素的影响更大,人的性格、价值观等主要受后天环境的影响。遗传决定了人格发展的可能性,环境决定了人格发展的现实性。

四、人格与心理健康的关系

在人格的形成和发展过程中,气质、性格的影响最为关键。由于每个人的气质、性格是不同的,因而人格表现千差万别。在大学生的人际交往中,由于人格因素而导致的交往障碍很常见。如与性格相投的人相处时感到难舍难分,与性格不合的人相处时则处处觉得别扭,"话不投机半句多",给人际交往造成一定的障碍。下面,我们就气质和性格对人心理健康的影响进行分析。

(一)气质与心理健康

1.什么是气质

气质是指个体表现在心理活动的强度、速度、灵活性与指向性方面的一种稳定的心理特征。这种特征既决定了个体心理活动的动力特征,又给每个人的心理活动蒙上了一层独特的色彩。心理学家往往将气质分为四种类型,这主要依据古希腊著名医生希波克拉底提出的气质的体液说。希波克拉底认为,人体含有四种体液:黄胆汁、血液、黏液、黑胆汁。在体液中,黄胆汁占优势的人为胆汁质,血液占优势的人为多血质,黏液占优势的人为黏液质,黑胆汁占优势的人为抑郁质。由于体液说对气质类型的划分较客观地反映了人们在气质方面的差异,所以希波克拉底以体液命名的四种气质概念一直沿用至今。

(1)胆汁质——夏天里的一团火。这类人的特征:精力旺盛,直率、热情,行动敏捷,情绪易于激动,心境变换剧烈;有理想、有抱负,有独立见解,反应迅速、行为果断、表里如一;不愿受人指挥,喜欢指挥别人;一旦认准目标,就希望尽快实现,遇到困难也不屈不挠;往往比较粗心,学习和工作带有明显的周期性特点,能以极大的热情和旺盛的精力投入学习和工作,一旦精力消耗殆尽,便会失去信心,情绪顿时转为沮丧甚至心灰意冷。

(2)多血质——喜怒形于色,可塑性强。这类人的特征:活泼好动、反应迅速,情绪发生快而多变,兴趣容易转移;易于适应环境的变化,性情活泼、热情,善于交际,在群体中精神愉快、相处自然,常能机智地摆脱困境;他们在学习和工作上肯动脑、主意多,不安于机械、刻板、循规蹈矩的场合,常表现出较强的工作能力和较高的办事效率;兴趣广泛,但容易失于浮躁、见异思迁。

(3)黏液质——冰冷善忍。这类人的特征:安静、稳重,反应缓慢、沉默寡言,情绪不易外露,注意力稳定且难于转移,善于忍耐;反应较为迟缓,但无论环境如何变化,都能基本保持心理平衡;凡事深思熟虑、力求稳妥,一般不做无把握的事情,在各种情况下都表现出较强的自我克制能力；他们外柔内刚、沉静多思，不愿流露内心的真情实感；与人交往时态度适度、不卑不亢，不爱抛头露面和空泛的清谈；学习和工作有板有眼、踏实肯干，恪守既定的生活秩序和制度；但他们过于拘谨，不善于随机应变，稳定性有余、灵活性不足，有墨守成规、因循守旧的表现。

（4）抑郁质——秋风落叶。这类人的特征：孤僻，行动迟缓，情感体验深刻，善于觉察别人不易觉察的细小事物；在生理上难以忍受或大或小的神经紧张，厌恶那些强烈的刺激；他们的感情细腻而脆弱，常为区区小事引起情绪波动；自己心里有话宁愿自己品味，不愿向别人倾诉；喜欢独处，与人交往时显得腼腆、忸怩；善于领会别人的意图，在团结友爱的集体中很可能是一个容易相处的人；遇事三思而行，求稳不求快，对力所能及的工作能认真负责地完成；在学习、工作一段时间后，常比别人更感疲倦；在困难面前常怯懦、自卑和优柔寡断。

现实生活中只有少数人是四种气质类型的典型代表，多数人是介于各类型之间的中间类型。

2.气质对人的心理与行为的影响

胆汁质的人常同他人发生一些感情突然发泄的冲撞。比如开始谈话时，根本没有想到要吵架，但也许是什么事情冒犯了他（对别人来说可能是小事一桩），于是他突然之间怒不可遏。如果谈话对方属于抑郁质，胆汁质的人将长期陷入委屈之中，导致孤僻古怪、谨小慎微，甚至会给人冷若冰霜的感觉，说话也会语中带刺。黏液质的人常常很难同胆汁质的人在一起生活。胆汁质的人时常坐立不安、容易冲动、手忙脚乱。黏液质的人则慢慢腾腾、四平八稳。而抑郁质的人又过分敏感，对胆汁质的人也难以忍受。可见，气质在人际交往中是一个不容忽视的重要因素。

据一项关于我国大学生气质类型的调查，大学生中复合型气质占65.93％，单一型气质占34.07％，总的趋势是多血质类型的人数最多，共占56.32％，其次为黏液质占24.18％，第三为胆汁质占13.73％，抑郁质最少，占5.77％。文理科学生比较，理科生中黏液质的较多，文科生中胆汁质、多血质、抑郁质的较多。男女生比较，男生中属于胆汁质、多血质的较多，女生中属于黏液质的较多。

3.正确对待气质

（1）气质是与生俱来的，在个体心理中是最稳定、变化最少也最慢的一种心理特征。气质本身无好坏之分，每一种气质都有积极的一面，也有消极的一面。气质也不能决定一个人社会价值和成就的高低。

（2）大学生在人际交往中，要注意学会观察、分析周围同学的气质特征，采取合适的交往方式。例如,对胆汁质的同学,应多给予鼓励,充分发挥其积极性,不要轻易激怒他们,要锻炼他们的自制力,使其沉着冷静地对待事物,批评时要严厉一些,有助于他们重视自己的缺点,约束任性行为;对多血质的同学,要给予更多的活动机会和任务,并使他们从中受到更多的教育,养成扎实、专一、坚持到底和克服困难的决心;对黏液质的同学,则要尊重他们的想法,要给予他们充分的考虑时间;对抑郁质的同学,要更多地关心、体贴他们,尽量不在公开场合指责他们,要以平等、自然的态度,鼓励他们多参加集体活动,切记不可嘲笑他们的气质弱点,如取绰号、开过分玩笑等。

(3)更多的人是多种气质的混合体,正确对待自己的气质类型,经常有意识地控制自己气质中的消极品质,发扬积极品质,以形成良好的个性,这对自己的心理健康、人际交往都有着重要意义。

(二)性格与心理健康

1.什么是性格

性格是一种与社会相关性最密切的人格特质,是一个人对现实的态度和习惯化了的行为方式所表现出来的较稳定的心理特征。性格表现了人们对现实与周围世界的态度,对自己、对别人、对事物的态度,是人的个性心理特征的重要方面,人的个性差异首先表现在性格上。一个人能否在人际交往中做到"游刃有余""得心应手",与他的性格有很大的关系。当代大学生只有全面地了解自己与他人的性格,并在交往实践中不断优化自己的性格,才能更好地处理自己与他人的关系。

2.性格的类型

从不同角度和侧面可以对性格类型进行不同的划分。

(1)按照知、情、意在性格中的表现程度,性格可分为理智型、情绪型和意志型三种。理智型的人以理智支配自己的行动;情绪型的人情绪体验深刻,举止容易受情绪左右;意志型的人具有较明确的目标,行为较主动。

(2)按照个体的心理倾向,性格可分为外倾型和内倾型。外倾型的人心理活动倾向于外部,活泼开朗、善于交际,感情易于外露、处事不拘小节,独立性较强,但有时粗心、轻率;内倾型的人心理活动倾向于内部,一般表现为感情含蓄、处事谨慎、自制力强、交往面窄、适应环境比较困难。

(3)按照个体独立性程度,性格可分为独立型和顺从型。独立型的人不易受外来事物的干扰,他们具有坚定的信念,能独立地判断事物,发现问题便解决问题,在紧急情况下不慌张,易于发挥自己的力量,但有时会把自己的意志强加于人,固执己见,不易合群;顺从型的人随和、谦虚,易与人合作,但独立性较差,易受暗示,容易接受别人的意见,在紧急情况下易惊惶失措。

3.性格对大学生心理健康的影响

性格反映了人对现实的态度和习惯了的行为方式。当代的大学生是家庭和学校的"宠儿",耳边经常听到的是赞许的声音,在人生的道路上还没有经历过大的起伏和挫折。因此,部分大学生自命清高,眼里容不下他人,当遇到困难时意志薄弱,爱感情用事,对人对事爱斤斤计较,心胸狭隘。这些不良的性格特征不仅容易给人际交往带来障碍,还会影响大学生的身心健康。此外,好的性格品质也要把握好"度",一旦表现过度或与环境不协调,也容易引起不好的结果。比如,过于直率而不顾场合和对象,就可能伤害到对方,引起他人反感。

4.优化自我性格

性格是后天形成的,是行为主体与社会环境相互作用的产物。性格的可塑性较大,有好坏善恶之分。因此,大学生应当积极塑造良好的性格,以适应社会的需要。当代大学生良好的性格表现为心胸豁达、宽容待人;温和亲切、谦虚热情;耿直正派、坦荡真诚;委婉含蓄、与人为善等。良好的性格是成功交往的基础,大学生优化自我性格的途径很多,如博览群书,建立适宜的人际关系,从小事做起等。

(三)塑造健全人格,形成独特的个人魅力

健全人格又称健康人格,是人格心理学研究的重要内容。它是以较高的主客观认知水准,乐观而稳定的情绪,符合社会取向的人生观、价值观为核心,力求具备良好的心理调适能力,充分发挥个体内在潜能,在各种行为反应中以积极、适度的方式表达个体感受与行为的主观状态。简而言之,健全人格是指各种良好人格特质在个体身上的集中体现,是一个人魅力的源泉。健全人格的基本特点可以概括为以下几个方面。

1.自我悦纳

人格健全者能够积极地开放自我,正确地认识自己,坦率地接受自己的局限,并对生活持乐观向上的态度。

2.和谐的人际关系

人格健全者心胸往往比较开阔,善解人意,尊重自己,也尊重别人,对不同的交往对象都表现出合适的态度,既不妄自尊大,也不妄自菲薄。其观点、行为和情绪反应与周围人协调一致,在人际交往中具有吸引力。

3.独立自尊

人格健全者乐观向上、积极热情,有正确的人生观与价值观,能够理性分析生活事

件,头脑中非理性观念较少;人格独立,自信自尊;能自我控制,调节好内心世界与外部世界的关系,保持内外部世界的和谐一致。

4.能够发挥自己的潜能

人格健全者具有自我发展、自我塑造与自我完善的能力;能够充分激发自身的创造力,创造性地生活,这种创造给生活带来欢乐,激发兴趣、维持动机,从而形成人格发展的良性循环;对未来的成就充满希望,发现生命的意义并选择有意义的生活。

健全人格就是心理健康的完满状态。它是从人的心理状态、精神面貌的角度,探讨人对自身、对周围生活环境的良好适应和有效改造。弗洛伊德(Freud)在谈到成熟人格时说,一个成熟的人应该能够创造性地工作。创造的本质是变革,创造自我就是要改善自己、塑造自己,实现自己的社会价值。建立获取成功的信念,确立适当的抱负水平并不断变革自我的期望有助于自我人格的完善。健康的人格是自我的内在统一,认识自我、悦纳自我、延伸自我、创造自我,能够使你的人格散发出独特的个人魅力。

由此可见,只有塑造健全的人格,在个人的成长过程中才能形成独特的个人魅力。

◉ 任务二　人格偏差与人格障碍

一、人格偏差

处于青年早期的大学生,其中一部分有人格偏差是很"正常"的。但对此必须引起高度重视,如果对人格偏差熟视无睹,最终形成人格障碍的可能性就会大大增加,将会对这部分大学生的未来发展造成很大影响。

(一)人格偏差的含义

"人格偏差"是指个体的人格适应有问题,但还未定型,只要加强认识是很有可能成为正常人格的。用这种观念看待大学生的人格问题,对大学生的人格培育是有益的。由于大学生正处在接受教育的阶段,处在"人格再造期",且其人格问题也没有医学标准意义上的人格障碍那么典型,因此把大学生的人格问题视为"人格偏差"较为妥当。当然,那些极少数典型的人格障碍者除外。

俗话说:"金无足赤,人无完人。"几乎所有的人都存在着某种程度的人格偏差,但这种"偏差"只要不影响其生活、工作和社会交往,其人格都可以看作是正常的。

(二)大学生主要的人格偏差及表现

大学生主要的人格偏差及表现见表5-1。

表 5 - 1　大学生主要的人格偏差及表现

维度	前者表现	后者表现
自卑引起的人格退缩或自负引起的人格膨胀	对自己有不满、鄙视、否定的情感；总觉得自己不行，把弱点无限放大；怀疑别人看不起自己，在任何场合都不敢表现；做什么事总是瞻前顾后，生怕出现坏的结果；胆小不敢与人交往；感觉自己越来越弱；自我意识弱化；好幻想；对社会有莫名的恐惧感	总觉得自己相当不错，才华横溢、才能出众或外貌出众，周围的人都在崇拜倾慕自己；盛气凌人，总是指望他人为自己服务，而自己又不愿意付出；感觉自己高人一等，看不起人；人际关系恶劣，但总认为是别人对自己羡慕嫉妒恨；自我中心突出，自恋情结明显
社会疏离与"过度社会化"	性情孤僻，有的人想与人交往但由于胆怯而不敢付诸行动，有的人主观上不愿意与人交往；在公共场合有恐惧心理，想躲得越远越好；总担忧别人在关注自己，而自己的表现又会让人看不起；忧郁、紧张、恐怖的心境总是挥之不去，心境恶劣是常态	年纪轻轻就以"过来人"自居，有玩世不恭的态度，认为人生苦短不如及早行乐；生活方式上总想开风气之先，装扮新潮；社会交往过度，对社会上的新东西趋之若鹜，追逐心态强烈；在学校违纪违规成为常态，对批评教育甚至处罚毫不在乎
过度焦虑或"看破红尘"	对人对事心理警觉度高，总是处于担忧和紧张之中；休息睡眠少，质量差；对前途总是莫名的担忧，对社会、对自我的感觉都不好；心理敏感度高，好幻想，易做白日梦；容易纠缠于琐事与细节，心胸难以开阔；总感觉"墨菲定律"如影随形；忧愁心境是常态	对人生有悲观态度或有宿命论观念，觉得人生几十年"就那么回事"；严重者悲观厌世，无拼搏奋斗之志，有得过且过之意；有的人幻想命中能巧遇贵人，福从天降，不劳而获；情感冷淡，对人对事缺乏热情，更无激情
自我中心或过分依赖	自小形成了凡事只为自己着想，从不考虑别人或团体的习惯；精于计算，显得自私；总是用自己的标准去衡量别人，以己之心度人之腹；有的人自视甚高且防范心重，缺乏热情，没有知心朋友，甚至根本没有朋友；人际关系冷淡，总觉得别人根本不了解自己；从没有感恩之心；苦恼愤懑的心境是常态	无主见，让别人为自己作重要决定；无独立性，很难单独进行自己的计划或做自己该做的事；人际交往或做事情总是很被动，自我评价较低；害怕孤独，总想依附"强者"，而当这种关系终结时感到很悲伤，因而易受伤害，总感觉"伤不起"
冲动暴躁或麻木不仁	遇到冲突就爆粗口，甚至亮拳头，不考虑后果；思维直接，为人直率，因而很容易伤害别人；思维狭隘，很少考虑过程和全局；处事简单，不瞻前顾后，容易出问题；人际关系表面上还可以，实际上缺乏知心朋友	由于自小的环境因素或生活经历，缺乏表达情感的途径和形式，社会情感尤其缺乏；对人对事冷漠，面部毫无表情，甚至让周围的人感到害怕；内心也想与人交往，但总感觉别人都在排斥和看不起自己，长期苦恼；独来独往，形影相吊

续表

维度	前者表现	后者表现
急躁马虎与拖沓延误	遇到任务或事情，求快不求质量，甚至马虎敷衍；心里放不下事，性子急；说话不经思考，甚至信口开河；表面看似热心、积极，实则责任心不强，做事无计划，反思能力差，容易出现差错	面对生活或工作中必须做的事情、必须解决的问题，心理上总是有意无意地回避，不主动、及时地去处理事情，不果断地去解决问题，成为一种牢固的心理习惯和行为习惯；每做一件事就拖延，而且在拖延中有心理负担，感到痛苦和着急；有高校曾做过相关调查，发现不少大学生认为自己"存在拖延的症状"

矫正人格偏差没有固定的良方，因为每个学生的经历、家庭、教育环境及所受的社会影响均有差异，原因可能是各种各样的。因此，认为自己有"疑似人格偏差"的大学生，除了自我对照分析之外，找心理咨询教师寻求专业的帮助是大有裨益的。

(三)大学生人格偏差的成因

了解大学生人格偏差产生的原因，有利于对人格偏差进行矫正。人格偏差的成因是多方面的，见图5-1。

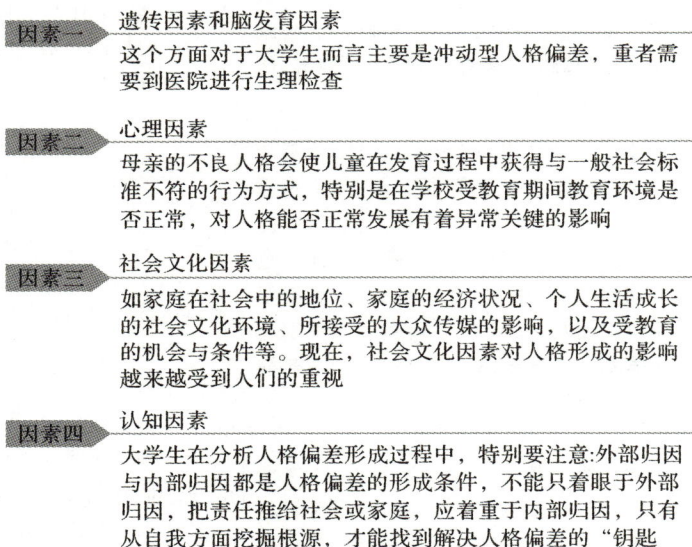

因素一 遗传因素和脑发育因素
这个方面对于大学生而言主要是冲动型人格偏差，重者需要到医院进行生理检查

因素二 心理因素
母亲的不良人格会使儿童在发育过程中获得与一般社会标准不符的行为方式，特别是在学校受教育期间教育环境是否正常，对人格能否正常发展有着异常关键的影响

因素三 社会文化因素
如家庭在社会中的地位、家庭的经济状况、个人生活成长的社会文化环境、所接受的大众传媒的影响，以及受教育的机会与条件等。现在，社会文化因素对人格形成的影响越来越受到人们的重视

因素四 认知因素
大学生在分析人格偏差形成过程中，特别要注意：外部归因与内部归因都是人格偏差的形成条件，不能只着眼于外部归因，把责任推给社会或家庭，应着重于内部归因，只有从自我方面挖掘根源，才能找到解决人格偏差的"钥匙

图5-1 造成人格偏差的因素

二、常见的人格障碍

人格障碍是指在没有认知障碍或者智力障碍的情况下,个体的人格发展出现不协调或者异常的情况。这种情况显著偏离特定的文化背景和一般认知方式,并且会对个体的社会功能和职业功能产生影响,造成个体对社会环境的适应不良,在适应环境、协调人际关系、发挥特长等方面出现困难,自己感到痛苦或使他人感到痛苦,给个人或社会带来不良影响。

大多数心理学家将人格障碍当作一种病态人格而非精神病来看待,认为它是介于精神病与正常人的一种正常人格的变异。人格障碍因障碍程度的严重与否而产生明显的异化,一般情况下,具有轻微型人格障碍的个体在社会生活中与正常人一样,只有他的家人才能感觉到他的怪癖与难以相处;而具有严重的人格障碍的个体则会表现出明显的社会适应障碍,常常不能正常学习和工作。此外,严重的人格障碍若没有得到及时的矫正,常常会演变成精神病,甚至有可能出现违法犯罪行为。

(一)大学生常见人格障碍的类型

在大学生的人格形成与发展过程中,有一些不良因素影响其人格的健康发展,使他们出现人格发展不良现象或人格障碍。大学生人格发展不良现象主要表现为不良意志品质、无聊、懒散、懦弱、退缩、偏执、虚荣、自我中心、环境适应不良等。人格障碍又称人格异常,是指有一种或几种人格特征偏离常态。在大学生群体中,真正有人格障碍的并不多,但有不少人存在一些不良人格倾向,这些人是人格障碍的易感人群。了解大学生的人格障碍类型,有助于我们更好地避免各种人格障碍的产生。以下主要阐述几种大学生常见的人格障碍类型。

1.自恋型人格障碍

心理学家的研究发现,通常情况下,具有自恋型人格障碍的人在日常生活中最常出现的问题就是以自我为中心,总认为自己是对的,别人是错的,常常不顾别人,只顾自己,还会以自己的行为准则去要求别人。因此,一般情况下,具有自恋型人格障碍的人的人际关系都不会太好。就大学生而言,自恋型人格障碍常常具有以下表现:主观自我评价高于客观自我评价;对他人的评价十分敏感,喜欢听到别人的赞扬,讨厌听到别人的批评,常常听到批评便暴跳如雷;过度自信和自尊,缺乏失败的生活经历和经验,若遭受挫折心情很容易紧张,甚至产生心理崩溃;很少站在别人的角度看问题,因而人际关系比较紧张。

矫正自恋型人格障碍的主要方法是使大学生多与人交往。在与他人的交往中,大学生能够逐步发现自己的不足,调整自我,并在与他人的比较中,确立正确的自我观,走出自我中心的误区。

2.攻击型人格障碍

攻击型人格障碍是指一种以行为与情绪有明显攻击性为主要特征的人格障碍。这种人格障碍发作前没有先兆,不考虑后果,不能自控,易与他人发生冲突,发作后能认识到自己不对,间歇期一般表现正常。攻击型人格障碍又可分为主动攻击型人格障碍和被动攻击型人格障碍。

(1)主动攻击型人格障碍。具有这种人格障碍大学生的主要表现:情绪急躁易怒,具有无法自控的冲动和驱动力;心理发育不健全或不成熟,心理经常处于不平衡状态;冲动的动机既有有意识的,也有无意识的;行动反复无常;性格鲁莽和盲动;行动之前有强烈的紧张感,行动之后体验到愉快、满足或放松感,没有真正的悔恨、自责或罪恶感。这种人格障碍的大学生很容易产生不良行为和犯罪的倾向。

(2)被动攻击型人格障碍。具有这种人格障碍大学生的主要表现:表面上唯唯诺诺,甚至百依百顺,内心却充满敌意和攻击性;会故意暗地里破坏、阻挠某件事情;具有仇视的情感与攻击倾向,但是不会直接表露于外。

攻击型人格障碍是一种不稳定的缺陷人格。矫正这种人格障碍,一方面,要让大学生经常提醒自己镇静制怒,提高自己的修养,培养自制力;另一方面,要开展丰富多彩的业余文化、体育活动,让大学生体内的能量找到一个正常的释放渠道。

3.回避型人格障碍

具有回避型人格障碍的大学生总是容易感到紧张、提心吊胆、不安全及自卑。他们希望被人喜欢和接纳,害怕负面的评价,习惯性地夸大日常处境中的潜在危险,容易回避某些活动。具有回避型人格障碍大学生的主要表现:听到他人的批评或不赞同就会感到受到伤害;没有好朋友或知心朋友;总是夸大普通事情的危险性、困难度;心理自卑,敏感羞涩,总是缄默无语,害怕惹人讥笑,害怕回答不出问题;除非确信受欢迎,一般不愿意参与重大的社交活动。

具有回避型人格障碍的大学生,想要改善人际关系,就要多参加社会活动,加强自身的行为训练。同时,要增强自信心,克服自卑感。

4.反社会型人格障碍

反社会型人格障碍又称悖德型人格障碍,其最大的特点就是行为不符合社会规范。具有这种人格障碍大学生的主要表现:感情冷淡,对人缺乏同情,漠不关心,缺乏正常的爱;忽视社会道德规范、行为准则和义务;挫折耐受性差,轻微刺激即可引起冲动型行为;即使给他人造成伤害,也很少感到内疚,缺乏罪恶感。因此,这类大学生常发生不负责任的行为,甚至是违法乱纪的行为,屡教不改。

矫正反社会型人格障碍应重点从两个方面做起:一是提高大学生的道德意识和法律意识,使他们明白什么事可以做,什么事不可以做;二是帮助大学生提高认识,了解自己行为的危险,培养其责任感,使他们担负起对家庭、社会的责任。

5.强迫型人格障碍

强迫型人格障碍也称固执型人格障碍,其最大的特点就是要求严格,追求完美。具有强迫型人格障碍大学生的主要表现:做事过分谨慎与刻板,事先反复计划与检查;做事优柔寡断,总是借故拖延或回避,以致无法完成任务;注重细节,却忽视全局;将自己的意志强加于别人,强令别人按照自己的意愿或特殊要求行事;过分循规蹈矩,缺乏随机应变的能力;情感表达拘束,不易放开。

矫治强迫型人格障碍需要注意以下几点:一是要求大学生在日常学习和生活中,注意减轻和放松精神压力;二是引导大学生办事情不要过分求全,见好就收,学会给自己找台阶下,学会放弃,事情做了之后就不要再做多余的考虑。

6.依赖型人格障碍

依赖型人格障碍的典型表现就是过分的心理依赖和顺从。具有依赖型人格障碍大学生的主要表现:缺乏独立性,极度依赖他人;常常具有无助感,总是需要他人来帮助自己选择或作决定;即使有较强的工作能力也缺乏自信;独处时常常会有不适感,总是逃避孤独。在我国,作为独生子女的大学生就特别容易出现这种人格障碍,因为他们大多数从小就受到很多人的宠爱,生活优裕,习惯了被人照顾,习惯了他人帮自己做决定。

有效治疗大学生依赖型人格障碍的主要方法是认知领悟疗法。这种疗法的主要内容有以下几点:一是帮助大学生改变不合理的信念,使其学会合理地表达自己的愿望和需要;二是帮助大学生树立自信,多回忆自己一个人独立获取成功的事情,鼓励其做一些冒险尝试;三是培养大学生的独立性,让其在日常工作和生活中从点滴小事开始做起。

7.癔症型人格障碍

癔症型人格障碍又称表演型人格障碍,其主要特点是过度情绪化及寻求被关注。具有癔症型人格障碍大学生的主要表现:以过分的感情用事或夸张的言行吸引他人的注意,富有表演色彩,如装腔作势、自吹自擂,在轻微伤感的场合大哭等;以自我为中心,追求即时满足,不能忍受延迟满足;易受暗示,容易受外界事物影响;情感体验肤浅,按自己的好恶去判断事物的好坏;爱幻想,不切合实际,夸大其词,令人难以核实或相信。

矫正大学生癔症型人格障碍,主要从三个方面做起:一是多鼓励、表扬、帮助,对于他们不正确的做法要多解释,避免与他们争吵,减少其情感冲动的机会;二是利用他们易受暗示的特点,努力将他们向积极的方面引导;三是引导他们学会有意识地控制自身的情绪,办事多讲原则,客观地看待事情,而不是感情用事。

8.偏执型人格障碍

偏执型人格障碍的主要特点就是明显的猜疑和偏执。具有偏执型人格障碍大学生的主要表现:思想行为主观、固执;不能客观地分析形势,解决问题容易从个人情感出发;经常主动寻衅争吵或背后风言冷语,或公开抱怨和指责别人,或过高地估计自己的能力,习惯把责任和失败归咎于他人;极度敏感多疑,对他人的侮辱和伤害耿耿于怀;人际关系紧张,总是过高地要求别人,从来不信任别人的动机和愿望,认为别人存心不良。

矫正大学生偏执型人格障碍,可以从以下几方面入手:第一,帮助大学生了解自己的心理动态和病情,促进其自我性格的不断完善与成熟;第二,帮助大学生与他人建立互相信任的关系,在此基础上,向他们介绍其自身人格障碍的特点、性质、危害,以及矫正方法,使其对自身有一个更深入、更客观的认识;第三,鼓励他们积极主动地与他人进行交往,以消除他们的不安感;第四,经常提醒大学生不要陷于"敌对心理"的旋涡,而要懂得尊重别人,学会忍让和保持耐心。

(二)大学生常见人格障碍的特点

患有人格障碍疾病的大学生在日常生活中常常被冠以"怪人""神经病"等称呼,这不仅给他们的学习、生活等带来了不便,而且会影响他们的家庭。但是,在医学上,至今仍未将其归类为病理科,而将它只认定为一种与其文化所期望和接受的范围产生明显的、稳定的、长期的偏离的心理。基于这一点,我们可以将大学生人格障碍的特征归纳为以下几方面。

1.出现情感和意志上的异常偏离

一般情况下,出现人格障碍的大学生的意识都是清醒的,认知能力也是相对完整的,也就是说,他们的情感和意志会出现某些异常,常常在智力活动无明显缺损的情况下,出现行为活动和情感等方面的明显障碍。例如,他们可能出现极端猜疑的情况,并且这种猜疑是不受环境影响的,即使他们换了一个环境生活,这种猜疑还是会出现。因此,这些人大多数都有求医的需要,希望能治好自己的"病"。

2.出现人际关系上的异常偏离

通常情况下,出现人格障碍的大学生常常存在心理紊乱、情绪不稳、自制力差、难以与人相处、人际关系紧张等问题,因而常常会做出一些不合乎社会规范的事情。例如,具有攻击型人格障碍的大学生在行为上会表现出易怒、急躁、具有攻击性等特征,这些特征会使得他与周围人在相处时出现问题,他们也不会有良好的人际关系。

3．出现认知上的异常偏离

调查发现,出现人格障碍的部分大学生在遇到困难的时候会将原因归咎于别人的错误或者自己的命运,而不会从自身考虑。他们看不到自己的缺点,也不能从生活经验中吸取教训,难以适应单位和社会环境。例如,患有偏执型人格障碍的大学生,对别人获得的成就或荣誉常常会嫉妒不已,常常自命不凡,将自己的能力估计得过高,将失败的责任归咎于他人。

4．否认自己存在人格障碍

在现实生活中,存在人格障碍的大学生常常会通过一些行为伤害或扰乱他人,当别人指出他们的这些行为时,他们常常会不以为然,也不认为自己存在人格障碍。

5．出现冲动控制及对个人需要满足的异常偏离

根据对存在人格障碍的大学生分析可以发现,他们一般会认为自己对别人没有责任,因而对自己不道德的行为不会产生罪恶感,也不会在伤害别人后产生内疚感和负罪感。此外,他们还会不断寻找各种借口为自己的行为开脱,并将责任归咎于命运或者他人。从这一层面来看,存在人格障碍的大学生会将自己的利益放在首位,做出各种自以为是的辩护,而他们的这些辩护或者行为实际上体现的便是他们对冲动控制以及个人需要满足的异常。

(三)大学生人格障碍形成的原因

根据专家学者的分析,造成大学生存在人格障碍的原因有很多,其中较为重要的包括生理、心理、不良社会环境影响等方面的原因。

1．生理方面的原因

意大利某犯罪心理学家曾经对许多存在人格障碍的大学生进行过调查,他发现这些大学生的亲族患有各种人格障碍的比率远远高于一般大学生的亲族。此外,心理学家斯莱特曾经对 8 对同卵孪生子与 43 对异卵孪生子进行研究后发现,同卵孪生子同时存在人格障碍和神经官能症的概率在 25％,而异卵孪生子同时存在人格障碍和神经官能症的概率在 20％。在对被收养人及其亲生父母的人格障碍一致率进行研究后发现,被收养人较早与其亲生父母分开的,一般不大会受到亲生父母的后天影响。但若亲生父母存在人格障碍,那么其子女或者收养子女存在人格障碍的比率较高。可见,父母的遗传因素会

大大影响大学生的人格发展,使其产生各类人格障碍。

此外,虽然目前对大学生人格障碍的分析还没有发现患者生理性的病变会导致其出现人格障碍,但其出现肯定与神经系统的先天素质不健全相关。比如,大学生在幼儿时期营养不良,则有可能引发其智力与适应性行为的非正常发育和情绪不稳定,当其进入大学以后,随着其步入这个半社会化环境,随着社会环境和学习氛围的变化,这些潜在的人格障碍就可能暴露出来,从而产生各种问题,给大学生自己或他人带来了诸多痛苦。可见,生理方面的原因是导致大学生出现人格障碍的重要因素。

2.心理方面的原因

研究发现,假如大学生在幼儿期或者青春期遭受过巨大的心理挫伤或者精神伤害,如母爱或父爱被剥夺、被父母遗弃、被收养人或继父母歧视、受父母等亲人的过分溺爱或者虐待等,都会使其产生一些心理问题,而这些心理问题的出现就会严重影响其人格的发育,使其出现各种人格障碍。

3.不良社会环境影响方面的原因

除了生理和心理方面的原因之外,不良的社会环境影响也是造成大学生人格障碍的重要原因。其中,社会动荡不安、不良风气的泛滥、不合理现象和拜金主义的盛行等都会对大学生的价值观、人生观、道德观产生不良影响,使他们产生对抗、压抑、自暴自弃等不良的心理,并最终发展成人格障碍。

总之,大学生的人格障碍是基于某种不健全的先天素质或后天不良的社会环境,以及家庭环境因素的影响而形成的,这几种情况兼而有之,而不只是单方面因素的影响。

心灵拓展

人格障碍的特征

人格障碍是一种人格异常。人格异常不仅会阻碍人格障碍者的人际关系,还会给其带来痛苦,甚至给社会造成伤害。人格障碍者的人格表现通常比较极端,例如,文献记载的最早的人格障碍者是一个极度易怒的男性。他曾把人淹死在井里,因为这个人不小心用言语激怒了他,甚至是他的家犬,稍不遂其意,他就将它活活踢死。人格障碍的表现非常复杂,很难对其进行概括和总结。一般来说,人格障碍具有以下特征。

第一,心理紊乱不定,难以相处。这是各类人格障碍者最主要的行为特点。

第二,怨天尤人。将自己遇到的任何困难都归咎于命运或别人的错处,因而他们不觉得自己有缺点需要改正。他们经常把社会或外界的一切看作是荒谬的,认为不应该如此。

第三,以自我为中心,没有责任感。如对不道德的行为没有罪恶感,伤害别人而不觉得后悔,并对自己的所作所为做出自以为是的辩护。他们总是把自己的想法放在首位,以自己的利益压倒一切,而不能设身处地地体谅他人。

第四,难以改变自身的病态观念。他们走到哪里便把自己的猜疑、仇视和固有的看法带到哪里,任何新环境的气氛无不受其行为特点的影响。

第五,缺乏自知力。他们的行为后果伤害他人,使左邻右舍鸡犬不宁,自己却坦然自若。别人的告发或埋怨才能显露他们的怪癖或不良行为,而不是他们自己把感到的痛苦、心情不安或想不通的地方表现出来。

第六,从幼年开始,一旦形成就比较稳定且不易改变。

第七,一般来说,意识是清醒的,无智力障碍。

▶ 任务三 自我意识发展概述

一、自我意识及其对心理健康的意义

(一)自我意识的含义

1890 年美国心理学家詹姆斯(James)在《心理学原理》中把自我意识引入心理学领域,并把它安排在了最重要的位置——"自我是人类心理宇宙的中心"。他还认识到自我的二元性,并建议使用不同的术语"主我"(I,指作为环境中主动行为者的我)和"宾我"(me,指作为经验客体的我)来区分自我的两个方面。

詹姆斯将经验自我的不同组成部分分为物质自我、社会自我、精神自我三类,下面所讲的自我意识,内容涵盖生理自我、社会自我、心理自我。具体而言,生理自我是对自身生理状态的认识和评价,如对体重、身高、身材、容貌等体像和性别方面的认识,对身体的痛苦、饥饿、疲倦等感觉;社会自我是对自己与周围关系的认识和评价,如自己在朋友、同学、家庭、社会中所处的地位,自己与他人的关系;心理自我是对自身心理状态的认识和评价,如能力、知识、情绪、气质、性格、理想、信念、兴趣、爱好等。因此,自我意识就是个体对自己的身心状况和对自身与别人以及与周围世界关系的认识和评价。

自我意识是一个结构复杂的心理活动系统,从形式上来看,自我意识具有三种心理要素:一是自我认识,属于认知范畴,主要涉及"我是一个什么样的人""我为什么是这样的人"等问题,包括自我感觉、自我观念、自我分析、自我批评等;二是自我体验,属于情绪

范畴,它以情绪体验的形式表现出人对自己的态度,主要涉及"我是否接受自己""我是否满意自己""我是否悦纳自己"等问题,包括自尊、自爱、自卑、自弃、自恃、自傲、责任感、义务感、优越感等;三是自我控制,属于对自我的意志控制,涉及"我怎样克制自己""我如何改变自己""我如何成为那种人"等问题,表现为自主、自立、自强、自制、自律、自卫等。以上三者之间的和谐程度以及与客观现实的吻合程度,决定了个体自我意识的健康状况。

如果说自我意识是个体对自己的心理倾向、人格特征、能力,以及自身社会价值的自我认识与评价,那么这只是对自我意识狭义的理解,相当于"自我意识"内容的"自我认识"部分。从广义上来说,自我意识是指一个人对自己的属性、状态、行为、意识活动的认识和体验,以及对自身的情感意志活动和行为进行调节、控制的过程,这才是对自我意识结构的完整诠释,见表 5-2。

表 5-2 自我意识的内容及特征

内容	特征			
	自我认识	自我评价	自我体验	自我控制
生理自我	对自己身高、体重、性别、外貌、衣着、痛苦、饥饿、疲倦等的认识	英俊、漂亮、有吸引力、迷人、自我悦纳等	占有感、支配感、爱护感等	追求身体的外表、物质欲望的满足等
社会自我	对自己的名望、地位、角色、义务、责任、力量等的认识	有名望、有地位的,受人尊敬的、被人接纳的等	责任感、义务感、优越感、成就感、自我效能感等	追求名誉地位,与他人竞争,争取得到他人的好感或认可等
心理自我	对自己的智力、性格、气质、兴趣、理想、能力、记忆、思维等特点的认识	有能力,聪明、优雅、敏感、迟钝,感情丰富、细腻等	自信、自豪、自尊自恃、自傲或自卑、自责、自贱、自弃等	追求信仰,注意行为符合社会规范,要求智慧与能力的发展等

(二)自我意识对心理健康的意义

自我意识是人对自身及对自己与客观世界的关系的意识,是一种多维度、多层次的心理系统,是人格调控系统的核心。自我意识是人格的重要组成部分,是使人格各部分整合和统一起来的核心力量。同时,一切社会环境因素对人发生影响,都必须通过自我意识的中介而发挥作用,它在人格的形成和发展中起着不可缺少的重要作用。一方面,自我意识制约着人格的形成与发展;另一方面,它在人格的优化中发挥着强大的动力功能。健全自我意识具有促进人格发展,保持心理健康的多重意义。

大学生自我认识、自我评价、自我控制如何,直接影响着大学生的社会适应、身心健康、成长和发展。因此,大学生具备良好心理素质的重要的标志之一就是对自我的接受和认可,即有成熟的自我意识和健康的自我形象。研究发现,自我意识越成熟、越完善的大学生,其自我认识、自我体验和自我控制越能够协调一致地发挥作用,他们会更加客观地认知学习与生活中遇到的挫折,会更加自我肯定、自我欣赏并能积极地进行自我协调和控制。也就是说,他们表现出较强的自我调节能力,从而维持良好的心理健康状况。相反,自我意识不成熟的大学生,由于对自身片面的认识,无法客观地分析、评价自己及生活中遇到的负面生活事件,往往会出现情绪反应过激,缺乏行动的动机等情况,因而他们的心理素质较差,心理健康水平也较低。

(三)自我意识的作用

1. 自我引导作用

尽管在不同的情境中,个体的行为有差异,但总体上会保持一致性,这是因为自我意识在引导一致性行为方面发挥着重要的作用,个人需要按照与自我意识相符的方式行动。自我意识积极的学生,成就动机、学习投入及成绩明显优于自我意识消极的学生。对品德不良学生的研究也证明,学生对自己品德状况的自我意识直接与其行为的自律性有关,当学生认为自己名声不佳、被别人认为品德不良时,他们也就放松了对行为的自我约束,甚至破罐子破摔。可见,自我意识实际上起着引导个人行为的作用。

2. 自我解释作用

一定的经验对于个人具有怎样的意义,是由个人的自我意识决定的。不同的人可能会获得完全相同的经验,但他们对这种经验的解释可能很不同。例如,考试成绩同为80分,学生 A 认为自己能力一般,学习这门功课有些困难,能考80分感到欣喜,鼓舞自己继续努力以争取更好的成绩;而学生 B 平时对这门功课很感兴趣,学习也很有信心,考80分就有挫败感,感到懊恼、沮丧,暗自下决心绝不能再考这样的成绩。

美国心理学家詹姆斯曾提出自尊的经典公式:自尊＝成功÷抱负。这个公式说明,个人的自我满足水平并不简单地取决于他获得多大的成功,还取决于他的抱负水平。美国心理学家伯纳德·韦纳提出并建立了一套解释他人或自己行为结果原因的归因理论,见表5－3。韦纳的归因理论认为,每当个人处理过一个事件之后,个人将根据自己所体会到的成败经验,并参照自己所了解的一切,对自己的行为后果进行评价。他提出三个维度和六个解释因素。对工作成败的归因取向,将影响个人以后再从事类似工作时动机的高低。一个人具有积极的自我意识,相信自己的努力,在进行成败归因时能看到自己的努力程度,也会勇于承担责任,从而可以提高自我实现的能力。

表5-3 韦纳的归因理论

解释因素	维度					
	内外源		稳定性		可控性	
	内部的	外部的	稳定的	不稳定的	可控的	不可控的
能力高低	√		√			√
努力程度	√			√	√	
身心状况	√			√		√
工作难度		√	√			√
运气好坏		√		√		√
外界状况		√		√		√

3.自我期望作用

美国著名心理学家伯恩斯指出,儿童对于自己的期望是在自我意识基础上发展起来的,并与自我意识相一致,其后继的行为也取决于自我意识的性质。

自我意识积极的学生,他的自我期望值高,当他取得好成绩时就认为这是意料中的事,好成绩正是他所期望的。自我意识消极的学生,当他取得差成绩时,会认为这是意料之中的事,假如偶尔考了个好成绩,会觉得喜出望外,反过来,差的成绩又加强了他消极的自我意识,形成恶性循环。消极的自我意识不仅引发了自我期待的消极,而且也决定了人们只能"期待"他人消极的评价与对待。具有消极自我意识的个体对消极的行为后果有着接受的准备,他们不愿更加努力学习,对学习丧失了信心与兴趣。由于自我意识引发与其性质相一致的自我支持性的期望,并使人们倾向于采取可以导致这种期望得以实现的行为方式,因而自我意识具有预言自我实现的作用,这在心理学上被称为"自验预言"。

大学阶段处于大学生世界观、人生观、价值观形成的重要阶段,在这一时期,大学生会对自我有更加全面的评价,但在这一过程中也存在许多问题,如出现自卑、自傲、自负等心理,严重影响大学生的身心全面发展。因此,积极引导大学生正确认识自己,寻找自我疏导的方法,树立正确的自我观是非常重要的。

二、大学生自我意识的特点与发展

(一)大学生自我意识的特点

在校大学生正处于自我意识发展的关键时期,其自我意识的发展出现了许多新的特点。确定大学生自我意识发展的水平,应以其自我意识结构之间是否协调发展为重要指标。如果各要素协调发展一致,自我意识的发展水平就高;反之,自我意识的发展水平就低,就会出现障碍。自我意识是多维度、多层次的复杂心理现象,主要由自我认识、自我体验和自我控制三部分组成。大学生的自我意识发展呈现以下特点。

1.自我认识更趋于主动、客观

自我认识是自我意识的认知部分,包括个人的自我感觉、自我分析和自我评价等。大学生的自我认识更具主动性和自觉性。这是因为,一方面个体生理趋于成熟;另一方面,随着交往关系的扩大,个体的独立意识与社会化意识得到强化。

大学作为青年走向社会、走向工作岗位的准备过程,个体不仅要考虑自己与周围环境的关系,还要考虑个体的社会责任与前途等问题。因此,大学生跨入校门之后首先面对的问题就是对自己作出一个较为符合实际的评价,即我是什么样的人,我应该怎样,我能成为什么样的人,等等。在评价的过程中,由于各类知识的增多,生活经验的增加,大多数大学生对自己的分析、评价逐渐变得客观、现实和全面。

2.自我体验更加丰富复杂

自我体验是自我意识的情绪成分,是人对自己情绪状态的反映。自我体验可以表现为自尊、自豪、自爱、自卑、自怜等情绪状态。大学生活实际上是个体对自我的重新认定和确认过程。中学时期的目标比较简单,就是如何考上大学。而进入大学之后,大学生面临专业选择、交友、恋爱、职业选择等一系列新的问题。处于青年中期的大学生的自我体验仍然有一定程度上的波动性。如取得成绩时就能产生积极、肯定的情绪体验,容易骄傲自满,忘乎所以;而遇到挫折时,容易自卑、悲观、失望。多数大学生具有较强的自尊心,自尊心较强的人不仅对自己持肯定态度,也往往能够接纳别人,乐于参加社会活动。

3.自我控制能力提高

自我控制是自我意识的意志部分,表明个体的自觉过程,包括自我监督、自我激励、自我调节、自我暗示等形式。大学生是一个特殊的群体,社会责任感和成就动力强烈,能够自觉、主动地确立自己的价值目标,并在实现自己理想的过程中调节自己,使自己的努力沿着既定的方向发展。他们期望摆脱对成人的依赖,独立地进行思考、判断;喜欢当众表达自己的主张,以显示自己的价值和存在。

(二)大学生自我意识的形成与发展

1.自我意识的形成与发展分析

(1)自我意识的形成与发展过程。个体的自我意识并不是生而有之的,而是在个体发展与社会环境的交互作用中持续形成和完善的。研究表明,个体自我意识从发生、发展到相对稳定和成熟,需要20余年。我国心理学家在前人研究的基础上提出,自我意识是从生理自我到社会自我再到心理自我逐渐发展而来的。

(2)影响个体自我意识发展的因素。自我意识是神经系统的高度发展和个体与外界的相互作用相结合的产物。自我意识的发生、发展与生理的发展密切相关,然而,生理的成熟和发展只是形成自我意识的前提,自我意识的形成和发展还有赖于个体参与社会生活、与他人相互作用。影响自我意识形成与发展的社会因素有社会经济地位、社会文化环境、家庭、他人的评价、参照群体等。可见,自我意识的形成受个人的成长经历、生活环境、自我态度、他人评价等诸多因素的影响,并且其并不是一成不变的,而是随着个体的经验和心理发展而不断发生变化的。影响自我意识发展的维度见图5-2。

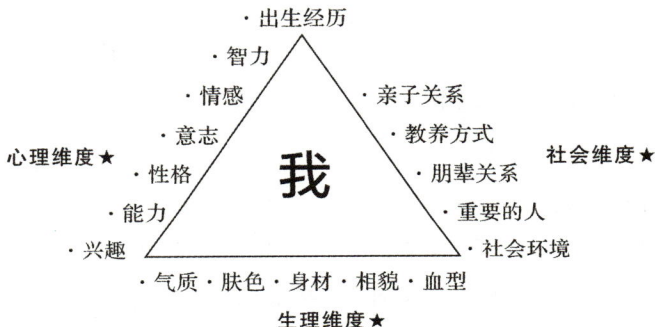

图5-2 影响自我意识发展的维度因素

2.大学生自我意识的发展

青年期一般是指个体从十七八岁到三十五岁。这一时期的自我意识开始成熟,进入心理自我,个性逐渐形成。大学阶段是自我意识发展的重要时期,其自我意识的发展、变化主要表现在以下三个方面。

(1)生理的自我。这一阶段的自我意识是以身体需要为基础的。随着年龄增大、身体发育、阅历提高,以及社会地位的变化,大学生形成了"成人化"的自我意识。"我的容貌、身材、风度是否优美? 是否具有某种魅力?"大多数人会在这种意识的支配下,朝着美和健康的方向努力。但也有一些人,尤其是那些先天或后天残疾或留有某种缺憾的人,则会感到烦恼或自卑。

(2)社会的自我。大学生自我实现的需要和愿望会越来越强烈。"我聪明能干吗?""我是个高尚的、有道德的人吗?""我到底怎样做才能成为一个有用的人?"这些关于自己智力、能力和才干方面的探究,以及有关人格与品质的意识,是这一阶段青年人的显著特点。

（3）心理的自我。随着大学生想象力的丰富、性生理的成熟、逻辑思维能力的发展等，会促使他们的自我意识趋于主观化，并形成自己在社会生活中的地位与威信等自我意识。到了大学的高年级，他们会对自己在整个世界和社会中所处的时空位置进行探究，从而寻找自己的理想位置，探讨人生的意义和价值，形成一定的世界观和人生观。

大学生自我意识的形成，是经过青年期整个期间的分化、整合过程之后得以最终实现的。

心灵探索

自信的我是什么样

1. 活动步骤

【活动指导】

现在请安静下来，用你最舒服的姿势坐着，轻轻地闭上眼睛，让自己的内心逐渐平静。慢慢地呼吸，深深地呼吸。我们开始数数，由 10 倒数至 1，10、9、8、7、6、5、4、3、2、1……感觉到随着自己数数的节奏，头部开始放松，面部开始放松，颈部开始放松，胸部开始放松，手臂开始放松，腹部、腰部、臀部开始放松，慢慢地整个腿部开始放松。让紧张垂落至脚，脚部逐渐开始释放这些紧张，脚腕开始放松，脚背开始放松，脚趾开始放松……渐渐地进入一种重新塑造自己的氛围，仿佛自己看到了自己的形象，越来越清晰地看到以前不自信的自己，正在渐渐地远去，远去……

远处隐隐约约地有一个人影向我走来，越来越近，我惊异地发现，那是和自己完全一样的形象，但这个人是一个充满自信、充满热情、富有魅力的我，他（她）说："我是拥有自信的人，我拥有热忱与激情，拥有雄心与抱负，我是能够成就一番事业的那个我。"

（1）先回忆一件自己认为做得成功的事情，与身边的同学分享，注意描述当时自己的状态和心情。

（2）跟随指导语进入冥想状态，想一想自信的自己是什么样的。

（3）结合回忆成功的自己与冥想中自信的自己，想一想怎样的自己才是自信的，按分类写下来。如果给定的分类不全面，自己可以补充在表 5-4 的下方。

表 5 – 4 自信状态下的自我描述

类　别	自我描述
个性特征	
做事态度	
做事方式	
说话特点	

（4）请与其他同学分享你的活动结果，看一看自己对自信的描述与他人的有何异同。

2.活动分析

你在表格中能够写出多少条属于自信的特征？这些特征中哪些是你已经具备的，哪些是还欠缺的？请在已经具备的特征后面用红色笔画上一面小旗帜，在暂时还欠缺的特征后面用黑色笔画上一颗小五角星。统计二者的数量。思考你可以从哪项欠缺的特征入手进行改进，以逐步提高自信心。

3.活动思考

冥想前后你的心情有何不同？谈一谈你在冥想中看到自信的自己的感受。你打算在将来的学习和生活中做出哪些改变和努力，以使自己更加自信？

拓展 阅读

人格缺陷调适

驾驭情绪　掌控自己——有效管理情绪

情境导入

我叫晓薇，是一名大学生。在深冬的早晨，我刚从温暖的被窝里起来，手立刻变冷了。这么冷的天气，真想待在床上，但是想想期末考试一周后就要到了，很焦虑。经过思想斗争，我很不情愿地强迫自己起床。当走出宿舍楼时，我发现天空乌云密布，北风呼啸，忍不住发抖。

路过学院的公告栏，我惊讶地看到马情被评为"××优秀会员"。她和我是亲密的朋友，有共同的兴趣，无话不说。按道理，我应该为她获得的荣誉感到高兴，并首先打电话祝贺她。不知道为什么，我站在那里，感到有点失落，甚至有点嫉妒。

在图书馆里，我发现复习的人越来越多了。环顾四周，我突然发现自己喜欢的赵欣也在图书馆里，心开始怦怦跳得厉害，好想上去和他打个招呼，又怕他发现我的异样，还是按捺住了内心的激动，选择在一个角落看起书来。

复习渐入佳境，电话铃声突然响起，我慌忙跑到外面接电话，是团委老师打来的，说是为迎接评估，需要做一个海报。心里不禁烦躁起来，都什么时候了，还要做海报？电话那边老师一直在说不好意思、打扰复习之类的话，虽然有十万个不愿意，我还是答应尽快做好，心情低落至极点。

忙碌了一天回到寝室，接到班长的电话，他说有事找我，让我去操场一趟。虽然很累了，但是我还是满口答应了他的要求。到了操场，发现没人，正要离开，听到"祝你生日快乐"的歌声飘来，循声望去，看同学们捧着插满蜡烛的生日蛋糕向我走来。我愣住了，感动的眼泪情不自禁就流了下来。那一刻，觉得自己是天底下最幸福的人了！

『思考』

晓薇在一天内情绪都有哪些波动？情绪的波动对她有何影响？

学习目标

◆**知识目标**

1.理解情绪的基本含义和构成要素,包括情绪的生理、认知和行为表现。

2.掌握不同类型情绪的分类及其特点,如自卑、焦虑、愤怒、抑郁和嫉妒等。

3.理解情绪的动态特性,包括情绪的起因、持续时间和影响因素。

◆**能力目标**

1.能够分析和评估大学生常见情绪问题的特征和影响。

2.能够识别和描述不同情绪状态对个体行为和决策的可能影响。

◆**素质目标**

1.培养对情绪多样性和个体差异的尊重和理解。

2.提升帮助他人管理情绪的能力。

3.增强通过积极情绪管理促进个体和社会福祉的责任感和实际行动能力。

思维导图

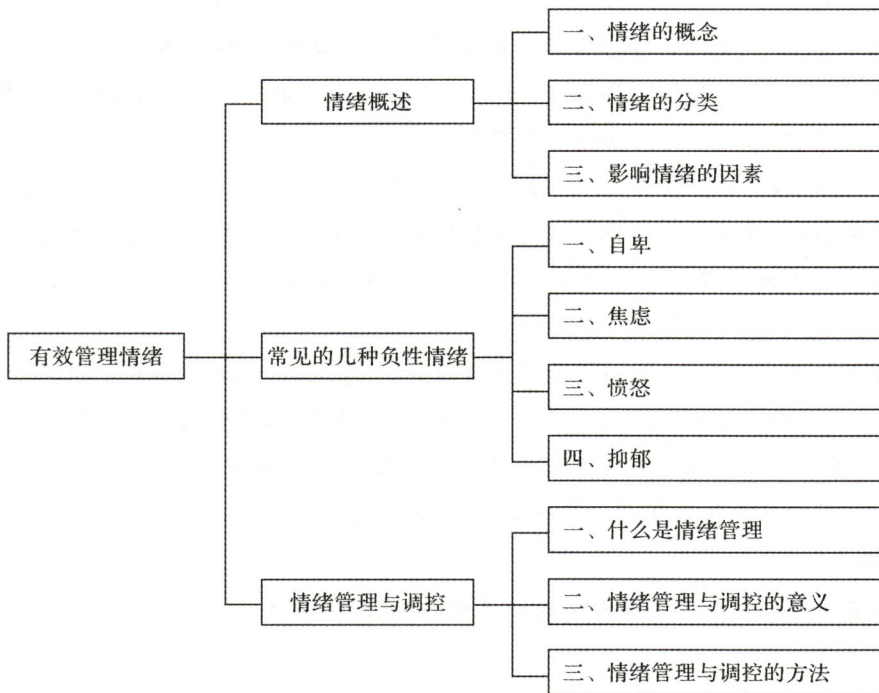

任务一　情绪概述

一、情绪的概念

对于情绪的定义,至今没有一个统一的说法。有人说,情绪是人对客观事物是否符合自身需要而产生的态度体验,它同认识活动一样,也是人脑对客观现实的反映。情绪反映的是一种主客体的关系,即作为主体的人的需要和客观事物之间的关系。《牛津英语字典》对情绪的解释:心灵、感觉或感情的激动或骚动,泛指任何激动或兴奋的心理状态。

《现代汉语词典(第7版)》对情绪的解释:情绪是人从事某种活动时产生的兴奋心理状态,如生产情绪、急躁情绪、情绪高涨等;不愉快的情感,如闹情绪。心理学家则认为:情绪是有机体的一种激动状态,各种情绪的反映,都由其引起的情景来定义。例如,快乐与环境控制的快乐情景相关联,羞耻与自己所招致的不愉快情景相关联,厌恶与他人所引起的不快乐情景相关联。在人类大脑的进化过程中,情绪中枢的形成早于理智中枢,使得人们的情绪反应也会先于理智反应。可以说,人类的情绪更能反映其本能的需要。

从心理学角度来讲,人对外界事物是否符合自己的需要而产生的态度体验即为情绪与情感。情绪与情感和人们的认知紧密相关,人对自己丝毫不了解的、与自己根本没有联系的事物是不会产生任何情绪体验的。人对外界事物的认识不同,所产生的情绪与情感也是不同的。

二、情绪的分类

根据不同的标准可以将情绪分为不同的类型,由于目前并没有完全统一标准的情绪分类方法,所以下面主要对几种常见的情绪分类进行简要阐述。

(一)根据情绪的形式进行分类

1. 喜

喜即喜悦,是个体在需要得到满足或者目的成功达到之后所获得的情感体验。这种体验能够使人感到轻松、快乐。通常来说,喜悦有满意、愉快、欢乐、狂喜等程度上的差别。

2.怒

怒即愤怒,是个体在需要得不到满足或者目的无法达到后所获得的情感体验。这种体验会使人产生紧张、压抑等感觉。通常来说,怒有不满、生气、愤怒、暴怒等程度上的差别。

3.哀

哀即悲哀,是个体失去所喜爱的东西或者希望破灭之后所获得的一种情感体验。这种体验能够使人产生失落、痛苦、无奈等感觉。通常来说,哀有遗憾、失望、难过、悲伤、哀痛等程度上的差别。

4.惧

惧即恐惧,是个体遇到危险或者意识到存在一些潜在的威胁时所获得的情感体验。这种体验会使人产生紧张、心悸,甚至使人本能地产生想逃离的心理。通常来说,惧有害怕、惊恐、恐怖等程度上的差别。

(二)根据情绪的状态进行分类

1.激情

激情是一种短暂的、强烈的、具有爆发性的情绪状态。通常情况下,激情是由强烈的外界刺激所引起的,且这种刺激一般对个人有重大意义,如事业成功后的狂喜、亲人去世后的悲痛等。

2.心境

心境是一种轻微、平和而持久的情绪状态,它具有弥散性,会影响人的整个精神活动。当一个人拥有一个良好的心境时,可以体会到"万事称心如意、神清气爽"之感;反之,如果拥有一个不佳的心境,则会感到一切都不顺利。

3.应激

应激是指由出乎意料的紧急事件所引起的极度紧张的情绪状态。应激既具有积极作用,也具有消极作用。从积极作用方面来说,应激能使人具有特殊的防卫机能,调动潜力,增强反应力;从消极作用方面来说,应激可能使人的意识范围缩小,认识机能下降,动作紊乱,处于强烈而持续的应激状态,不仅会干扰人的学习和工作,甚至可能影响人的身心健康。

(三)根据情绪的社会内容进行分类

1.理智感

理智感是指人们在智力活动过程中对认识活动进行评价时所产生的情感体验,这种体验是与人的求知欲、好奇心、探求和热爱真理的需要相联系的,它体现人对自己智力活动过程与结果的态度。理智感是在人的认识和实践活动中产生和发展起来的,反过来,它又成为人认识和实践活动的动力。任何学习活动、科学发明、艺术创造都与理智感分不开。

2.道德感

道德感是指个体在用一定的道德标准去感知、评价各种社会现象时所产生的情绪体验。个体在与他人进行交往的过程中获得社会道德标准,并使之转化为自己的道德需要,当个体根据自己所掌握的道德标准去评价他人或某件事时,如果认为所评价的人或事符合自己的道德需要,就会产生肯定性的情感,反之则会产生否定性的情感。道德感在社会情感体系中占有特殊地位,对人的活动具有重要的指导作用。

需要指出的是,道德感具有一定的社会历史性,不同的社会、不同的民族、不同的时期有着不同的道德标准,不同的人对这些道德标准又有着不同的理解,于是就会产生不同的道德需要,因此也就会有不同的道德感。

3.美感

美感是指人们根据自己的审美标准对各种社会现象及其在艺术上的表现进行评价时所产生的情绪体验。这种情绪体验具有以下几个方面的特点。

(1)个体性。在日常生活中,对于不同的事物或人,每个个体的审美标准是不同的,有的人觉得某个事物或人很美,而其他人可能会觉得不美。当然,不可否认的是,人类具有共同的美感,鲜艳的花卉、美丽的风景、动听的音乐、雄伟的建筑,这些在人们眼中都是美的代表。

(2)直觉性。直觉性是内容美和形式美的统一,它是在个体直接接触事物时立即产生的。因此,物体的外在形式对美感的形成具有重要影响。需要指出的是,虽然物体的外在形式对美感具有不可忽视的重要作用,但是事物的内容也对美感产生重要的影响,而且这种影响具有决定性的作用。

(3)社会历史性和阶级性。不同的时代、不同的民族、不同的阶级等的审美标准不尽相同,因而也就会产生不同的美感。例如,在我国明清之时,人们认为瘦弱为美,所以林黛玉是当时典型的美女;而在现代社会,人们认为健康、大方、自然、协调为美,所以对美的审美标准就与明清时存在较大的差别。

三、影响情绪的因素

(一)家庭因素

家庭是个体的启蒙学校,可以说,培养个体良好情绪状态的关键在于家庭教育。家庭的经济状况、家庭成员的受教育程度、家长的教育态度、家庭成员之间的亲疏关系等都对个体情绪状态的培养具有至关重要的作用。

(二)社会因素

当今社会变革的影响和多元价值观念的冲击会对大学生的情绪产生一定的影响。目前,随着社会主义市场经济的持续发展,人际关系越来越复杂,人们的传统价值观受到冲击,转型期的一些社会现象,如下岗和失业、贪污和腐败等问题,会在短时间内对大学生产生一定的刺激,使他们产生一些不良的情绪。当然,良好的社会风气会给大学生带来积极的情绪体验。

(三)学校环境因素

目前,高校招生规模不断扩大,改革也不断深化,由此给学校环境带来了一系列的变化,如淘汰机制和择业制度不断改革和完善,这些无不刺激着每个大学生的神经,对他们的心理也带来了冲击,影响着他们的情绪。另外,校园文化对大学生的情绪也会产生一定程度的影响。

(四)大学生自身的因素

大学生自身的一些因素也会对自己的情绪产生一定的影响。例如,大学生角色转换与适应、大学生理想与现实的冲突,以及大学生对情绪的分析与自控能力等都会对大学生自身的情绪产生一定的影响。为此,大学生一定要认识到自身存在的问题,有效控制自己的情绪。

▶ 任务二　常见的几种负性情绪

一、自卑

(一)自卑的含义

自卑是指大学生由于自身生理或者心理上的某种缺陷或某种原因而产生的自我轻视的情感体验,其主要表现为看不起自己,这种不良情绪很容易产生孤独和压抑的情感,严重时会对大学生的生活和学习产生较大影响。

(二)自卑产生的原因

大学生这种情绪的产生往往具有一定的原因,概括来说,这些原因主要包括主观和客观两个方面。

1. 主观原因

自卑的产生与大学生的主观因素密切相关,同等条件下,有的大学生可能会自卑,有的则毫不在意,这就与学生个体的心理状态有密切关系。

2. 客观原因

引起大学生产生自卑情绪的客观原因有很多,概括来说,这些原因主要包括以下几个方面。

(1)感觉自己在家庭出身、生活环境、能力及专业等方面不如别人。

(2)对自己生理素质不满意。如在长相、身高、体态等方面不如他人,为此感到自卑,特别是那些有严重疾患和缺陷的人。

(3)自尊心得不到应有的尊重。一个大学生如果经常受到老师的责备和同学的疏远,那么他就很容易产生自卑感。

(4)好胜心受到挫折。如由于学习上的失败,以及由理想和现实冲突所带来的优势感丧失。

二、焦虑

(一)焦虑的含义

焦虑是一种非特定的、不知所然的、提心吊胆与紧张不安的情绪状态。现代生活中的部分大学生经常会体验到这种情绪,压力越大,这种情绪体验就越明显。

(二)焦虑的分类

大学生常见的焦虑主要有反应性焦虑和神经质焦虑两种。

1. 反应性焦虑

反应性焦虑是一种暂时波动的情绪状态,它由可以知觉到的外在危机引起,具有客观性、情境性与意识性,是每个人都会碰到的一种体验。

2. 神经质焦虑

神经质焦虑是由于长期的焦虑体验的累积,在人格特质中成为一种相对稳定的成分,成为一种根深蒂固的人格特质。神经质焦虑患者除了感受一般焦虑症状的压迫,如提心吊胆、心神不宁外,还常常伴随一系列明显的神经生理反应,甚至出现植物神经系统的功能障碍,如感到窒息、恶心,出冷汗,心悸手颤,胃痛腹泻,食欲减退,失眠等。

(三)焦虑产生的原因

大学生常见的焦虑产生的原因主要有以下几个方面。

1.形象焦虑

大学生的形象焦虑主要是指担心自己的外貌不够漂亮、没有魅力,通常是由身材矮小、肥胖,脸上有粉刺、雀斑、胎记等引起的焦虑。

2.学习焦虑

与高中时代相比,大学阶段的学习环境、授课方式等都发生了一定的变化,这就使得部分大学生对学习感到无所适从,从而出现了学习焦虑的情绪。

3.考试焦虑

考试焦虑通常是由大学生担心考试失败或刻意要求考取更好的成绩而产生的,具体表现为总将自己的成绩与同伴相比较,对考试成绩缺乏自信或经常产生失败的预想,考试之前焦躁不安、失眠,记忆力减退,考试过程中产生与考试无关的想法和知识遗忘现象。

4.社交焦虑

社交焦虑是指大学生对人际交往具有强烈的紧张不安或者恐惧的情绪反应,在人际交往中对自己缺乏自信心,不敢或者不愿与人交往,或者在被动交往时产生极度紧张、恐惧的情绪。

5.择业焦虑

择业焦虑是指大学生由于不能很好地适应及解决在择业过程中出现的各种问题而产生的焦虑情绪,主要表现为在面临择业时过分紧张,甚至产生逃避心理。

三、愤怒

愤怒是人因外界干扰在实现愿望时受阻,从而使内心产生的一种激烈的情绪反应。心理学表明,当愤怒发生时,可能导致人心跳加快、心律失常、高血压等躯体性疾病,同时还会使人的自制力减弱甚至丧失,思维受阻、行为冲动,甚至做出一些后悔的事或造成不可挽回的损失。

大学生产生愤怒的原因概括来说主要包括以下两个方面。

（1）大学生正处在身心发展、激情澎湃的青年时期，往往好激动、易动怒，常常会因一句刺耳的话或不顺心的小事而暴跳如雷，也会因别人的观点或意见与自己不合而恼羞成怒。

（2）大学生具有较强的自尊心和好胜心，当其自尊心、人格受到侮辱的时候，就容易产生愤怒情绪。

四、抑郁

抑郁是指一种由情绪低落、悲观、失望等构成的一种复合性负情绪。抑郁者常常用错误的推理进行自我贬低和自我责备，抑郁既可以是一种心理疾病，也可以是一种相对轻微的心境状态。概括来说，大学生常见的抑郁情绪主要包括以下几个方面，见图6-1。

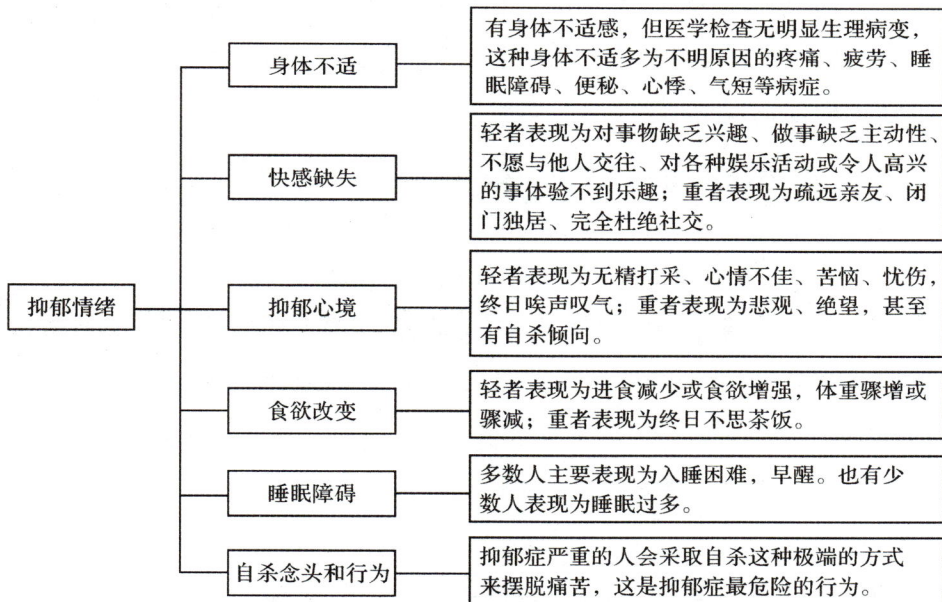

图6-1 大学生常见的抑郁情绪

任务三 情绪管理与调控

一、什么是情绪管理

情绪管理（emotion management）是指用心理学的方法有意识地调适、缓解、激发情绪,以保持适当的情绪体验与行为反应,避免或缓解不当情绪与行为反应的实践活动。情绪管理由《情绪智商》一书而来,作者是丹尼尔·戈高曼(Daniel Goleman),他认为通过控制情绪,管理者可以成为卓越的领导人。

情绪是指个体对本身需要和客观事物之间关系的短暂而强烈的反应,是一种主观的感受、生理的反应、认知的互动,并表达出一些特定行为。情绪管理是指通过研究个体和群体对自身情绪和他人情绪的认识、协调、引导、互动和控制,充分挖掘和培植个体和群体的情绪智商,培养驾驭情绪的能力,从而确保个体和群体保持良好的情绪状态,并由此产生良好管理效果的一种管理手段。简单来说,情绪管理是对个体和群体的情绪感知、控制、调节的过程,包括两个方面:正面情绪是指以开心、乐观、满足、热情等为特征的情绪;负面情绪是指以难过、委屈、伤心、害怕等为特征的情绪。负面情绪无论对个人还是组织而言,危害都是很大的。长期的情绪困扰得不到解决,除了会降低个人的生活质量,还会使个人丧失工作热情,影响个人与同事的人际关系,并且影响个人的绩效水平。

二、情绪管理与调控的意义

良好的情绪状态,不仅有利于提高个体工作和学习的效率,而且也有益于个体身心健康。现代医学研究证明,在患生理疾病的人中,同时伴有心理病症的占70%。尤其是高血压、心脏病、癌症等直接威胁人类生命的重要病症,都与人的情绪状态有着直接的关系。许多人出现失眠、紧张、神经性头痛、消化系统疾病等,大都是因为情绪状态没能得到很好调整。在青年中所见的抑郁症、恐惧症、强迫症等心理障碍和疾病,也大都与不良情绪密切相关。

(一)情绪调控有利于青年的全面成长

弗洛伊德曾说,学习管理自己的情绪是成为文明人的基础。一个个性成熟的人懂得适时调控自己的情绪,在各方面表现出得体的行为举止,从而表现出良好的高素质人才的风貌。反之,失控的情绪会带来极大的恶果。作为一个完整意义的人,仅有良好的智力和一定的学识是远远不够的。懂得调控情绪才可能使你的人格更健全,使你的生活更丰富,使你真正成才。一个人一生的成长都离不开情绪的调节适应机制,该机制包括正确辨认、解读别人的情绪,理解别人的感受以适应社会的需要;控制自己情感的外部表现以适应文化环境;借助情感的表达功能以实现人际情感沟通和情感认同。不解决情感表达问题,通向学习和生活之门便会关闭。早一点学会正确理解、表达及控制情绪,对于人一生的顺利成长、人际适应、工作拓展、生活充实、满意度增加等各方面均有重要意义。

（二）良好的情绪有利于开发人的潜能

潜能的开发和利用必须有情绪的参与和支持。情绪既是一种外部表现，又是一种主观体验，既是调节器又是监视器，对生活、学习有促进或阻碍两方面的作用。有较好的情绪调控能力，经常拥有积极的情绪状态，对自身的潜能开发有巨大的意义。良好的情绪可以激发个体的热情、好奇心、美感，推动个体挖掘自身的潜力，自觉学习，趋向学习目标，还可以激发个体的想象力，有利于产生创意。积极的情绪也会给个体带来良好的人际关系，创造良好的工作、学习氛围，有利于个体创造力的发挥。

（三）良好的情绪有利于身心健康

情绪稳定、积极健康的心态是心理健康的重要标志之一。积极的情绪有利于身心健康，不良情绪会干扰学习、人际适应、身心健康等各个方面。生活中不可避免地会有各种负性事件（如学业不顺利、失恋等）发生，相应地会产生负面情绪，如烦恼、悲伤等，此时如果情绪调控能力差，往往会缺乏自控力，丧失有效的沟通能力，并产生不良后果。

三、情绪管理与调控的方法

（一）注意力转移法

注意力转移法是指将注意力从引起不良情绪反应的刺激情境转移到其他事物上或从事其他活动以实现自我调节方法。当出现情绪不佳的情况时，要将注意力转移到自己感兴趣的事上去，如外出散步、看电影、读书、打球、下棋等，这有助于让情绪平静下来，在活动中找到新的快乐。这种方法，一方面中止了不良刺激源的作用，防止不良情绪的泛化、蔓延；另一方面，通过参与新的活动，特别是自己感兴趣的活动而达到增进积极情绪体验的目的。

（二）适度宣泄法

过分压抑只会使情绪困扰加重，而适度宣泄则可以将不良情绪释放出来，从而使紧张情绪得以缓解。因此，遇到不良情绪时，最简单的办法就是"宣泄"，宣泄一般是在背地里或知心朋友面前进行的。宣泄的形式或是用过激的言辞抨击、谩骂、抱怨恼怒的对象；或是尽情地向至亲好友倾诉自己认为的不公平和委屈等，一旦发泄完毕，心情也就随之平静下来；或是通过体育运动、劳动等方式来尽情发泄；或是到空旷的山林原野，拟定一个假目标大声叫骂，发泄胸中怨气。必须指出的是，在采取宣泄法来调节自己的不良情绪时，必须增强自制力，不要随便发泄不满或者不愉快的情绪，要采取正确的方式，选择适当的场合和对象，以免引发意想不到的不良后果。

(三)自我安慰法

当一个人遇到不幸或挫折时,为了避免精神上的痛苦或不安,可以找出一种合乎内心需要的理由来说明或辩解。如为失败找一个冠冕堂皇的理由来安慰自己,或寻找的理由强调自己所有的东西都是好的,以此冲淡内心的不安与痛苦。这种方法对于帮助人们在大的挫折面前接受现实、保护自己、避免精神崩溃是很有益处的。因此,当人们遇到情绪问题时,经常用"胜败乃兵家常事""塞翁失马,焉知非福""坏事变好事"等语句来进行自我安慰,可以摆脱烦恼,缓解矛盾冲突,消除焦虑、抑郁和失望,达到自我激励、总结经验、吸取教训的目的,有助于保持情绪的安宁和稳定。

(四)交往调节法

某些不良情绪常常是由人际关系矛盾和人际交往障碍引起的。因此,当我们遇到不顺心、不如意的事,有了烦恼时,能主动找亲朋好友交往、谈心,比一个人独处胡思乱想、自怨自艾要好得多。因此,在情绪不稳定的时候,找人谈一谈,具有缓和、抚慰、稳定情绪的作用。另外,人际交往还有助于交流思想、沟通情感,增强自己战胜不良情绪的信心和勇气,能更理智地去对待不良情绪。

(五)情绪升华法

升华是为了改变不被社会所接受的动机和欲望,从而使之符合社会规范和时代要求。情绪升华是对消极情绪的一种高水平的宣泄,是将消极情感引向对人、对己、对社会都有利的方向去。如某个学生因失恋而痛苦万分,但他没有因此而消沉,而是将注意力转移到学习中,立志做生活的强者,从而证明自己的能力。

(六)自我暗示法

自我暗示,从心理学角度讲,是指个人通过言语、形象、想象等方式,对自身施加影响的心理过程。这个概念最初由法国医师库埃于1920年提出,他的名言是"我每天在各方面都变得越来越好"。自我暗示分消极自我暗示与积极自我暗示。积极自我暗示是个体在不知不觉中对自己的意志、心理及生理状态产生影响。积极自我暗示能使个体保持良好的心情、乐观的情绪、坚定的自信心,从而调动个体的潜能,发挥主观能动性。心理学上所讲的"皮格马利翁效应"也称期望效应,讲的就是积极自我暗示。而消极自我暗示会强化我们个性中的弱点,唤醒我们潜藏在心灵深处的自卑、怯懦、嫉妒等,从而影响情绪。

与此同时,我们可以利用言语的指导和暗示作用,来调适和放松心理的紧张状态,使不良情绪得到缓解。心理学实验表明,当一个人静坐时,默默地说"勃然大怒""暴跳如雷""气死我了"等语句时心跳会加剧,呼吸也会加快,仿佛真要发起怒来。相反,如果默念"喜笑颜开""兴高采烈""把人乐坏了"之类的语句,那么他的心里也会产生一种乐滋滋的体验。由此可见,言语活动既能唤起人们愉快的体验,也能唤起不愉快的体验;既能引起某种情绪反应,也能抑制某种情绪反应。因此,当我们在生活中遇到情绪问题时,应当充分利用言语活动对自身进行暗示,缓解不良情绪,保持心理平衡。比如,默想或用笔在纸上写出下列词语:"冷静""三思而后行""制怒""镇定"等。实践证明,这种暗示对人的不良情绪和行为有奇妙的影响和调控作用,既可以使过分紧张的情绪松弛,又可以用来激励自己。

在上述方法都失效的情况下,仍不要灰心。在有条件的情况下,去找心理医生进行咨询、倾诉,在心理医生的指导、帮助下来克服不良情绪。

心灵探索

测试你的情商有多高

请用"是"或"否"回答下列问题。

1. 你对自己的性格类型有比较清晰的了解吗?

2. 你知道自己在什么样的情况下容易发生情绪波动?

3. 你懂得从他人的言谈与表情中发现自己的情绪变化吗?

4. 你有反思的习惯吗?

5. 你遇事三思而后行,不赞同"跟着感觉走"。

6. 你遇有不顺心的事能够抑制自己的情绪吗?

7. 你遇到意想不到的突发事件,能够冷静应对吗?

8. 当你受到挫折或委屈时,能够保持能屈能伸的乐观心态吗?

9. 当你出现感情冲动或发怒时,能够较快地"自我熄火"吗?

10. 当你听到批评意见,包括与实际情况不符的意见时,是否耿耿于怀?

11. 你在人生的拼搏道路上,相信自己能够成功吗?

12. 你决定了要做的事是否轻言放弃?

13. 当你在工作或学习上遇到困难时,能够自我鼓励克服困难吗?

14. 你相信"失败乃成功之母"吗?

15. 办事出了差错,你是否能够总结经验教训,不怨天尤人?

16. 你是否对同学、同事的脾气性格有一定的了解?

17. 你是否经常留意自己周围人们的情绪变化?

18. 与人交往时你是否知道要了解和尊重他人的情感?

19. 你是否能够说出亲人和朋友各自的一些优点和长处?

20. 你是否认为参加社交活动是浪费时间?

21. 你是否愿意同他人合作?

22. 见到他人的进步和成就你是否高兴?

23. 在与人共事时你是否懂得不能"争功于己,诿过于人"?

24. 在与朋友相处时你能够"严于律己,宽以待人"吗?

25. 你是否知道失信和欺骗是友谊的大敌?

「测试标准」

如果你在第 1 至 4 题中答 3 个以上"是",则表明你对自身的情绪有较高的认知;

如果你在第 5 至 10 题中答 4 个以上"是",则表明你对自身的情绪有较高的控制力;

如果你在第 11 至 15 题中答 4 个以上"是",则表明你善于自我激励;

如果你在第 16 至 18 题中答 3 个"是",则表明你能够了解他人的情绪;

如果你在第 19 至 25 题中答 5 个以上"是",则表明你善于处理人际关系。

拓展 阅读

如何应对生活中的
情绪危机

悦纳他人　和睦相处——优化人际关系

情境 导入

　　盖泽尔博士在美国几乎是家喻户晓、妇孺皆知的儿童文学作家，一直被称为"天才"，甚至是"国宝"。有一天，几位美国知名作家现场签名售书，盖泽尔博士也在其中。一个十一二岁的学生从人群中挤到博士跟前，举着铅笔让他签名，尽管用铅笔签名是对自己的不尊重，但盖泽尔博士还是欣然答应了他。孩子接过签名，说了一句："噢，签错了，我找的不是你。"说完转身离去了。

　　在场的人全都惊呆了，盖泽尔博士脱口而出："原来自己没什么了不起！"

　　几位助手面面相觑，其中一位助手轻声地说："博士先生，请不要在意。"盖泽尔博士镇定地说："我当然在意，但我在意的不是孩子，而是我自己。现在我明白了，别太把自己当回事儿。我们所看重的那个自己，对于别人，可能是珠宝，也可能是没有价值的瓦砾。我们不能期望别人眼里的自己会光芒四射，那样会失望的……"话音刚落，人群中响起了热烈的掌声。

　　面对一个不谙世事的孩子，盖泽尔博士放低自己的姿态，与他平等相处，自然就遇事不惊不恼了。在人际交往中，凡事别太在意你自己，要多在意他人。只有提升了自身的人格魅力，才能赢得他人的尊重。

『思考』

盖泽尔的话为何会引起人们的热烈掌声？

学习 目标

◆知识目标

1.理解大学生人际交往的认知过程和关系建立的心理机制。

2.理解人际交往对个体和社会的价值分析，以及不同文化背景下的差异。

◆能力目标

1.能够分析和解决大学生在人际交往中遇到的各类问题和挑战。

2.能够识别和评估大学生常见的人际交往问题的根源和影响因素。

◆素质目标

1.培养对多样人际交往方式和文化背景的尊重和理解。

2.提升帮助他人解决人际关系问题的能力和愿望。

3.增强通过积极的人际交往促进社会和谐的责任感和行动力。

思维导图

```
                                       ┌─ 一、人际交往的定义、影响因素及心理效应
                      ┌─ 人际交往概述 ──┼─ 二、人际交往的意义
                      │                 └─ 三、大学生人际交往概述
                      │
                      │                 ┌─ 一、人际交往的原则
优化人际关系 ─────────┼─ 提高人际交往能力┼─ 二、人际交往技巧
                      │                 └─ 三、大学生人际交往能力提升
                      │
                      │                 ┌─ 一、大学生人际交往的基本原则
                      └─ 人际交往优化策略┼─ 二、大学生和谐人际关系的塑造
                                        └─ 三、人际交往技巧与人际关系优化
```

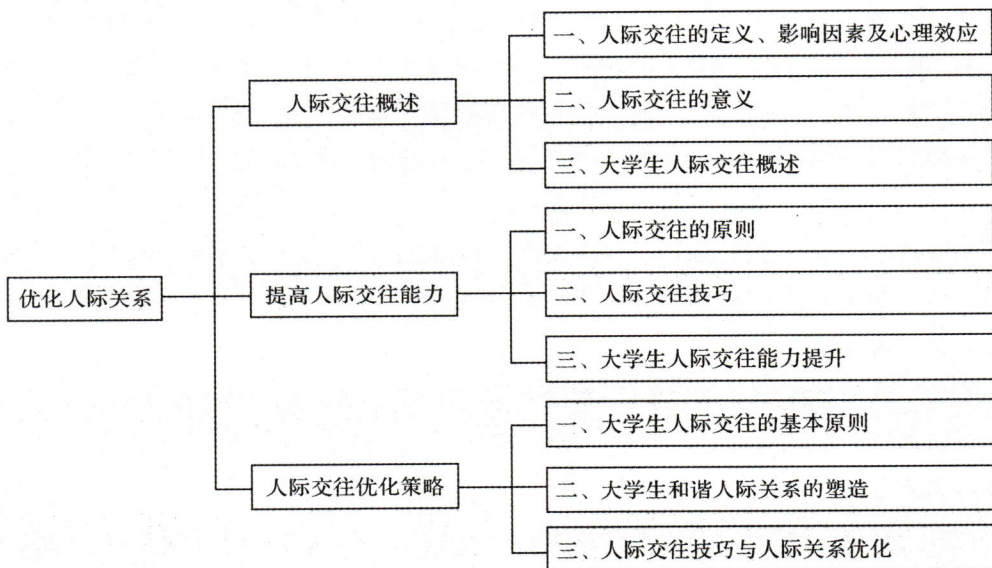

▶ 任务一　人际交往概述

一、人际交往的定义、影响因素及心理效应

(一)人际交往的定义

所谓人际交往是指人运用语言或非语言符号交换意见、交流思想,以及表达情感的过程。

(二)人际交往的影响因素

1.人格因素

人格因素是指性格特征在人际交往中的影响作用。心理学的研究发现,那些具有让人喜爱、仰慕并渴望接近的性格特征的人具有持久的吸引力。

受高度喜欢的人格特质:真诚、诚实、善解人意、忠诚、真实、值得信赖、聪明、可靠、有思想、体贴、可信赖、温暖、心地善良、友善、快乐、不自私、幽默、负责任、开朗,以及信任别人。

介于稍微喜欢与稍微不喜欢的人格特质:固执、循规蹈矩、大胆、谨慎、追求完美、易激动、文静、冲动、精力旺盛、害羞、感情丰富、内向、天真、好动、白日梦者、追求物质享受、反叛、孤独,以及依赖性。

最不受喜欢的人格特质:态度不佳、不友善、敌意、多嘴多舌、自私、目光短浅、粗鲁、自傲自大、贪婪、不真诚、心地不好、不值得信赖、恶毒、可憎、不真实、虚伪、卑劣、欺骗,以及说谎。

2.时空因素

时间因素是指交往的机会、频率。一般来说,交往的频率越高,越容易相互了解;而交往次数少,缺乏相互了解和沟通,较难建立良好的人际关系;空间因素是指交往双方距离的远近。俗话说,"近水楼台先得月""远亲不如近邻",这就说明时空距离是形成密切人际关系的一个重要条件。如大学生或同住一个宿舍,或经常在一起学习,或是同乡等原因,经常接触,相互交往的次数多,容易具有共同的经验和共同的话题,从而建立起较密切的人际关系。

3.相似性因素

相似性因素是指交往双方在理想、信念、价值观、兴趣、爱好等方面有相似的态度。交往各方若具有相同的理想、信念和价值观,具有共同或相似的生活、学习习惯,在感情上就容易产生共鸣,形成良好的人际关系。俗话说"物以类聚,人以群分",这说明性格、兴趣相投,谈得拢,有共同的语言,就能相互吸引,产生亲密感,有利于建立良好的人际关系。

4.需求互补因素

在人际交往中,当双方的需要和期望正好互补时,往往也会产生强烈的吸引力。如"郎才女貌,男刚女柔"、利益需要、能力特长的互补性格或作风上的互补等。

5.仪表因素

亚里士多德曾说过:"美丽是比介绍信更为伟大的推荐书。"美国社会心理学家西格尔等人通过实验发现,外貌与交往关系很密切。

6.能力和才华因素

一个人能力的大小与他人对其喜欢程度的高低有着密切的关系。一般来说,人们比较喜欢聪明能干的人,特别是有某些特长的人,会增加人际吸引力。追星族就是典型的对他人某方面能力和特长的极度崇拜。"宁给智者背包袱,也不给愚者当军师"就是这个道理。

(三)人际交往的心理效应

1.首因效应

首因即最初的印象,或称第一印象。在人际交往中,人们往往注意开始接触到的细节,如对方的表情、身材、容貌等,而对后来接触到的细节不太注意。这种由先前的信息而形成的最初的印象及其对后来信息的影响,就是首因效应,即我们常说的"先入为主"。

第一印象赖以产生的信息是有限的,第一印象不一定真实可靠。由于认知具有综合性,随着时间的变化、认识的深入,人完全可以把这些不完全的信息贯穿起来,用思维填补空缺,形成一定程度的整体印象。正如"路遥知马力,日久见人心"。

2.近因效应

近因即最后的印象。近因效应指的是最后的印象对人们认知具有的影响。最后留下的印象,往往是最深刻的印象,这也就是心理学上所阐释的后摄作用。

首因效应与近因效应不是对立的,而是一个问题的两个方面。在大学生的人际交往中,第一印象固然重要,最后的印象也是不可忽视的。在对陌生人的认知中,首因效应比较明显,而对熟识的人的认知中,近因效应比较明显。这就告诉我们,在与他人进行交往时,既要注意平时给对方留下的印象,也要注意给对方留下的第一印象和最后印象。

3.光环效应

光环效应又称晕轮效应,指的是在人际交往中,人们常从对方所具有的某个特性而泛化到其他有关的一系列特性上,从局部信息形成一个完整的印象,即根据最少量的情况对别人做出全面的判断。所谓"情人眼里出西施",说的就是这种光环效应。

光环效应实际上是个人主观推断泛化的结果。在光环效应状态下,一个人的优点或缺点一旦变为光环被扩大,其优点或缺点也就隐退到光环的背后被别人视而不见了。在人际交往中,你有过这种情形吗?对外表吸引人的同学赋予较多理想的人格特征,或为那些长相比较靓的同学设计美好的未来。例如,"你气质好,将来求职就业一定没有问题","那个人第一次见面就对我关心备至,令我难忘"等。

4.投射效应

投射效应是指在人际交往中,当你形成对别人的印象时总是假设他人与自己有相同的倾向,即把自己的特性投射到其他人身上。所谓"以小人之心,度君子之腹",反映的就是投射效应的一个侧面。投射可分为两种类型,一种是指个人没有意识到自己具有某些特性,而把这些特性加到了他人身上。例如,一个对他人有敌意的同学,总感觉到对方对自己怀有仇恨,似乎对方的一举一动都有挑衅的色彩。另一种是指个人意识到自己的某些不称心的特性,而把这些特性加到他人身上。例如,在考场上,想作弊的同学总感觉到别的同学也在作弊,倘若自己不作弊就吃亏了,目的是通过这种投射重新评估自己的不称心的特性,以求得心理上的暂时平衡。

5.刻板印象

刻板印象是社会上对某一类事物或人物的一种比较固定、概括而笼统的看法,主要表现为在人际交往过程中主观、机械地将交往对象归于某一类人,不管他是否呈现出该类人的特征,都认为他是该类人的代表,进而把对该类人的评价强加于他。刻板印象作为一种固定化的认识,虽然有利于对某一群体作出概括性的评价,但也容易产生偏差,造成"先入为主"的成见,阻碍人与人深入细致的了解。例如,男生认为女生心细、胆小、娇气;女生则认为男生心粗、胆大、傲气。农村来的学生认为城市来的学生见多识广,但狡猾、小气;城市来的学生则认为农村来的学生孤陋寡闻,但忠厚、老实等。

二、人际交往的意义

(一)人际交往对人的发展有深远意义

著名的心理学家罗杰斯(Rogers)十分强调人际交往对个体成长的意义,他是基于自己的成长经验得出这一结论的。罗杰斯出生于一个虔诚的宗教家庭,由于周围的邻居都是异教徒,因此罗杰斯从小就被父母关在家里,不让罗杰斯与邻居家的孩子一起玩游戏,他感到非常孤独。离群索居的童年生活使罗杰斯非常渴望友谊,在别人看来普通的人际交往,但在他看来都非常珍贵。后来他创立了自己的人际关系理论,将人际关系上升为一种哲学。他认为,人们不仅可以交流思想,而且可以分享许多隐秘的情感:对未来的梦想、内心的感受、隐秘的冲动……人际交往不仅仅是可能的,而且是有益的。通过沟通,人们可以相互启迪、丰富彼此人生。在人际关系中,人们相互接纳、彼此探索,可以促进个人的成长,满足其自我实现的需求。

(二)人际交往有助于增进交流、协调关系、促进健康、完善个性

戴尔·卡耐基曾说:"一个人事业的成功,只有15%是由于他的专业技术,另外85%

要靠人际关系和处世的技巧。"人生是在交往中度过的,人生的每一个阶段必然与一定的人际关系相联系。从这个意义上讲,良好的人际关系是集体和个人生存与发展的有利环境,它可以产生合力,使人团结协作,充分发挥群体的效能;形成互补和激励,使人们互相学习,取长补短,产生激励向上的积极情绪;促进信息交流,使人们增长知识和能力,不断完善和发展自身,从而促进社会安定,推动精神文明建设。不良的人际关系则阻碍人的自身发展。

(三)人际交往是治疗心理障碍的重要资源

对于各种严重的精神障碍及心理危机的干预,虽方法不同、技术各异,但有一个共同点,都需要配以支持性心理治疗。支持性心理治疗最重要的支持是来自周围亲人与朋友的关心与理解。当人感到悲观失意、抑郁不快时,有亲人的安慰与关怀,会感到精神的慰藉与支持,从而获得战胜困难的勇气。因此,亲情、友情和爱情都是大学生生命中重要的社会支持系统,要倍加珍惜,也要设法开拓!

(四)人际交往是一把双刃剑

一个人的痛苦和不幸也常与人际交往的不成功有关。当人际关系和谐、融洽时,它会给人以愉快、充实、幸福、成功、欢乐,并能充分调动人的积极性;而当人际关系紧张、失调时,它又会给人带来烦恼、痛苦、失望、忧伤和阴影。在心理咨询的实践中,人际交往常常是大学生来访者咨询中占第一位的问题。大学生的一些其他心理问题也直接或间接地与人际关系不适有关。

三、大学生人际交往概述

(一)大学生人际交往中常见的心理障碍

许多时候,妨碍我们与别人交往的不是别人,而是我们自己的不良心理。扪心自问,你在与别人交往时是否有以下心理呢?

1. 自卑心理

"我是个不讨人喜欢的人,还是不要与陌生人说话,免得又多一个人讨厌我。"

"从来就没有人愿意与我交朋友。"

"我的样子令人讨厌,我最好还是坐得离别人远一点。"

"我能说出什么好的建议呢?还是不说话为妙。"

2. 自我中心

"他们太讨厌了,没有人认真听我说话。"

"我说的这些是有真正哲理的,你们只管听着好了。"

"你们不要再去说那些无聊的话题了,听我讲讲这个问题的最新动态吧。"

"闭嘴,当我说话的时候。"

3.孤僻心理

"我才不与那些地位比我低的人说话。"

"我讨厌别人来打扰我,我宁愿一个人待在一个清净的地方。"

"要是世界上有一个地方只有我一个人就好了。"

4.多疑心理

"你们这么热情是不是对我有所企图?"

"现在的坏人多得很,我还是小心为妙。"

"这些人一看就像坏人。"

5.自我封闭

其表现为不愿与他人交往,喜欢独来独往,不合群。由于不善于或不主动与他人交往,感到孤立,自我心理压力大,生活态度不乐观。

6.自我否定

其表现为较自卑,由于在学习、社交、经济、家庭、相貌等方面不如别人,有强烈的失落感。遇事从坏处着想,对自己没有信心或过于自负,对同学和老师说的话过于敏感。

7.自我欣赏

其表现为不宜与他人相处,但自我感觉良好,在各种场合都希望自己是中心。因此,较关注自己,对他人的感受不在意,不尊重别人,自我定位偏高,易引起他人的反感。

8.盛气凌人

由于学生是家庭、学校和社会的宠儿,走进大学后依然被关注,心理上会产生优越感,肯定自己,否定他人。若在交往方式、态度上的尺度把握不好,往往容易伤害他人。

(二)大学生人际交往中心理问题产生的原因

(1)远离父母的孤独,陌生的环境,让大学生对"人际交往"产生前所未有的渴求。

(2)来自五湖四海的同学、朝夕相处的室友、不同年级的老乡、不同院系学生组织的校内团体,使大学新生的人际交往环境一下子变得复杂多样。

(3)与此同时,分数已不再是唯一的追求目标,大学生思考的内容更为丰富,对人际交往中的细节也更为在意。

(4)近年的大学生多为独生子女,属"自我中心型",凡事都想以自己的意志为转移,不顾及他人感受,缺乏包容心。

（5）在这个崇尚"吸引眼球"的时代,大学生往往过分关注自己的形象,总觉得自己的一举一动都会引起旁人的注意,对别人的反应过于敏感。

（6）不能理解他人的交友原则,找不准自己的位置,缺少真诚的沟通与交流,因而觉得别人虚伪。

（7）缺乏交往的方法和技巧。

（8）存在人际交往的认知偏差。

（三）建立健康的人际交往模式

美国著名心理学家爱利克•伯奈提出了人际交往的四种模式。

1. 我不好,你好;我不行,你行（自卑、恐慌）

人在生命的初始是依赖于周围的人而生存的,与周围的成人相比,儿童常常感到自己无能,从小就有自卑感,因而在潜意识中形成了"我不行,你行"的心理模式。人的成长过程也就是逐渐克服这种心态的过程。有的学生由于个体在社会化过程中,尚未完全摆脱儿时的这种心理行为模式,因而在人际交往中常常表现出不同程度的自卑和恐慌,最为极端的表现是社交恐惧症。

2. 我不好,你也不好;我不行,你也不行（不喜欢自己,也不喜欢别人）

此类人不喜欢自己也不喜欢别人,既看不起自己也看不起别人,既不会去爱他人,也不能接受他人。

3. 我好,你不好;我行,你不行（骄傲自大,自以为是）

此类人常常表现为充满优越感,骄傲自大,自以为是,总以为自己是对的,别人是错的,自己对别人好,而别人对自己不好,并为此感到愤愤不平,把人际交往失败的原因都归咎于他人。

以上三种交往模式都会阻碍人际交往,并且不利于个体的心理发展和心理健康。

4. 我好,你也好;我行,你也行（理性、理解、宽容、接纳）

成熟的、健康的人际交往模式应该是"我好,你也好;我行,你也行"。具有这种心态的人相信自己也相信他人,爱自己也爱他人。这种人不是十全十美的人,却能客观地悦纳自己和他人,正视现实,并努力去改变自己能改变的事物,善于发现自己、别人和外部世界的光明,从而使自己保持一种积极、乐观、进取、和谐的精神状态。

任务二　提高人际交往能力

一、人际交往的原则

卡耐基说过："和谐的人际关系是一笔宝贵的财富。"那么，我们怎样才能拥有这笔财富呢？换言之，我们应如何来奏响人际关系的和谐乐章呢？下面是人际交往中应当遵守的十条基本原则，也是和谐交际不可或缺的十个基本"音符"。

（一）平等

生活在现实中的每一个人，无论职务高低、知识多寡、贫富差距、身体强弱、年龄长幼、性别不同等，在人格上都是平等的。因此，在人际交往中我们绝不能感觉自己高人一等，有意与对方"横着一条沟，隔着一堵墙"，给别人一种"拒人于千里之外"之感。如果在交际中出现以权压人、以势压人、以强凌弱，把别人看得一文不值，那就根本不可能有人人平等、不可能有和谐相处的人际关系。

（二）尊重

渴望受到尊重是每个人的基本心理需求。在人际交往中，我们对所有的人，不管其地位高低贵贱，都应该给予应有的尊重。我们不仅要尊重他人的人格、个性习惯、权力地位、情感兴趣和隐私，还要尊重彼此存在的外显或内在的心理距离，不要轻易地去突破它、破坏它，否则就是对对方的冒犯，势必导致对方戒备、反感和疏远。

（三）沟通

有人说"每个生命都需要表白"。那么，与表白如影随形的便是人际之间的沟通。只有沟通，才能让别人了解自己，同时自己也才能了解别人；只有沟通，才能不断增进彼此的理解，从而减少或避免一些不必要的误会和摩擦。越是不沟通、越是有意设防，就会越难使人心达到交融。沟通需要主动，一味地等着别人与自己沟通，等不来"好人缘"。能沟通不等于会沟通，善于沟通者知道根据不同的对象、场合，采取不同的交际方式，懂得"到什么山，唱什么歌"。沟通总是与口才紧密相连的，口才能为你进行有效沟通铺平道路，能为你的人际交往书写和谐的篇章。

（四）宽容

天下没有两片相同的树叶，也没有两个完全相同的人。俗话说"尺有所短，寸有所长"，人的性格、特长各有差异，在处理人际关系时不能强求一致。人与人要和谐相处、求同存异、相互谅解。既然我们自身都不完美，我们又怎能苛求他人完美无缺呢？在人际交往中,我们对他人的要求不要过分,不要强求于人,而要能饶人时且饶人、能容人处且容人。人非圣贤,孰能无过?一旦对方犯了错误,我们也不要嫌弃,应给他提供改过的机会,原谅别人的过失,帮助别人改正错误。

(五)欣赏

希望得到别人的注意和肯定,这是人们共有的心理需求,而欣赏正是满足这种需求的一种交际方式。人际关系大师卡耐基说:"避免嫌弃人的方法,那就是发现对方的长处。"因此,在交际中我们应抱着欣赏的心态来对待每一个人,时时留心身边的人和事,多发现别人的优点和长处。赞美是欣赏的直接表达,有道是"良言一句三冬暖",一句真诚的赞美往往可以给别人也给自己带来好心情。学会发现别人的长处并由衷地赞美吧,这是促进人际关系和谐的"润滑剂"。

(六)换位

在现实生活中,我们总是习惯从自己的主观判断出发去为人处世,因而常导致一些误解的发生。所以,要达到彼此的认同和理解,避免误会和偏见,我们就要学会"换位思考"。所谓"换位",即俗话说的"板凳调头坐",就是要善于从对方的角度和处境认知对方的观念,体会对方的情感,发现对方处理问题的个性方式。只有设身处地地多为别人着想,才能够最大限度地理解别人,从而找到相处的最佳途径和解决问题的恰当方法。孔子有言"己所不欲,勿施于人",意思是自己不想要的,不要施加到别人身上,说的就是这个道理。

(七)弹性

一个人的人际关系不和谐,原因可能是多方面的,其中往往与他交际方式太死板、不留余地有关。因此,我们需要在交际中建立一个"弹性隔离带",使自己、对方、甚或双方都能获得更大的回旋空间,以减少或避免一些不必要的摩擦或伤害。比如说,在答应别人时,不要总是那么言之凿凿,一旦自己因客观原因无法兑现,岂不给对方留下"言而无信"的印象;在拒绝别人时,不要总是那么生硬地一口回绝,不妨先答应考虑一下,给自己留点回旋的余地,以便到时候"进退有据"。

(八)诚信

孔子说:"人而无信,不知其可。"诚信是无形的"名片",关乎一个人的形象和品质。在现实生活中,部分人"一切向钱看",不讲诚信,连自己的亲朋好友都敢蒙骗,由此使得人与人之间信誉度降低,严重损害了人与人之间关系的和谐。面对诚信的缺失,仅仅呼吁是不够的,我们每个人都是建设诚信大厦的砖瓦,需要我们从自身做起,从身边的一件件小事做起,如不要失信于人,对别人有求于我们的事,我们一旦答应了就要尽全力去办。如果确因客观原因无法完成,就应向对方解释清楚,求得对方的谅解。只要我们每个人都以自己的实际行动恪守诚信,相信诚信之火定能成燎原之势,到那时和谐的人际关系何愁不能建立?

(九)合作

当今社会,人与人之间的竞争日益激烈,但这并不意味着合作变得可有可无。相反,随着社会分工越来越精细化,工作内容中的智力成分比重不断增加,许多工作不能仅依靠个体力量来完成,而要依靠团队合作来实现。一个人即使本领再大,是块"好钢",但充其量又能打几颗"钉"呢? 因此,合作是人际交往的基本准则,一个善于交际的人必定是一个善于合作的人。在合作基础上竞争,在竞争基础上合作,是人际交往的基本态势。如果只讲竞争不讲合作,那么竞争必定是不择手段的恶性竞争和无序竞争,人际关系的和谐也将无从谈起。因此,在人际交往中,我们应给予对方多一些支持,少一些拆台;多一些协商,少一些固执;多一些沟通,少一些封闭。只有这样,我们的人际关系才能少一些紧张与摩擦,多一些温馨与和谐。

(十)互惠

在现实生活中,人与人的关系之所以会出现不和谐的音符,产生一些矛盾和摩擦,就与其中一方的某方面利益受损有关。因此,要有效化解矛盾、消除摩擦,就不能太自私、"吃独食",而应坚持"互惠",追求"双赢"。

二、人际交往技巧

掌握好人际交往技巧,对处理好人际关系中的问题,搞好人际关系作用重大。大学生必须懂得和掌握好人际交往的技巧,以利于自己的成长和发展。

(一)委婉含蓄的技巧

在人际交往中,怎样才能做到含蓄委婉呢? 一般来说,要做到以下四点。

1.要顺耳

对于别人的观点,即使不同意,也不要直接用"胡说""瞎讲"此类刺激性的语言进行反驳,而要说明理由,以理服人。

2.要亲切

在人际交往中,即使讲对方的缺点,也要选择适当的切入点,尽量做到"良药不苦口,忠言不逆耳"。

3.要文雅

在沟通交流时,既要讲得好听,又要说得不庸俗。

4.要得体

在人际交往中,既不对别人的缺点夸大其词,也不抓住别人讲话中的漏洞穷追不舍,使对方难堪。要避免公开指责别人的缺点。

(二)交谈对话的技巧

语言交谈沟通是最普遍、最经常的交往形式,语言是沟通交流的最基本工具。会说话是一种资本,一句话说得好与否,有时可以决定事情成功与否。

(1)用别人爱听的方式,说自己想说的话。

(2)表达不同意见时,尽量用"很赞同……同时……"的模式。

(3)自己的意见让对方说。设法让对方说出你的意见,最佳的方案是将自己想说的意见变成所提问题的答案,让对方给出答案,同时也获得对方的认同.

(4)用建议代替直言,用提问题代替批评。顾及别人的自尊,让对方说出期望,谋求共同的利益。在提建议时不要说"我认为""你应该",而是说"我们是否可以这样考虑……"。

(5)站在别人的角度,讲出自己的道理。"己所不欲,勿施于人"。要善用换位思考,站在别人的立场上讲出的道理更容易被接受。

(三)聆听他人的技巧

1.耐心聆听

有些话题对你来讲已相当熟悉,可是对方却眉飞色舞、谈兴正浓。此时,出于礼貌,你应保持耐心,不能表现出不耐烦的神色。在听他人说话时应精神集中、表情专注,不要东张西望、心不在焉,不要翻书看报、呵欠连天,这类举止不仅是不礼貌的表现,也无异告诉对方你不想听了。

2.虚心聆听

切忌得理不饶人和不必要的争辩,这样会破坏亲切和谐的交往气氛。

3.会心聆听

听人谈话,不只是在被动地接受,还应该主动地反馈,积极地回应。在交谈时,要注意与对方经常交流目光,可时而赞许性地点头,或不时地用"是这样的"等来表示你在注意倾听,以鼓励对方继续讲下去。

（四）培养良好的人际交往风度

良好的交往风度是成功交往的基本条件,因为它制约着你在交往对象心中形成的印象,也制约着对方以何种方式作出反应。人的社交风度是其各种心理素质和修养的外部表现,它能反映出个体的道德品质、思想感情、性格气质、学识教养、处世态度乃至交往的诚意。

1.良好的精神面貌

为人诚实、热情自信、落落大方、精力充沛、富有朝气和魄力,这种精神面貌会给一个人带来无穷的社交活力,在交往过程中会令人敬佩并获得高度信任,它对健康的人际关系起着良好的促进作用。

2.仪表礼节洒脱

根据人际吸引原则,一个仪表秀整、俊逸潇洒的人能增加个人的交往风度。大学生应注意自己的衣着服饰与自己的气质、体型、年龄、身份、场合等相称,讲究基本的称呼、问好、告辞、致谢、致歉、寒暄、婉拒等礼节,以及交往时的身体姿态。

3.待人态度诚恳

不管对待什么样的交往对象,都应该以平等的态度待人,显得诚恳而坦率。做到一视同仁,不讨好位尊者,也不藐视、冷落位卑者,做到不卑不亢。

4.体态得体

人的体态是一种无声的肢体语言,它通过人的手势,身体的各种姿态和面部表情来传递信息,既能体现人的内在魅力,又能体现人的外在魅力;既是人们思想感情与文化修养的外在体现,也是交往风度的具体表现方式。若想表现出热情和兴趣,则身体略微倾向于交谈的对方,并伴有微笑、注视等。微微欠身表示谦虚有礼,身体后仰表示傲慢,倒转身体表示厌恶和轻蔑,背朝对方表示不屑理睬等。

5.言词文明高雅

大学生是有较高文化修养的人,说话时应注意用词准确、通俗,语音、语调恰当。说笑话应掌握分寸,言语不要拖泥带水,不要喋喋不休。幽默的谈吐使人轻松愉快,能活跃气氛,但要注意场合分寸。

三、大学生人际交往能力提升

（一）如何培养温馨亲情

1.深刻认识亲情宝贵,由衷确立亲情理念

"树欲静而风不止,子欲养而亲不在。"爱我们的亲人,就是爱自己。

2.直面"黑色记忆"，寻求积极解读

在自己长大成人的亲情关系中，曾经留下了挥之不去的"黑色记忆"，需要我们多与家人沟通，消除误会，增进彼此的理解。

3.创造培育亲情的时机，传递真诚相待的心意

在亲情问题上，人们有典型的自我中心倾向——总是感觉别人应该对自己好才行，不考虑别人也需要你的亲情垂怜；总是觉得别人对自己不够好，不考虑自己为别人做了什么。

我们可以借助中华民族的传统节日、家族成员的特殊时间等来表达关怀和问候。相逢一笑的时候，多少冷漠和积怨都会在真诚投入的交流互动中冰雪消融。

4.立足成长，在新平台上优化亲情

亲情的困惑仅靠交往技巧、金点子是不行的，还应该借助硬实力、高境界才能处理好。要主动培育和维系亲情所必需的积极意向、乐观情绪和持久耐心。

（二）怎样与老师交往

每个人的成长都离不开老师。老师是我们前进道路上的启明灯，老师为我们的健康成长导航。

（1）不管遇到什么样的事情，面对老师都要坦诚地讲出自己的观点，让老师了解一个真实的自己。

（2）在有些问题上要把握与老师谈话的时机。比如，自己学习之外的私人问题一定要在下课后找老师面谈或写信告知。

（3）主动与老师交流。

（4）不强求老师对自己格外关注。

（5）学会"冷"处理。以平和的心态面对老师的表扬和批评，不因老师的批评而懊恼，也不因老师的表扬而沾沾自喜。

（6）如果老师在课堂教学过程中出现知识性错误，最好以委婉的方式提出来。

（7）如果与老师出现对立、争执或冲突怎么办？停止争辩、保持冷静，让情绪降温；反省自己，查找自身原因；陈述事实，让老师明了情况，取得老师的理解；请他人帮助分析，寻找解决办法；寻找时机，真诚地与老师交换意见，化解矛盾。

⊙ 任务三　人际交往优化策略

一、大学生人际交往的基本原则

(一)交互原则

人与人之间的互利包括物质和精神两方面。如果一方只索取不给予,交往就会中断。互利性越高,交往双方关系就越稳定、密切;互利性越低,交往双方关系就越疏远。例如,我们的友好行动被别人接纳后,我们也希望别人做出友好的回应;如果别人的行动偏离我们的期望,我们会认为别人不通情理,从而产生一种不愉快的情绪体验,对对方产生心理排斥;对排斥和拒绝我们的人,鉴于排斥与拒绝对我们是一种否定,我们必须报之以排斥与否定才是合理的、适当的,否则难以达到心理平衡。以上种种,均不利于人际交往。

(二)功利原则

美国心理学家霍曼斯提出,人与人之间的交往从本质上来讲是一个社会交换过程,人们希望交换是有价值的,希望在交换过程中所得至少等于所失,不值得交换的关系也没有理由维持,因此人们的一切交往行动及一切人际关系的建立与维持都是根据一定的价值观进行选择的结果。那些对自己值得的或得大于失的人际关系,人们倾向于建立和保持;对于自己而言不值得的或失大于得的人际关系,人们就倾向于逃避、疏远或终止。

(三)自我价值保护原则

自我价值保护是指个人对自身价值的意识与评判。每个人为了保持自我价值的确立,在心理活动的各个方面都会有一种防止自我价值遭到否定的自我支持倾向。

人在任何时期的自我价值感都是既有的自我支持信息的总和。自我价值支持的变化来自两方面:符合人们意愿,自我价值支持力量增加;与人们的期望相反,使人们面临自我价值威胁,因而必须进行自我价值保护的消极变化,即自我价值支持力量失去或自我价值面临新的攻击。一旦肯定的人转向否定,人们将面临两种选择:一是承认别人转变的合理性,否定自己,贬低自我价值;二是进行自我价值保护,尽可能维护自我价值不变,降低所失去的自我价值对自己的重要性。否定自我价值是非常痛苦的,因此当面临自我价值威胁时的优先反应不是否定自身,而是尽可能保护自己。

(四)尊重原则

尊重包括自尊和尊重他人两个方面。自尊是指在各种场合自重自爱,维护自己的人格;尊重他人是指重视他人的人格、习惯与价值,尤其是对隐私的尊重。尽管由于主客观因素的影响,人与人在气质、性格、能力、知识等方面存在差异,但人格是平等的。

(五)相容原则

相容是指人际交往中的心理相容,即指人与人之间的融洽关系,与人相处时的容纳、包涵、宽容及忍让。要做到心理相容,应注意增加交往频率,寻找共同点。为人处世要心胸开阔、宽以待人。要体谅他人,遇事多为别人着想,即使别人犯了错误,或冒犯了自己,也不要斤斤计较,以免因小失大,伤害相互之间的感情。只要有利于团结,做出一些让步是值得的。

(六)信用原则

人际交往要讲究"信"字。信用有两层含义:一是言必信,即说真话,不说假话;二是行必果,即说到做到,遵守并践行诺言。如果一个人到处许愿而不去做,必然会引起人们的反感和唾弃。取信于人,第一要言行一致,说到做到;第二要信任,不仅要信任别人,而且要争取赢得别人的信任;第三不要轻易许诺,即不说大话,不做毫无把握的许诺;第四要诚实,即自己能办到的事一定要答应别人去办,办不到的事要讲清楚,以赢得对方的理解;第五要自信,即要有一种自信心,相信自己能行,给人以信赖感和安全感。

二、大学生和谐人际关系的塑造

(一)提高自身认识

大学生出现的很多人际交往问题主要是因为认识不足造成的,有对自我认识的不足,有对他人认识的不清,也有对交往观念认识的不足等。因此,大学生要注重在这三个方面提高自己的认识。

1.提高自我认识

大学生要想塑造和谐的人际关系,提高自我认识是第一步。因为客观、准确地认识自己和评价自己,能够帮助自己摆正位置、调整情绪,避免过分的自卑和自负,进而以积极、乐观的心态面对交往过程中的问题。

2.客观评价他人

大学生生活在集体之中,因而不能以个人的价值观念和人格标准去要求别人,而是应该着眼于他人身上的特点和优势,从客观的角度出发去评价他人,充分地肯定他人和尊重他人,赞扬与学习他人的优点,包容他人的缺点与不足。只有这样才能在平等的基础上与人正常交往,从而提升自己的人际交往能力。

3.改变交往观念

很多时候,正是一些错误的交往观念影响大学生的人际关系。因此,大学生要改变错误的交往观念,以积极、正确的观念去看待人际交往。例如,人际交往是一个心理互动的过程,要赢得他人的友谊,需要自己主动向对方发出友善的信息,不单凭自己的好恶去与人交往,而是要以接纳的态度去看待他人,适当地改变自己适应他人,在与志趣相投的人建立密切关系的同时,对萍水相逢或者是不太欣赏的人也要保持友好态度。

(二)优化人格特征,提高人际魅力

大学生在人际交往中出现的心理障碍,如自负、多疑、报复等诸多问题都可归结为个人人格的表现。因此,要想塑造良好的人际关系,就应当注重优化人格特征,提高人际魅力。

我国学者黄希庭曾采用社会测量、访问与观察方法,对大学生的人际吸引进行了研究,并归纳了"嫌弃型学生"与"人缘型学生"的人格特质(表7-1)。表中的人格特质是按顺序依次排列的。

表7-1　"嫌弃型学生"与"人缘型学生"的人格特质

类型	人格特质
"嫌弃型学生"	以自我为中心,不考虑他人的处境和利益,嫉妒心强; 对集体的工作缺乏责任感,敷衍、浮夸、不诚实; 虚伪、固执、吹毛求疵; 不尊重别人,操纵欲、支配欲强; 淡漠、孤僻、不合群; 敌意、猜疑、报复性格; 行为古怪、喜怒无常,粗鲁、粗暴,神经质; 狂妄自大、自命不凡
"人缘型学生"	尊重他人、关心他人,富于同情心; 对集体活动热心,工作可靠、负责; 持重、耐心,忠厚老实; 热情、开朗,喜欢交往,待人真诚; 聪颖,爱独立思考,成绩优良,乐于助人; 独立、谦逊; 兴趣和爱好广泛; 温文尔雅,端庄,仪表美

个体人格特征的形成,有先天的生理因素——气质特点是基础,但重要的还是在后天的生活与教育中慢慢学习、培养起来的。尤其是那些好的人格特质,需要在生活的点点滴滴中进行有意识地培养与磨炼。

人际魅力是一个人综合素质在人际交往中的体现。大学生要提高自己的人际魅力,就要注意丰富自己的内心世界,从仪表到谈吐,从形象到学识,多方位提高自己,给人留下一个良好的印象。

(三)遵循合理的人际交往法则

在人际交往中,往往有一些法则能够帮助大家提高人际交往能力,改善人际关系。以下是两条较为著名的人际交往法则,大学生在人际交往中可以考虑这两条法则的合理运用。

1.你希望别人如何对待你,你就那样去对待别人

这条法则是美国著名的心理学家埃利斯提出的,是受到大家一致好评的人际交往的一条"黄金法则"。大学生在人际交往中,很容易对别人和周围环境持有绝对化、不合理的要求。例如,"我对你怎样,你就必须对我怎样"或"别人必须喜欢我,接受我"等,而有这样要求的大学生自己却往往做不到对别人提出的要求。这就违背了上述所说的"黄金法则",难以与人建立起良好的人际关系。相反,大学生若能够遵循"你希望别人如何对待你,你就那样去对待别人"这样的"黄金法则"与他人相处,正确看待周围的人和事,你就会发现其实人与人的相处并没有那么复杂。

2.别人希望你怎样对待他们,你就怎样对待他们

这条法则是美国迈克尔·奥康纳博士提出的,其主旨是在人际交往中,我们应从别人的需要出发,学会真正了解别人,然后以他们认为最好的方式对待他们,而不是我们自己中意的方式。每一个大学生都有自己的习惯,都有自己审视世界的方式,都有自己传达个性风格的方式和途径。例如,握手的方式,处理事情的方式,排解郁闷心情的方式等,都不尽相同,都可以传达出一个人个性风格的信息。在人际交往中,大学生若能够花一些时间去观察和分析自己身边的人,了解他们的个性风格,然后调整自己的行为方式,让他们觉得更称心和自在,就会获得他们对自己的认同,减少或避免冲突,塑造和谐的人际关系。

(四)掌握行为规范和体态语言

一个人的动作、神态、表情和手势等都是进行人际交往的重要手段,是交往风度的具体表现。大学生在日常交往过程中,应养成良好的行为规范,掌握必要的体态语言。具

体而言,以下几方面是掌握行为规范和体态语言所必须注意的。

(1)坐、立、行要保持姿态端正,既不过于懒散,也不过于拘谨或做作。

(2)在交往过程中要面带微笑、神情专注、温文尔雅,以表示对他人的尊重。

(3)在交往中学会控制自己的情绪,不过分冲动、任性或鲁莽,以免使人尴尬。

(4)对于礼节性的行为,如点头和握手等,不要过于亲密和讨好,要保持适当的交往距离,以避免引起不必要的误会。

三、人际交往技巧与人际关系优化

(一)人际交往的技巧

人际交往大体上分为语言交往和非语言交往。语言交往通常以达意的功能为主,非语言交往则一般以传情的功能为主。

1.掌握语言交往技巧

俗话说"良言一句三冬暖,恶语伤人六月寒",这句话告诉我们语言在交往过程中的重要性,掌握好语言交往技巧,可以促进感情的提升。

(1)称呼得体。恰当的称呼,能够使人获得一种心理满足,使对方感到亲切。在交往过程中,要根据对方的年龄、身份、职业等具体情况及交往的场合、双方关系的亲疏远近来决定对方的称呼。对长辈的称呼要尊敬,对同辈的称呼要亲切、友好,对关系密切的人可直呼其名,对不熟悉的人要用敬辞。

(2)说话要注意礼貌。正确运用语言清楚地表达,要避免争论,大学生往往在争论中互不服输、面红耳赤,甚至演化成直接的人身攻击或严重的敌意,这对人际关系的损害是显而易见的。语言艺术运用得好,就能吸引和抓住对方,调动彼此倾谈的激情和兴趣,从内容到形式适应对方的心理需要,有助于人际交往。

(3)适时适度地赞美对方。每个人都希望别人赞美自己,适当地去夸赞对方,会让对方心情愉悦,但是赞美要适度,不能曲意逢迎,也不能夸大其词。真诚是赞美的前提,面对一个较胖的女生,你不能说你真瘦,一阵风都会把你吹倒。这样的赞美会让人反感,觉得你很不真诚。赞美越具体越好,赞美的话越细致越好。当室友穿了件漂亮的衣服要适时地赞美,当同学在比赛中获得了荣誉,要衷心地赞美鼓励。间接的赞美也会取得意想不到的效果。

2.掌握非语言交往技巧

非语言交往是指交往双方通过目光、表情、身体等的动作姿态、人际空间距离和交往频率等进行交往的技巧。在人际交往中,虽然非语言行为通常只是语言行为的辅助和强化手段,但它有的时候可以代替语言传情达意,还可以微妙地传递语言难以表达的弦外之音,产生此时无声胜有声的效果。

(1)把握好距离。人都有一种保护自己个人空间的需要,人际距离其实也是人与人之间的心理距离。心理学根据不同的交往对象和情境,划分了四种交往距离:一是公众距离,即大于360厘米,在这个距离外,人际间的双向交往大大减少,一般都是单向的交往,比如演讲报告、明星演唱会等;二是社交距离,即120厘米到360厘米,保持这一距离的人们,谈话的内容一般都是正式公开的;三是个人距离,即45厘米到120厘米,这个区域有较大的开放性,一般朋友和熟人可以自由地进入这个空间;四是亲密距离,即45厘米以内的距离,这个距离都是家庭成员、亲密朋友等关系最密切的人,如果没达到那种亲密程度的人介入这个区域很容易引起对方的反感。因此,大家在交往的过程中,一定要把握好这个交往距离的尺度。

(2)体势。其包括体态及身体的动作和手势。在人际交往中,人的举手投足、回眸顾盼都能传达特定的态度和含义。当身体微微倾向对方,表示热情和感兴趣;微微欠身表示谦恭有礼;身体后仰,显得轻视和傲慢;身体侧转或者背向对方,表示厌恶反感,不屑一顾。不同的手势也具有各种含义,摆手表示拒绝或者否定,双手外摊表示无可奈何,搔头皮表示困惑,搓手或者拽衣领表示紧张,拍脑袋表示自责或者醒悟,竖起大拇指表示夸奖,伸出小拇指表示轻蔑。值得注意的是,同样的体势,不同的人使用,给人的感觉不一样,如领导对下级或者长辈对晚辈拉拉手、拍拍肩,表示赞许和鼓励。但是下级对上级或者晚辈对长辈做这样的动作可能会被人认为不合适。

(3)交往频率。其是指在特定的时间内人与人之间的接触、见面、来往的次数。掌握交往频率,可以维护自己的形象,发展友谊。

(二)人际关系的优化

1.宿舍人际关系的优化

大学宿舍人际关系是社会人际关系的缩影,是大学生思想、行为及情感的晴雨表。能否处理好宿舍人际关系是衡量大学生人际交往能力大小、心理素质高低及为人处世是否得体的一杆标尺。除去睡眠时间,大学生每天在宿舍5小时左右,与室友的接触与交往的时间比较长。因此,与室友的关系融洽与否,决定了一天大多数时间里心情是否愉快。如何处理好宿舍人际关系呢?

(1)共同遵守宿舍规定。如统一作息时间、协作搞好宿舍卫生、合理使用宿舍公共资源、积极参加宿舍集体活动等。

(2)注重交往细节。"细节决定成败",注重生活上的细节,才能与室友和谐相处。如不搞小"团体"、不逞口舌之快、不触犯室友隐私,别人有难要帮、自己有事要求,不斤斤计较,但能容忍别人的斤斤计较等。

（3）学会化解冲突。室友之间对抗、不理解、怀疑、敌意、拒绝、破坏等冲突虽然隐藏在宿舍内部,相对不公开,但对我们的身心健康影响很大。当遇到冲突时,可采取幽默法、回避法、合作法、求和法等方式化解。

2.班级人际关系的优化

班级人际关系是指班级同学之间在相互交往过程中形成的比较稳定的心理关系。班级人际关系如何,不仅影响班集体的形成和发展,也影响大学生个体社会化和个性的发展。大学班集体,少则几十人,多则上百人,由于个性、生活习惯、家庭背景等的差异,难免会产生各种摩擦或冲突。有时只要我们换个角度,发现事物的积极面,感受就完全不同。对待班级里的同学,如果我们多一份理解、多一份关心、多一份欣赏、多一份宽容,那么彼此之间的信任感、和谐感和幸福感就会不断增多。

3.异性人际关系的优化

由于性生理的成熟、性意识的觉醒和性心理的逐步发展,大学生对异性逐渐产生了兴趣,与异性的交往感到既好奇又困惑。相比中学生而言,大学生异性之间的交往更自然、更大方。大学生也更加重视异性交往,因此优化与异性的交往是十分必要的。

（1）转化男女交往观念。我们既要反对男女之间"授受不亲"的传统观念,又要注意"男女有别"的客观事实。彼此做到"不失足于人,不失色于人,不失心于人",只有这样男女同学的真诚友谊才有保障。

（2）要把握好友情与爱情的度。在友情和爱情之间并没有不可逾越的鸿沟,超过一定的限度,也许你自己也分不清是友情还是爱情了。如果在与异性交往中,有意或者无意地联想到彼此之间可否发展成恋人关系,就会增添彼此的心理负担,使正常的异性交往变得各怀心事,别别扭扭。

（3）自尊、自立、自制、自重。相处中的男女同学要自尊、自立、自制、自重。恋人交往属于异性交往,不少大学生之所以深陷失恋的痛苦中无法自拔,是因为他们把爱情的失去等同于自我价值的失去,从而使情绪或行为失控。

4.师生人际关系的优化

除了同学之间的关系外,师生关系也是构成大学生人际关系的重要方面。与中小学相比,大学师生的交往范围要广得多,而且具有自发性、偶然性,且多局限于知识学习方面。因而不少大学生在对老师的关系上表现得拘谨和胆怯,对建立和谐良好的师生关系显得无所适从。要想师生关系融洽可从以下几个方面做起。

（1）师生之间要相互尊重。尊重是一种爱，一种信任。师生之间要尊重彼此的人格，尊重彼此的劳动成果。只有老师与学生都为对方付出真挚的、深厚的爱，师生之间才能建立起高度的人格信任，促进良好师生关系的形成。

（2）师生之间要相互理解。这是老师与学生有效交往的前提，更是师生沟通的关键。因此，理解学生是老师的首要任务，理解老师是学生优化师生人际关系的基础。

（3）师生之间要平等交往。平等主要是人格上的平等，老师与学生虽然角色不同，但是人格是平等的。只有具备这种平等心态，师生才可能真正沟通。学生和老师都要正确理解平等，正确对待平等，建立平等的师生关系。

（4）要拓宽师生之间的交流渠道。在活动和交往中更有利于良好师生关系的建立，课堂教学是师生交往的主要途径，此外，日常生活中的交往是建立良好师生关系不可或缺的渠道。

拓展 阅读

如何打造和谐的
宿舍人际关系

学会恋爱　为爱导航——解读爱情密码

情境导入

刘同学,男,20岁,从四川山区考入上海的一所大学。开学后不久,他朴实的装束、憨厚的气质和不爱说话的性格给老师和同学们留下了深刻的印象。因为他不想参加活动,整天沉浸在阅读中,同学们给他起了个绰号叫"书呆子"。虽然这个绰号有些不雅,但也包含了一定程度的肯定,他非常开心。

在一个偶然的机会,他遇见了一个热情、开朗、健谈的女孩。她那像花一样甜美的笑脸给他留下了深刻的印象,总是浮现在他的眼前。那天晚上,他失眠了。从那以后,他变了。他想向她表白,但缺乏勇气,变得整天心不在焉,对学习没有热情。他经常在人群中寻找那个女孩的影子,想看她一眼,对她说一句话。有一天,他看见她和一个男生在一起有说有笑的,心里不知是什么滋味。他想把她忘掉,却总是失败。每次在路上遇到她时,总要不由自主地多看她一眼,他觉得自己真是没用。显然唯一的办法就是离开她,离开学校,可他又忘不了父母的嘱托,他该怎么办?

在老师的帮助下,刘同学懂得了大学生应该用理性来驾驭情感。他摆正了情感与学习的位置,终于恢复了以前的钻研精神,学习成绩优秀,被选举为班级的学习委员,同时成为全年级唯一的特等奖学金获得者。同学们纷纷向他投来羡慕的目光,老师也称赞他是一个很有发展前途的好"苗子"。

『思考』

如何看待刘同学的心理变化?

学习目标

◆**知识目标**

1.理解爱情的含义,掌握与爱情相关的理论。

2.了解大学生爱情的阶段、误区和基本特点,以及大学生恋爱心理调适的方法。

◆**能力目标**

1.能够识别和理解大学生在恋爱过程中可能存在的误区,并提出相应的解决方案。

2.能够运用恋爱心理调适的方法,帮助大学生建立健康的恋爱观念,处理好恋爱关系。

◆**素质目标**

1.培养学生的自我认知和情感管理能力,使其能够更好地理解自己的情感需求,端正恋爱态度,并进行积极的情感调适。

2.培养学生的责任感,引导他们在恋爱中树立正确的价值观和行为准则,成为对社会和他人负责任的成年人。

思维导图

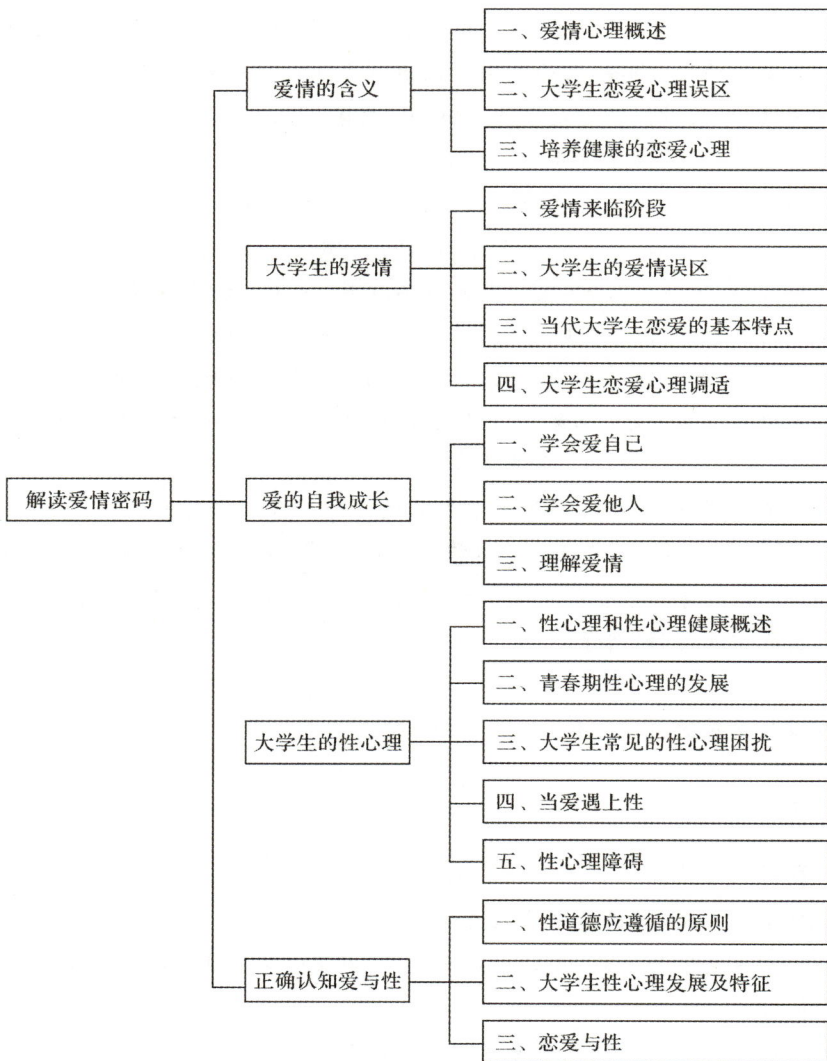

▶ 任务一　爱情的含义

一、爱情心理概述

（一）爱情的本质

爱情在不同时代有不同的定义,当今人们将其定义为两个人基于一定的条件和共同的人生理想,在各自内心形成的对对方的最真挚的仰慕,并渴望对方成为自己终身伴侣的最强烈、最稳定、最专一的感情。

爱情是人际吸引的最强烈形式,是心理成熟到一定程度的个体对异性产生的高级情感。性爱、理想和责任是构成爱情的三个基本要素。真正的爱情既不是柏拉图式的"精神之恋",也不是纯粹异性间的生理吸引,而是性爱与情爱的有机统一。性爱是爱情的基础,是爱情的自然属性。情爱是爱情的灵魂,是爱情的社会属性。只有情爱与性爱的完美结合,才可能产生名副其实的爱情。爱情的心理结构见图 8-1。

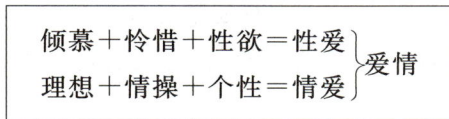

倾慕＋怜惜＋性欲＝性爱 ⎫
理想＋情操＋个性＝情爱 ⎭ 爱情

图 8-1　爱情的心理结构

（二）爱情三因素理论

不少心理学家已经从心理学的角度对爱情进行了相当深入的探讨,其中,最受关注的是美国耶鲁大学教授斯滕伯格的爱情三角形理论,又称为爱情三因素理论。

斯滕伯格认为,爱情有三个基本的成分,即亲密、激情与承诺。亲密是一种相互喜欢、理解、亲近的感觉;激情是一种兴奋激动、如痴如醉的感情,如魅力与性吸引引起的冲动;承诺分长期承诺和短期承诺,短期承诺是指愿意爱对方,长期承诺是指保持发展稳定的关系,作出长相厮守的决定。这三个成分的性质很不相同,亲密是脉脉的温情,激情是火一样的冲动,承诺是冷静的思考。斯滕伯格根据爱情的三种基本因素,将人类的爱划分为七种类型,见图 8-2。

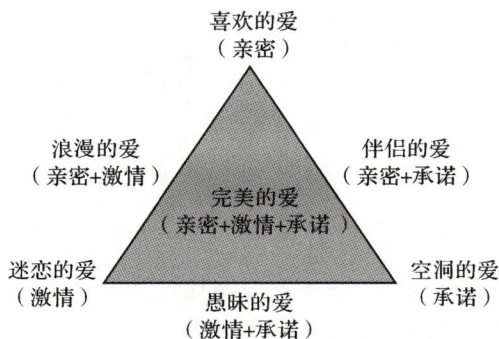

图 8 - 2　斯滕伯格的爱的七种类型爱

1.喜欢的爱

此种类型只有亲密因素。当两性的关系在爱情的三因素中只有亲密因素时,双方在交往中会感觉亲切、轻松,有很强的信赖感,表现在生活中就是两性真诚的友谊。严格地说,此种关系还不能纳入爱情之中。喜欢和爱的区别被现代男女严格区分,所以,他们常常固执地要求明确的答复:你究竟是喜欢我还是爱我? 当然,这种关系的稳定会因为两者中任何一方情感因素微妙的变化而发生改变,这也是人们常常怀疑男女是否有真正友谊的原因。

2.迷恋的爱

此种类型只有激情因素。当两性关系在爱情的三因素中只有激情因素时,双方有强烈的性吸引,但缺乏彼此的了解,缺乏彼此的信任,当然,更没有发展到承诺的阶段。处于迷恋中的个体相信爱不需要理由,也常常无奈地吟唱:为何偏偏爱上你? 迷恋开始于生活中的一见钟情,这种刹那间绚烂如花的情绪是否有生命力,是否能发展为稳定的情感,取决于是否会有亲密和承诺因素的形成。

3.空洞的爱

此种类型只有承诺因素。当两性的关系只有承诺时是没有爱情成分的空洞的爱,如有名无实的婚姻。

4.浪漫的爱

此种类型是亲密和激情两因素的结合。当两性的关系具有亲密和激情两种因素,双方的关系不需要用承诺来维系时,被认为是一种最轻松最享受最唯美的浪漫之爱,正所谓"没有承诺,却被你抓得更紧"。浪漫之爱,若是缺乏承诺的意愿或能力,则与婚姻无缘,是所谓的"相爱容易相处难"。

5.伴侣的爱

此种类型是亲密与承诺两因素的结合。当两性关系有亲密也有承诺但缺乏性爱吸引时,彼此的关系已经升华为亲情式的信任和依赖,仿佛携手走过漫漫人生的银发夫妇,虽没有青春时的激情,却具有难以描述的情感深度,是不离不弃的黄金伴侣。

6.愚昧的爱

此种类型是激情和承诺两种因素的结合。当爱情没有以信任为基础的亲密因素时,仿佛大厦没有坚实的地基,是虚幻的空中楼阁,随时有变异的可能。

7.完美的爱

此种类型是亲密、激情和承诺三因素的结合。真正的完美爱情应该以信任为基础,以性的吸引和欣赏为催化剂,以承诺为约束,是活力和稳定性并存的情感集合。

二、大学生恋爱心理误区

(一)大学生恋爱中常见的不健康心理

1.逆反心理

逆反心理是指个体因客观与个人主观需要不相符而产生强烈的抵触情绪,并引发一种负向要求和行为的心理活动倾向。例如,有的学生在恋爱过程中,因受到双方父母的反对,或其他不利因素的阻挠,往往会让彼此相爱的态度更加坚决、关系更加紧密,从而难舍难分。

2.自卑心理

自卑感过强的人,在对待恋爱方面,常会因为怀疑自己的能力,惧怕自尊心受到伤害而无法敞开爱的心扉,一旦在恋爱中受到挫折,又往往会采取自我封闭、不再与他人交往的方式以逃避现实。

大学生在恋爱中的自卑心理大都是因为自身的"缺陷"和"不足"造成的。例如,认为自己的相貌、身材不如他人;认为自己的家庭出身、社会地位、经济条件低人一等;感到自己的学习成绩、社交能力、个人修养等方面不如他人等。从实质上讲,自卑心理是人的一种性格上的缺陷,往往是因为个人的成长经历、生活环境、自我认识偏差等原因造成主观上不能正确认识自己、评价自己和接纳自己的消极情绪体验。

3.虚荣心理

某高校的女生宿舍里共5人,其中4个人有了男朋友,另外一个女生就发誓一定尽快找一个男朋友,理由是难道自己"嫁"不出去吗?该女生的想法与虚荣心紧密相关。从心理学角度来说,虚荣心理是人的一种情感的反映,也反映着人的某种需要。美国心理学家马斯洛认为,需要是人的心理活动的基本动因,虚荣心理是一些人试图以追求名誉、荣耀等表面的光彩,来满足自尊需要的心理。谈恋爱,有一个令人羡慕的男朋友(女朋友),似乎便满足了这种需要。

4.消遣心理

在大学生活中,由于种种原因,如离开父母和朋友来到新的环境,对学习没有兴趣或不适应等,常会使大学生陷入孤独寂寞之中,一些同学会不自觉地希望寻求异性知己,试图以"爱情"来抚慰自己、消愁解闷、寻求寄托,用爱情填补生活的空白。

5.占有心理

爱情虽然具有专一性、排他性,如果把对方当作私有财产对待,显然是违背人性的,那么双方的冲突就不可避免了。

(二)大学生恋爱中常见的错误恋爱观

1.游戏人生观

有的大学生认为爱情就是"一场游戏一场梦",于是玩起了"三角恋""多角恋",甚至认为异性朋友越多就越能证明自身的魅力,并以此作为炫耀的资本。

2.爱情至上观

据调查,部分大学生一旦坠入情网就不能自拔,强烈的感情冲击一切,学习受到严重影响。有的整天如痴如醉、想入非非,沉浸在卿卿我我的甜言蜜语中;有的中午、晚上不休息谈恋爱,致使上课时倦意甚浓、无精打采;有的甚至逃课,一心一意谈恋爱,成为恋爱"专业户"。部分大学生在不知不觉中变得"儿女情长,英雄气短",对学习的热情和成就事业的热情一天天冷却,爱情渐渐成为生活的唯一追求,最后除了一场风花雪月什么也没得到。

3.世俗功利的爱情观

"毕业就嫁人,要嫁就嫁有钱人""干得好不如嫁得好"成为部分女大学生的人生信条,甚至有的男大学生也认为"吃一年软饭抵得上十年奋斗"。

4.与已婚者恋

一些女大学生在追求"爱情"的歧路上走得如此执着,却不曾想到与已婚者恋不仅是不道德的,更是危险的,一般情况下难以有结果。

5.网恋

有些大学生在现实中遭遇爱情挫折,对现实感到悲观失望,于是到虚拟的网络世界中去寻求真爱,结果一无所获。有的甚至中了网络的圈套,遭到网络不法分子的纠缠,实在是得不偿失。

6.注重过程,轻视结果

"只在乎曾经拥有,不在乎天长地久"的恋爱观在大学生中也不足为奇,在这洒脱的宣言背后隐藏的是对感情的轻率、对责任的逃避。

三、培养健康的恋爱心理

(一)准确识别爱

1.好感不是爱情

好感与爱情是大学生在与异性交往中经常遇到又难以区分的两种感情。青年人在性发育成熟时,便开始被异性吸引,对异性产生好感,开始有寻求恋人的需要,这是人生理上的自然本能。如果把爱的历程描绘为"好感、爱慕、相爱"三部曲的话,好感只是爱情的前奏,并不一定会发展为爱情。异性之间的好感一般来讲是广泛的、无排他性的,而爱情则是专一的、排他性的,具有性爱的因素。好感常常表现为人们一时出现的情绪感受,而爱情则是在长时间的相互了解中形成的。

2.异性友谊不等于爱情

泰戈尔说:"友谊意味着两个人和世界,而爱情意味着两个人就是世界。"友谊是人与人在互相尊重、互相信赖的基础上建立的一种美好的情谊。爱情是男女之间的依恋、爱慕的强烈感情。在一定条件下,异性的友谊可以发展为爱情,而爱情本身也包含着友谊。然而,在两性交往中,我们可能对友情与爱情产生混乱和迷惑,导致误会或"自作多情",陷入暧昧的烦恼。正因为如此,有人甚至认为男女之间没有真正的友谊。

3.感情冲动不是爱情

感情冲动常常是暂时的,一时的感情冲动可以产生于任何一对男女之间,它是两性吸引的结果。感情冲动往往使人头脑发昏、忘乎所以,甚至做出不久便后悔痛恨的愚蠢举动,这是一种十分脆弱的感情。而爱情则是一种既炽热又深沉、既强烈又持久的感情,它随着时间的推移而生根、开花、结果,使恋爱着的双方变得更加完美、可爱。

4.单相思不是爱情

伊萨可夫斯基说过:"爱情是两颗心撞击出来的火花,不是一颗心对另一颗心的敲打。"爱情必须以互爱为前提,只有一方爱上另一方,同时又得到对方同样的爱,才是美好的爱情。如果自己的爱情不能引起对方同样的反应,所谓的"哥有情来妹无意",应及时从情感的漩涡里挣脱出来,去寻找真正属于你的爱的归宿,因为"一厢情愿"的爱是不会结出幸福之果的。

(二)恰当表达爱

在现实生活中人们往往还会遭遇这种尴尬:自己所说所做的和内心所想所期待的恰恰相反——明明是爱着对方的,但表达的却是伤害对方的话语,做出的却是伤害对方的事情。这应该是一种爱的能力的缺失吧!大学生要懂得怎样选择适当的时机、适当的地点,在对方有适当的心情时去表达自己的爱。

(三)善意拒绝爱

敢于理智地拒绝不适合的爱情。在一份并不希望得到的爱情到来时优柔寡断,或屈从于对方穷追不舍的做法都是有害的,因为爱情来不得半点勉强和将就。因此,要学会勇敢地说"不",掌握恰当的拒绝方式。拒绝爱需要针对不同的情况采用不同的拒绝方式。

1.死缠烂打型

如果对方是一个不顾你的反应,让你为难的人,你的拒绝要勇敢、坚决、直接,毫不含糊,但切忌使恶! 如果优柔寡断或屈从于对方的穷追不舍,这样发展下去对双方都不利。

2.真心诚意型

如果对方是一个有诚意的追求者,你应该在尊重对方的基础上拒绝对方,并考虑拒绝方式,以免伤害对方的自尊心。不妨尝试以下做法:其一,感谢对方对自己的感情;其二,要态度明确、表达清楚,措辞语气既要诚恳委婉又要肯定明确,不能使用让对方存有某种希望的语气,不要拖延时间,讲明这不是对方的错,只是自己不能接受,请对方理解自己的苦衷和歉意;其三,行动与语言要一致,可能有的学生怕对方受伤害,虽然语言上拒绝了对方,但行动上还与对方保持较亲密的接触,如单独一起去看电影、吃饭等,使对方容易误解,认为还有机会。

(四)在失恋中成长

恋爱是一对男女为寻求和建立爱情而相互了解和选择的过程。在交往中,一旦双方或者某一方出于这样或那样的原因,不愿再保持彼此的恋爱关系,就将意味着双方恋爱的终止。恋爱的一方失去另一方的爱情,就是通常所说的失恋。

失恋是一种痛苦的情感体验,会不同程度地造成剧烈、深刻的心理创伤。有时会使人处于极其强烈的自卑、忧郁、焦虑、悲愤甚至绝望的消极情绪状态之中,甚至有的人会因此失去生活的信心或勇气。个别人由于失恋而导致各种心理障碍,或者从此怀疑和不信任任何人,将自己的感情之门永远封闭起来,变得郁郁寡欢;或者看破红尘、自暴自弃,从而消沉下去;或者反目为仇、图谋报复、损人害己。失恋可以说是人生中较为严重的心理挫折之一,考验的是人的耐受挫折的能力。失恋会使人产生痛苦的感觉,这是很自然的事,每个人都会有,可能在程度上有差别。失去爱会使人感到一种重要关系的丧失,一种身份的丧失,需要一定的时间去面对和适应。

1.失恋只是一种选择的结果

一个人不选择你不等于自我彻底失败、一无是处。每个人在爱的关系中心理需要不同,看重的关键点不同。每个人都有可爱的一面,只是欣赏的角度不同。

2.在失恋中学习,把失恋作为一种人生的财富

也许失恋给人带来的强烈的内心冲击是其他事件所不能代替的,在这个过程中失恋者所体会到的情感挣扎与痛苦,也可以成为人生财富,使人有了更多的人生体验,人会在失恋中变得更加成熟。

3.失恋给人再恋爱的机会

一次失恋不等于整个爱情生命的结束,人还会再恋爱,再体验美好的爱情,但要用心去体验、去建设、去学习和感受。

▶ 任务二　大学生的爱情

卢梭在《忏悔录》中写道,他在15岁时热恋上了德·维耳松小姐,却被无情地抛弃了,曾经感到十分痛苦。普希金14岁时写下了"一颗火热的心被征服了,我承认,我也坠入了情网"这样一句奇妙的爱情体验。这种奇妙感情的出现,使男女青年会忽然感到心底似乎响起了一种最甜蜜、最温柔的音乐,这是青春苏醒了的声音,这是个体存在的庄严宣告。少年的爱情需要爱护、体谅、同情,需要温和、适宜的气候。当羞怯的红晕开始出现在脸上的时候,便是爱情萌芽了。少年的爱情是纯洁的、感性的、精神的,但又不是柏拉图式的,它建立在延续世代的本能基础之上,会导致性的接近。

一、爱情来临阶段

爱情来临有两个阶段,一是爱情产生的阶段。爱情产生的第一个表现是迷醉,一个人如果没有体验到由于迷醉而产生的战栗,就不会坠入情网。性学家说,没有病人,只有医生,没有爱情,只有恋人。初恋的感情中包含着对美的感知,当一个人着了迷时,他是在恋爱,他看到了心上人的秀丽、完美,无与伦比的品质,爱情许诺的是幸福与快乐。

二是激情与热恋阶段。男性开始占有理想的情人,他的激情燃烧得更加旺盛、更加明亮,因为隐约模糊的性的欲望如今被鲜明的、令人忐忑不安的爱情所代替,而女性也表现出前所未有的光彩。爱情要求所爱的人品质恒久不变,同时又要求这种品质具有可塑性,不断翻新。它崇敬传统、习俗,但又渴望理想的美,渴望生活的完美,渴望双方关系文明化。

二、大学生的爱情误区

大多数大学生都会背诵《大话西游》中那段经典的台词:"曾经有一份真挚的爱情放在我面前,我没有珍惜,等我失去的时候,我才后悔莫及,人世间最痛苦的事莫过于此。……如果上天能够给我一个再来一次的机会,我会对那个女孩子说三个字'我爱你!'如果非要在这份爱上加一个期限,我希望是一万年!"这是大学生心中的理想爱情。但是,理想并不等于现实,当大学生心中的理想之爱最终注定只能是空想时,这种爱就会化作烟云随风而逝,留给当事人的只能是无尽的遗憾、懊恼与失落。因此,大学生首先需要明白什么不是爱情。

(一)偶像化的爱情

一个没有达到高度自我知觉的人,倾向于把自己所爱的人"神化",并将自己的力量异化和反射到所爱的人身上,将所爱的人当作一切爱情、光明与祝福的源泉而崇拜他。在这一过程中,个体失去了对自己力量的觉悟,在被爱者身上失去了自己,而不是找到自己。从长远来看,没有一个人能符合崇拜者的心愿,当然会不可避免地出现失望,而解决这一问题的方法是寻找新偶像。这种偶像式的爱情,最初的体验是强烈性与突发性,而这常常被看作是真正且伟大的爱情。事实上,正是这种所谓的强烈性和突发性,表现出了那些恋爱者的饥渴和孤独。

(二)完美的爱情

这种爱情只能存在于想象之中,而不是存在于同另一个人实实在在的结合之中。这种爱情往往是用代替品使自己满足,或表现为将现实推移过去。我们常常将恋爱的对方想象得极其完美,校园爱情之所以被称为"真空爱情""玻璃爱情",就是因为大学生夸大了爱情的完美性而忽视了其现实性。当真实的生活摆在面前时,大学生的爱情便会显得脆弱不堪,因为完美本身就拒绝缺点。

(三)爱的投射

当恋爱失败或受挫后,如果双方将注意力放到对方的错误和缺点上,对他人的细微错误反应强烈,对自己的问题与缺点却视而不见,考虑更多的是如何指责或者教育对方,那么,两者之间的爱情关系就是相互投射。事实上,当恋爱受挫后,当事人需要认真反思自我,而非投射。

(四)爱情的非理性观念

爱情的非理性观念主要有以下 10 类:一是没有爱情的大学生活是失败的;二是爱情是靠努力可以争取到的,即付出总有回报;三是爱不需要理由;四是因为相爱而发生的性关系无可非议;五是恋人是完美的,爱情是至高无上的;六是爱是缘分也是感觉;七是不在乎天长地久,只在乎曾经拥有;八是爱情重在过程不在结果;九是爱情能够改变对方;十是失恋是人生重大的失败。受到非理性观念的影响,部分大学生将恋爱置于其他重要人生任务如学业之上,甚至因为爱情荒废了学业。有的学生坚信在爱情中付出总有回报,做爱情的守望者,耐心地等待,有的甚至采取极端行动。

大学生经常讲的"我一直在努力,为什么得不到她的爱?","我的爱可以感动神灵,唯独不能令她感动","我只是默默地爱他,不在乎他是否爱我","为什么随着交往的深入,我发现他不是我生命中等候的人"等,都是受到了自己头脑中非理性观念的影响。

(五)产生于孤独无助时的爱恋

爱情产生于何时我们无法精确计算。但很多爱情悲剧始于孤独无助时,因为此时的开始本身就意味着错误。特别是大学新生,来到陌生的城市,面对陌生的环境,显得无助与孤独。此时,可能一声问候、一束鲜花都会令孤独无助之中的你感动至极。要记住:当孤独无助时,你更需要的是广泛的社会支持如友情,而不一定是爱情。

三、当代大学生恋爱的基本特点

当代大学生是青年群体中文化层次较高的,较之其他同龄人,他们的恋爱具有自己明显的特点,可概括为"三性"和"三化"。

(一)"三性"

1.恋爱心理的普遍性

大学生年龄多数在 18~23 岁生理发育已基本成熟,虽然身高、体重、内分泌等尚在不断变化中,但渴望接近异性、拥有意中人却是一种普遍现象。这一时期容易产生情窦初开的恋爱心理,因此,高年级学生有谈恋爱的,低年级学生也有谈恋爱的。

2.恋爱需求的特殊性

大学生的恋爱,一般只谈爱慕之情,交流对学习、对人生的看法,很少讨论结婚、家庭、婚礼、生儿育女等具体问题。这是由大学生的经济地位决定的。在上学期间,他们的工作岗位尚未确定,经济上还没有独立,要依靠国家、父母或者其他亲人的资助才能维持生计和完成学业,而恋爱是选择配偶的过程,恋爱、婚姻、家庭是一个整体。已经走上工作岗位的青年或是农村青年谈恋爱,在明确了恋人关系之后,过不了多久就会开始商量结婚日期、筹办婚礼等具体事宜,双方的矛盾往往是在这些实质性的问题上暴露出来的。大学生谈恋爱一般不涉及这些实质性的问题,带有浪漫色彩。他们的恋爱基础不够牢固,一旦遇到实际问题,如毕业求职不在同一地等,便会产生动摇,甚至就此分手。

3.恋爱确立的自主性

在大学里,男女大学生的平等权利与平等价值观特别突出,反映在恋爱问题上,一般都是自己做主,个性特点强,并不信奉什么统一的模式。走上工作岗位的青年,在明确恋人关系前,一般会征求家人或同事的意见,甚至第一次见面就是在家里;在明确恋人关系后,双方家长来往密切,成人指导贯穿于各个环节。大学生则不同,自己看准了就追求,甚至确定了关系家长也不一定知道。

(二)“三化”

1.普及化

当前,有人形容大学里有一股“恋爱热”,也有人说是一股“恋爱风”,这都不为过。调查情况表明,大学生中已谈恋爱的人数占总数的三分之一左右,高年级学生更是高达一半以上,而赞成谈恋爱的学生约占学生总数的95%。

2.低龄化

大学生谈恋爱历来有之,但过去多是在高年级,即所谓“学业、爱情双丰收”的时期,而现在很多低年级的学生学业未成却恋爱先行,他们有的刚进大学校门就踏进了恋爱圈。

3.公开化

过去,大学生谈恋爱很讲究东方民族的含蓄和深沉,处于“地下活动”状态,常常鲜为人知;而现在大学生谈恋爱,不仅不怕别人知道,而且可能有故意让人知道的心态。时下,只要你步入大学校园,便有可能目睹成双成对的青年情侣在公开场合卿卿我我,旁若无人。

四、大学生恋爱心理调适

爱情的神圣与庄严、神秘与美好吸引着无数青年男女为之折腰。有学者说:“有青年人的地方就会有爱情。”但是,大学校园里并非都是圆满的恋爱,每对情侣并非都能成为幸福的恋人,并非每个爱情的渴望者都能品尝到甘甜的爱情之酒。

(一)单恋

单恋即单相思,是指一方对另一方以一厢情愿的倾慕与热爱为特点的畸形爱情。单恋多是一场感情误会,是"爱情错觉"的产物。"爱情错觉"是指因受对方言谈举止的迷惑或自身各种主观体验的影响而错误地主动涉入爱河,或因自以为某个异性对自己有意而产生的爱意绵绵的主观感受。单相思有两种情况:一种是毫无理由的单相思,即对方毫无表示,甚至还不认识自己,自己却执着地爱对方、追求对方,这种恋爱是纯粹的"单向";另一种是自认为有"理由"的单相思,即错误地认为对方对自己有情,将"落花无意"想象成"落花有意",这是假"双向"、真"单向"。单恋较多地出现在性格内向、敏感、富于幻想、自卑感强者身上,先是自己爱上了对方,于是也希望得到对方的爱。在这种弥散心理的作用下,单相思者会把对方的亲切和蔼、热情大方当作是爱的表示并坚信不已,从而陷入单恋的深渊不能自拔。单恋者固然能体验到一种深刻的快乐,但更多体验到的是情感的压抑,因为他们无法正常地向自己钟爱的异性倾诉柔情,更不能感受到对方爱意的回馈。

要想避免单恋带来的痛苦,首先,要能避免"恋爱错觉",即学会准确地观察和分析对方的表情、姿态、语气,用心明辨;观察其反复性,假如某种信息经常出现,则可能意义很深,而只出现一两次就不足为凭;不要强化心中形成的一见钟情式的浪漫爱情。其次,一旦单恋已经发生,要鼓足勇气,克服羞怯的心理,大胆地表达自己的情感。如果被接纳,爱的快乐就取代了等待的痛苦;如果是"落花有意,流水无情",则应该面对现实,勇敢地抛弃幻想,通过思想感情的转换和升华来获取心理平衡。最后,当向对方表白遭到拒绝时,要用理智克制自己的情感——爱情一定是两情相悦的,强扭的瓜不甜。这种理性、客观、冷静的思考方式也是自己未来幸福生活的源泉。

(二)失恋

1.失恋后的几种消极心态

"哪个少女不怀春,哪个男子不钟情",尤其是青年,随着生理、心理的逐步成熟,都会春心萌动,涉入爱河。浪漫热情的爱恋是青年男女内心的美好憧憬,它似一杯甘醇芳香的美酒,令人如痴如醉。然而,有恋爱就有失恋,这是个辩证的自然法则。所谓失恋,是指恋爱受挫或失败。失恋引起的主要情绪反应是痛苦和烦恼。大多数失恋者能正确对待和处理好这种恋爱受挫现象,愉快地走向新生活。但是,也有一些失恋者不能及时排解这种强烈的情绪,导致心理扭曲、性格反常。具体到不同的个体,常常出现以下几种消极心态。

(1)"从此无心爱良夜,任他明月下西楼"。失恋者羞愧难当,陷入自卑和迷惘,心灰意冷,走向怯懦封闭,甚至绝望、轻生,成为爱情的殉葬品。因为失恋而自杀的人的心理是连我最爱的人都抛弃了我,这个世界对我还有什么意义? 事实上,他们应该做的是反向思考:既然爱情不再,就感谢爱情给予我的成长,使我获得了人生的启发——恋爱是双方相互了解、为将来的人生做准备的过程,如果在交往过程中发现彼此不合适,恋爱中止是最明智的人生选择。

(2)"不见去年人,泪湿春衫袖"。失恋者往往对抛弃自己的人一往情深,对爱情生活充满了美好的回忆和幻想,常常自欺欺人,否认失恋的存在,从而陷入单相思的泥潭。这类人首先从心理上拒绝、否认恋爱终止的事实,继而更加思念对方,认为失去的是人生最好的,以致于陷入单相思之中难以自拔。也有人会出现一种特殊的感情状态——既爱又恨、不能自拔。

(3)"阁道曲直,似我回肠恨怎平"。失恋者或因失恋而绝望暴怒,产生报复心理,造成毁坏性的结局;或从此嫉俗厌世,怀疑一切,看什么都不顺眼,爱发牢骚;或从此玩世不恭,得过且过,寻求刺激,以发泄心中不满。报复者的典型心理反应是我不幸福,你也别想幸福! 这是一种扭曲的心理,因为个体在人生选择中都需要一个相互了解的过程。当然,如果在交往中发现对方不合适,向对方提出终止恋爱关系时,一定要注重策略。有的人因为担心对方受伤害而误使对方以为自己还爱着他;有的人不告知对方终止恋爱关系的原因,或者只用含糊不清的理由比如性格不合等来搪塞,都是不恰当的。当你告诉对方不爱的理由时,一定要具体且能令对方接受。

2.失恋后的自我拯救

失恋的种种不良心态会严重影响青少年的身心健康,甚至会导致一系列的社会问题。所以,失恋者必须学会自我调整、自我拯救,具体方法如下。

(1)倾诉。倾诉是指失恋者在精神遭受打击后,被悔恨、遗憾、愤怒、惆怅、失望、孤独等不良情绪困扰时,主动找朋友诉说,释放心理压力的过程。这样既可以用口头语言,把自己的烦恼和苦闷向知心朋友毫无保留地倾诉出来,并听听他们的劝慰和评论,也可以用文字,如日记或书信等把自己的苦闷记录下来,或给自己看,或寄给朋友看。这样便能缓解自己的痛苦,并寻得心理安慰和寄托。

(2)移情。移情是指及时恰当地把情感转移到失恋对象以外的人、事或物上。可以发展密切的朋友关系,交流思想、倾吐苦闷、陶冶性情;也可以投身到大自然的怀抱中,从而得到抚慰。当然,拓宽自己与其他异性的交往,也不失为一条合适的途径。

(3)疏通。疏通指的是借助理智来获得解脱,由理智的"我"来提醒、暗示和战胜感情的"我"。爱情是以互爱为前提的,不可因一厢情愿而强求,应该尊重对方选择爱人的权利。也可以进行反向思维,多想对方的缺点,分析自己的优势,鼓足勇气,迎接新的生活。

（4）立志。失恋者的积极态度会使"自我"得到更新和升华。由于全身心地投入工作中，许多失恋者因而创造出了辉煌的成就。例如，歌德、贝多芬、罗曼·罗兰、诺贝尔、居里夫人、牛顿等历史名人都曾饱受失恋的痛苦，但他们用奋斗的办法更新了"自我"，成为积极转移失恋痛苦的楷模。

（三）终止恋爱关系

恋爱双方在交往中，随着交往频度的加强与卷入深度的增加，如果一方发现对方不是自己心中想找的人时，往往会理智地分析恋爱的走向并提出分手。分手对双方都不是一件愉快的事情，特别是对于确立恋人关系时间较长、具有较为稳定恋爱关系的人来说，更是如此。提出分手的一方，要注意以下几点：一是选择恰当的时机；二是使用策略；三是艺术地说明原因；四是不逃避责任；五是不拖泥带水。被动的一方要注意控制自己的情绪，既不可自暴自弃，也不可死缠烂打，更不可意气用事，试图报复。

◉ 任务三　爱的自我成长

爱情是人类高尚的精神体验，是灵与肉的完美结合。对于人生而言，只有个体心理的成熟才能正确、客观地理解爱情。爱情不同于人类其他的情感体验，它是个体独特的心灵历程，只有真正爱过的人才能体察心灵的悸动——是惊鸿一瞥的心的战栗，更是双方心与心的沟通与交流。爱情虽不可以被抑制，但它是上苍赐予个体的神圣礼物，不可被滥用。爱情不是存在银行里的钱，随需随取，其成本是人生所有情感中最高的。只有正确地理解爱情，才可能与幸福同行。

一、学会爱自己

自爱的人是自知的，一个心理成熟的人能够自然、坦率地表达自我。自爱是要成为你自己，而非通过爱情变成他人。若你是世界上最好的李子，而你所爱的人却喜欢杏子，那你可以选择变成杏子，但由李子变成的杏子，是次等品质的杏子，而你的爱人若喜欢上等的杏子，你就可能被抛弃。世界上没有两片相同的叶子，更何况人呢？个体正因为其差异性，才构成了色彩缤纷的世界。

（一）要确立正确的自我认知

每个人都要积极关注恋爱中的自我。有人说"恋爱损伤女性的大脑，降低其判断力"，事实上，恋爱中特别是热恋时，男女都会将恋人"理想化"，其心中的快乐与痛苦都是放大了的。热恋时，双方往往认为自己是世界上最幸福的人，而失恋后又认为自己是世界上最痛苦的人。固然，恋爱双方强烈而丰富、敏感而不稳定的感情并非异常，但如果陷入情感的幻想中,自我的判断、评价与意识便会发生偏差。有人因为恋爱失去了自我、有人因为恋爱更加自恋、有人因为恋爱更加成熟,其中的差异就在于个体对自我的认知不同。

(二)要学会珍惜、尊重自己的感情

当"新新人类"进入大学校园,并以一种反传统的、自我贬损的、充分张扬的自我方式凸现其个性时,受到了思想超前的大学生的喜欢。但时尚的未必是永恒的,也未必是正确的。大学生的感情纯洁、真诚,是个体未来幸福生活的保证。因为恋爱而放纵自己的感情,甚至不是因为爱情,仅仅为了满足自己生理、心理甚至物质的需求,而用青春赌明天,都是不珍惜自己感情的表现。

(三)要学会说"不"

热恋时,要学会控制爱情的温度。有一个"真爱要等待"的宣言:本着真爱要等待的信念,我愿意对我自己、我的家庭、我的异性朋友、我未来的伴侣及我未来的子女,有一个誓约——保证我的贞洁,一直到我进入婚姻的那天为止。

(四)要对自己负责

恋爱不是为了让人放弃自我,而是让人学会更加负责任地生活。这当然也包括失恋后的自爱。一个人必须本着对自己高度负责的态度去学习和生活,处理好恋爱中的自我与他人、现在与未来、学业与爱情的关系。爱情不仅是情人节的玫瑰,也不只是每日的相守,更是美丽的守望和对彼此生命负责的人生态度。

二、学会爱他人

爱自己和爱他人是密不可分的。我们只有认识对方、了解对方,才能尊重对方;只有用他人的眼光看待他人,让自己的视角退居其次,才能真正了解对方。爱他人不是无我的状态,完全按照对方的要求塑造自己,也不是将你爱的人塑造成你所喜欢的样子。爱他人包括以下几个方面。

(一)尊重你爱的人

恋爱既是两个人心灵的共鸣,又是自我的成长,是使双方的潜能积极地发挥出来,而非按照某种愿望或标准塑造对方。事实上,每一份爱情中都包含着期待效应,双方都在向着彼此喜欢的方向发展。这就要求你更加尊重所爱的人,让对方在爱的港湾中以他自己喜欢的方式自由发展自我。

(二)帮助对方积极发展自我

恋爱唤醒沉睡的心灵,积极地恋爱使个体潜在的心理能量得以释放,心甘情愿地为

所爱的人努力。爱是一种积极向上的精神力量,催促着相爱的两个人朝着更好的方向发展,更加努力地完善自我、发展自我,而非束缚自我、放纵自我。重要的是将爱情引向积极的、有利于人类发展的方向。

(三)共同创造美好未来

真正的爱是内在创造力的表现,包括关怀、尊重、责任心、了解等。爱不是一种消极的冲动,而是积极追求所爱的人的发展和幸福,这种追求的基础是爱的能力。正如爱克哈特所说的"你若爱自己,那就会爱所有的人如同爱自己",并愿与你爱的人共同创造美好的生活。

三、理解爱情

(一)爱是给予而不是得到

成熟的爱情是在保留自己的完整性和独立性的条件下,即保持自己个性的条件下,与他人合二为一的。爱情是一种积极的精神力量,它可以推动个体创造生命的奇迹,促使个体找到人生的目标,甚至为爱人献出生命。爱情是行动,是人的力量的运用。这种力量只有在自由中才能得以发挥,而且永远不会是强制的产物。恋人将自己的生命给予对方,同对方分享快乐、兴趣、知识、悲伤等。因此,爱情是对生命以及我们所爱之物的关心,爱的本质是给予而不是得到。

(二)爱是责任

人只有认识对方,才能尊重对方。不成熟的爱情是"我爱,因为我被人爱",成熟的爱情是"我被人爱,因为我爱人";不成熟的爱是"我爱你,因为我需要你",成熟的爱是"我需要你,因为我爱你"。所有的爱情都包含着一份神圣的责任,这种责任不是外界强加的,而是内心的自觉,即甘愿为自己所爱的人承担风霜雨雪,而不仅仅是为了获得感官上的愉悦与寂寞时的陪伴。

(三)爱是尊重

真正的爱是建立在双方平等与理解的基础之上的尊重。爱一个人也是爱一份生活,仅仅因为某种需要而产生的爱未必能承担爱的责任。因为大学生活的孤单与寂寞,需要异性的呵护与关爱、需要消磨课余时间而产生的爱情都不是真正的爱情。恋爱中不在乎明天、只关注此刻的观念,对爱情本身的伤害是非常严重的。一个从不考虑未来生活的人,恋爱注定没有结果。同样,缺乏责任感的爱情之树因为没有坚实的土壤,不可能枝繁叶茂。尊重就是努力使对方成长和发展自己,而非剥夺,是让自己爱的人以他自己的方式、为了自己而成长,而不是服务于我。如果爱一个人,就应该接受他本来的面目,而不是要求他成为我们希望的模样。一个人只有当他能够独立走自己的路时,才能做到尊重他人。

(四)爱是能力

对自己的生活、幸福、成长,以及自由的把控是以爱的能力为基础的,看你有没有能力关怀人、尊重人,有无责任心了解人。利己者没有爱别人的能力。爱的能力不是与生俱来的,也不是随着生理成熟自然形成的,而是在社会生活中逐渐成长起来的。这种能力包括施爱的能力、接受爱的能力与自我成长的能力。有人说:"好男人是一所好学校,好女人也是一所好学校,由两者组成的学校促使男人与女人共同学习、共同进步。"爱的能力要求恋爱双方始终保持高度的理性,而非跟着感觉走。

(五)爱是创造

有人说,爱情具有的魔力能够使人开创一个新的自我。爱情是神奇的,它不仅能够创造新的生命,而且能够创造出新的恋爱双方。它能净化人们的灵魂,鼓舞着人们为挚爱的人奋斗进取,创造出属于两人的美好明天。

心灵拓展

中青校媒面向全国 1028 名大学生发起问卷调查。调查结果显示,88.23％的大学生支持大学开设恋爱课。参与问卷调查的学生中,处于恋爱状态的占 28.89％,有恋爱经历、现在单身的占 37.55％,从未恋爱过的占 28.99％,处于暗恋或追求他人状态的占 4.57％。

在一段情感关系中,大学生难免会遇到不易解决的问题,或难以疏导的心理状态。中青校媒调查发现,如何解决恋爱中的矛盾和分歧、如何面对感情的结束是大学生最希望在恋爱课上学习的内容,分别占调查总人数的 71.79％和 71.50％;如何在感情中保护好自己(70.53％)、如何在与感情相关的关键时刻做出选择(66.93％)、如何让相处更愉快(66.73％)、怎样更好地爱一个人(62.35％)等,也都是大学生希望学习的。

恋爱相关课程应该引导大学生树立正确的三观,认识两性差异,同时了解恋爱的本质。恋爱的本质即亲密关系,属于社会关系的范畴,但并不局限于两个人的关系。情感的触发是一个复杂的问题,它渗透着我们的价值观、背景、当前状态等多方面因素。

中青校媒调查发现,在参与调查的大学生中,有 55.54％认为帮助青年人树立正确的爱情观是恋爱课最重要的意义,接下来依次是帮助青年人解决恋爱中的实际问题(24.90％)、帮青年人提升沟通能力(8.37％)、帮助青年人找到爱情(4.47％)。

任务四 大学生的性心理

一、性心理和性心理健康概述

(一)性心理和性心理健康

所谓性心理是指在个人性生理成熟的基础上所形成的与性特征、性欲、性行为有关的心理状况和心理过程。简而言之,性心理就是与性生理、性行为有关的心理现象。性生理是性心理发展的生物学基础,性生理发育的障碍或缺陷,会使性心理的发展出现偏差。大学生正处于性生理发育成熟、性心理逐渐趋向成熟的时期,这个时期也是大学生的性生理需求与性的社会规范冲突阶段。

性心理健康是指个人具有正常的性欲望,能够正确认识性的有关问题,并且具有较强的性适应能力,能和异性进行恰当交往,在免受性问题困扰的同时,还能增进自身人格的完善,促进自己身心的健康发展。

世界卫生组织对性心理健康所下的定义:人们通过丰富和完善人格、人际交往和爱情方式,达到性行为在肉体、感情、理智和社会诸方面的圆满和协调。性心理健康是人类健康不容忽视的重要组成部分,近年来越来越受到人们的重视。

(二)性心理健康的标准

性心理健康的标准应该符合以下七点。

(1)正确认识和接纳自己的性别。一个性心理健康的人,能正视自己的性心理发育、性心理变化,能在所处的社会环境中正确评估自己,能客观地评价自己和他人,并乐于承担相应的性别角色。

(2)具有正常的性欲。性欲是能够获得性爱和性生活的前提条件。具有正常的性心理首先是具有性欲,如果没有性欲就不会有和谐的性生活,就会影响性心理健康。性欲的对象要指向成熟的异性个人,而不是其他物品等替代物。

(3)性心理和性行为符合年龄特征,即性生理和性心理的发展要保持统一。

(4)正确对待性变化。人在生长和发育过程中,性生理因素、性心理因素和性社会因素是交互呈现的,个人在其中只有建立自我同一性才能保持三者的和谐状态。三者的和谐状态要求个人能够正确对待性生理成熟所带来的一系列身心变化,在出现性冲动后,能够正确释放、控制、调节,使之符合社会规范的要求等。

(5)对性没有犹豫感、恐惧感。个人能够把性作为生活的一部分而科学对待,不存在对性的恐惧和怀疑。

（6）和异性保持和谐的人际关系。在交往过程中,保持独立而完整的人格,做到互相尊重,互相信任。

（7）正当、健康的性行为,符合社会伦理道德规范。

二、青春期性心理的发展

美国心理学家赫洛克认为青春期性心理的发展一般可分为以下四个时期。

（一）性抵触期

在青春发育之初,有一段较短的时期,青少年总想远远地避开异性,其中少女表现得尤为明显。这主要与生理因素有关。由于第二性征的生理变化,青少年对自身所发生的剧变感到茫然与害羞,本能地产生对异性的疏远和反感。此时期约持续一年。

（二）仰慕长者期

在青春发育中期,男女青年常对周围环境中的某些在体育、文艺、学识,以及外貌上特别出众者（多是同性或异性的年长者）仰慕爱戴、心向往之,而且会模仿这些长者的言谈举止,以致入迷。

（三）向往异性期

在青春发育后期,随着性发育的渐趋成熟,青年人常对与自己年龄相当的异性产生兴趣,并希望在接触过程中吸引异性对自己的注意。但由于青年人情绪不稳,自我意识甚强,因而在与异性接触的过程中,容易引起冲突,常因琐碎小事而争吵甚至绝交,因此,交往对象之间常有转移。

（四）恋爱期

在青春发育完成后,已达成年阶段,青年人把友情集中寄予自己钟情的一个异性身上,彼此常在一起,情投意合,在工作、学习中互相帮助,生活中互相照顾,憧憬婚后的美满生活,并开始为组织未来的家庭做准备工作。这时期的青年人对周围环境的注意减少,女青年常充满浪漫的幻想,向往被爱,易于多愁善感;男青年则有强烈的爱别人的欲望,从而得到独立感的满足,他们的情绪往往较兴奋。

大学生处于从向往异性期向恋爱期过渡的阶段。但由于大学生存在成熟的性生理与不成熟的性心理的矛盾,因此,大学生在这个阶段更应该加强对自身性心理的了解和学习。目前,我国在校大学生的年龄一般在17～23岁,在这一阶段,性的成熟与整个身体的发育已基本完成,但是性心理的发展并未达到成熟。这时期的大学生好像一台马力十足但方向盘和制动器并不灵敏的汽车。这一时期是大学生真正发现自我的时期。

三、大学生常见的性心理困扰

（一）性幻想带来的困扰

偶尔或适度的性幻想是性发育过程中出现的正常现象，它代表性知觉的觉醒和性意识的萌发，一般是有益无害的。不管怎样，一个人的性幻想并未构成行为，所以不必过分自责，不要认为是卑鄙见不得人的事。事实上，性幻想对减少人的紧张与焦虑乃至性压抑都是有益的。但是如果个人频繁出现性梦或性幻想，就会影响休息、睡眠和体力的恢复，严重的还会导致神经衰弱，给身心健康带来不利影响。当性幻想变成一种强迫性思维时，人就会陷于深深的苦恼中。如果一个人整天沉溺于性幻想，则会干扰学习，对心理发育造成危害，产生性障碍。

（二）性自慰焦虑

事实上，性自慰本身并不会带来害处，它是"标准的性行为的一种"。美国著名的性研究专家玛斯特斯和约翰逊对性自慰和性交做了比较，发现两者基本一致，认为没有理由把性自慰当作有害心身健康的异常性行为看待。在大学生不能用性交行为来释放他们内心积聚起来的性冲动能量的情况下，性自慰是他们唯一可以采取的主要性行为。性自慰的危害并不在于性自慰本身，而在于对性自慰的担忧、恐惧、羞愧和罪恶感。对性自慰的错误认识，既是大学生烦恼的真正原因，也是大学生变得难以节制的心理原因。不少大学生在接受性知识教育和咨询后，一旦明白性自慰是正常的、无害的，并且性自慰并不是个别人的行为后，心理的负担卸了下来，性自慰的欲望和行为反而减少或容易调节了。

（三）性心理偏差行为

性心理偏差是指在青少年性发育过程中的不适应行为，如迷恋黄色视频、不当性游戏、轻度性别认同困难等，一般不属于性心理障碍，但对这些不适应行为应给予有效的干预。如果大学生出现这些性心理偏差的行为，如沉迷于黄色视频，要采取转移注意力的方法予以纠正，如转向参加文体活动等。大学生应该丰富兴趣爱好，培养大胆开朗的个性，增强性道德观念和意志品质，其中关键的一步是对异性脱敏。通过咨询和自身的努力，个体往往能有效地改变性心理偏差行为。

四、当爱遇上性

婚前性行为的发生，有时是女方主动提出的，更多的是男方要求的，而女方迎合或抵御不了的。婚前性行为使男女双方在性欲和其他动机方面获得了一种满足，但在这种满足之后，男女双方在心理、情感、社会等各方面所要承担的责任常常超出大学生现有的能力。调查显示，大学生在性交时没有采用避孕措施的占 74.56%。研究者在对女大学生的访谈和开放式问卷调查中也发现,70％的女大学生认为当代女大学生在性自我保护方面做得不好或很不好,而只有14％的人认为做得一般或还好。未婚先孕、堕胎、感染性传播类疾病等现象近几年来在大学生中呈上升趋势,这充分说明大学生在发生婚前性行为时不懂得如何保护自己和对方,生殖保健认知程度低,女大学生常成为最大的受害者。

性是很多大学生都很好奇的问题,也是很多处于热恋中的人很难避免的问题。大学生该如何对待性?

(一)大学生对待婚前性行为的态度

性观念是指人们对性问题较为稳定的看法及所持有的态度评价,既包括个人的性观念,也包括在一定时代背景下,人们对性问题的评价、态度、看法的总体趋势。随着我国进一步对外开放,大学生的性观念开放程度明显增加。在一项调查中,在回答"您对大学生发生婚前性行为的基本态度是什么"时,19.93％的男生、19.88％的女生选择"基于爱情即可";54.35％的男生、42.17％的女生选择"双方愿意即可";16.31％的男生、28.31％的女生选择"应受道德谴责"。在回答"您认为大学生出现婚前性行为的最主要原因是什么"时,25.73％的男生、41.87％的女生选择"一时冲动难以控制";42.03％的男生、26.51％的女生选择"生理与心理的强烈需要"。可见,从观念上来说,大部分大学生是接受婚前性行为的。

(二)性和责任:树立健康的性观念

大学生健康的性心理有两个标准:一是能正确认识和处理自己的性行为带来的后果,并有社会责任感;二是在婚姻前提下的性生活符合男女平等、科学、卫生的原则。建议在面对性的问题前,仔细思考以下问题。

(1)我能否认识到自己性行为带来的后果?

(2)对待性行为,我是不是能负起相应的责任?

(3)婚前性行为是否与我的价值观一致?

(三)科学释放性冲动

处于青春期的大学生,尤其是男生,需要学习如何科学地释放性冲动。大学生可以从以下三个方面释放性冲动。

(1)培养艺术爱好。艺术是性能量释放的一个很好的方式,从音乐中可以歌唱爱情,从美术作品中可以欣赏人体,文学作品可以描绘刻骨铭心的爱。

(2)通过劳动和运动释放性能量。劳动和运动可以释放性冲动,缓解性压抑。

(3)鼓励自己和异性交往,克制对异性的冲动。如可以鼓励自己参加集体活动,学习交谊舞等,多与异性接触,习以为常后对异性的性冲动便会减少。

心灵拓展

如何避免性冲动

在恋爱的过程中,可以通过一些有效的措施来帮助自己或对方克服过分的性冲动。

(1)约会的时间最好不要选择在晚上。因为借助夜幕的"掩护",恋人间容易表现得比较亲昵,此时稍一冲动、稍一疏忽,就可能逾越界限,做出事后令双方都后悔的事情。

(2)约会时衣着最好不要过于暴露。女方应该清楚地知道在什么情况下拒绝对方更容易,是穿戴整齐,还是袒胸露背。如果下决心不选择"婚前性行为",在穿戴上就要选择适合保护自己的衣物。

(3)约会的地点最好选择在人较多、较热闹的地方。在这些地方既可以共度一段美好的时光,又可以靠环境的帮助,实行自我约束。僻静处、私人卧房、旅馆的客房都是比较危险的地方,在青年男女独处时,这些场所对克服性冲动有弊无利。在家里交谈,就选择家里有人时,将房门虚掩着。

(4)当女方发现男方产生了性冲动,自己特别不愿意接受时,可以适当地提醒他或者把他带到人多的地方,或谈些别的话题,以转移其注意力。最好不要采取简单、粗暴的拒绝方式,以免伤害对方的自尊心及两个人的感情。

五、性心理障碍

(一)性心理障碍概述

性心理障碍泛指两性行为的心理和行为明显偏离正常,并以这类性偏离作为性兴奋、性满足的主要或唯一方式为主要特征的一种精神障碍。

如何评价性行为的正常或异常,人们难以做出确切回答的,因为至今还没有判断性行为正常与否的绝对标准,性行为的正常与异常的区别是有条件的、相对的。下面列出二者区别的一些要点。

(1)凡是符合社会所公认的社会道德准则或法律规定,并符合生物学需要的性行为,可看作正常的性行为,否则可看作异常的性行为。

(2)某些特殊性行为可使性对象遭受伤害,本人也为这种行为感到痛苦,或在某种程度上蒙受伤害,如受到严重指责,地位名誉受到损害,甚至遭受惩罚。这些特殊性行为可看作一种异常的性行为。

(3)长时间反复、持续发生的一种极端变异方式的性行为是异常的性行为。性行为由正常到异常可以看成一个连续体,其两极是正常和异常,其间存在的正常变异方式属于正常的变异。只有明显的、极端的变异形式才被看作性变态的类型。

心灵拓展

如果遇到性心理障碍的人怎么办?

当你遇到性心理障碍的人时,一定要冷静应对,你越害怕,对方越兴奋,你越冷静,对方则越害怕。如遇到裸露癖的人,如果你尖叫,反而会让他产生性兴奋;如果你若无其事地走过去,他反而觉得很无趣。

大多数性心理障碍的人都不会对他人造成伤害,少数除外,如施虐狂。如果在公交车上遇到摩擦癖的人,你别害羞或不好意思,用眼神或者语言直接提示对方。你越是害羞或不好意思,越会让对方更加兴奋。

你如果遇到暴力或者是严重威胁到人身安全的性心理障碍者,则需要求助专业人士或者警察。如果自己身边的同学或者朋友有性心理障碍,应建议其寻求专业的心理咨询师或精神科医生的帮助。

(二)性心理障碍的种类

1.性身份障碍

其是指从心理上否认自己的生理性别和服饰,强烈希望转换成异性的欲望,如变性癖。

2.性指向障碍

其是指性欲与常人不同,对不能引起正常人性兴奋的人或物感兴趣,如双性恋、自恋。

3.性偏好障碍

其是指采用与正常人不同的异常性行为满足性欲,如异装癖、恋物癖、施虐癖、受虐癖、裸露癖、摩擦癖等。

▶ 任务五　正确认知爱与性

一、性道德应遵循的原则

性心理健康是人类健康不容忽视的重要组成部分,近年来正越来越受到人们的重视。性心理健康是心理健康的一部分,作为一名性心理健康的大学生应当有正常的性需求、性欲望、科学的性知识、良好的性道德、正当的性行为。就性道德而言,是指在性行为中应当遵循相爱、无伤、自愿的原则,具体如下。

(一)相爱原则

人类具有超乎一切动物的思想和情感,人类的性爱只能钟情于某一个特定的异性。这是人类性道德最核心、最本质的原则,任何违背这一原则的性活动都是不道德的。

(二)无伤原则

其是指要讲究性卫生,符合性常识,使性行为无伤于他人和后代的幸福及身心健康,无伤于社会的稳定。

(三)自愿原则

性活动是建立在双方完全自愿的基础上,在性活动中,一般来说男性处于主动地位。因此,作为男性,不应只是满足自己的生理和心理需求,还应顾及女性的意愿。那些受"性解放""性自由"思想的影响,随意进行性活动的性行为,即使是"自愿"的,也是违背性道德的行为。

二、大学生性心理发展及特征

(一)大学生性心理的发展

一般认为,青春期性心理的发展大体上经历三个时期。

1.异性疏远期

这一时期也称为性发育早期、性紧张期。青春期开始时,少男少女对性别的差异非常敏感,第二性征的出现,使他们内心深处产生了春情萌动的朦胧感觉。他们对两性关系似懂非懂,对性知识、性行为一知半解,将异性的生理差异与男女之间的关系看得很神秘,在与异性的交往中显得羞涩、忸怩和不自然,心中好像潜藏着无数秘密一般,内心相互吸引,表面上却表现得相互疏远,有畏惧感和似曾相识感。男孩会表现出潜意识的紧张心理——口吃、挤眉弄眼;女孩则表现得情绪不稳定,所谓的"少女伤春"就是指这段时期的心理特点。

2.异性接近期

在完全进入青春期后,随着生理机能的进一步发展、生活阅历的丰富,青少年对两性关系有了进一步的了解和认识,对性意识的情感体验也开始有了新的变化。他们不满足于对异性的朦胧的、泛泛的好感和爱慕,而是希望通过与异性交往,有选择地寻找心中的白马王子和白雪公主。这个时期的特点是喜欢与异性在一起活动,力求成为异性眼中有吸引力的人;两性的畏惧感、陌生感消失,产生了强烈的相互吸引和接近意愿,会采取曲线的方式来接近异性。男生喜欢高谈阔论、逞强、做危险动作,以表现自己丰富的学识和男子汉气概,甚至通过起哄、开玩笑、搞恶作剧等来引起女生的注意;女生则表现出单相思、钟情妄想,有的用打扮、声调、细微的关心和体贴来吸引对方,有的将成年人作为崇拜和模仿的对象。由于青少年缺乏接近异性的经验,不知如何表现自己,往往做法不得体。两性都会表现出狂热追星的状态以释放内心对异性的渴慕之情。

3.异性恋爱期

进入青春期后期,青年的性生理完全成熟,性心理在逐渐成熟,自我意识、思维和人格都在积极发展,生活领域也日渐广阔,对恋爱的理解和认识更加深刻,对恋人的寻觅更加迫切,对异性的态度也逐渐客观。此时,男女青年开始对异性展开主动、积极追求。男女青年都会尽量在异性面前展示自己的长处与才华,以引起对方的关注。由于受社会文化的影响,男性在恋爱的表达方面更加主动、大胆、直率而且热情奔放,女性则更加含蓄、深沉、妩媚并略带羞涩和矜持。青春期性发育完成后便进入两性恋爱期,青年男女从泛泛的对异性的爱慕过渡到钟情于某个人,情感表达直接而热烈,追求技巧成熟,一旦碰壁,心理挫折感强烈。

(二)大学生性心理的基本特征

1.渴望了解性知识,性意识进一步增强

进入大学,大学生更加积极主动地关注自我发展,包括自身的生理与心理。由于个体家庭教养方式、成长环境及个体差异的存在,大学生对性意识的关注也不尽相同。有的大学新生对性知识的了解较少,渴望通过科学的途径了解自身;有的大学生通过自慰性行为解决自身的性冲突;有的大学生因性知识匮乏产生了不必要的心理焦虑。

2.性冲动及其释放

性冲动是指在性激素和内外环境刺激的共同作用下,对性行为的渴望与冲动。由性刺激引起大脑皮层的活动,产生性欲,再通过大脑皮层向身体组织发出指令,是一个健康、正常人自然和本能的行为表现。性冲动不一定产生性行为,人是通过意识即大脑调节性行为的。人有社会性,必须遵守社会行为准则;人有人格和尊严,必须尊重他人的意愿和抉择;人对社会有责任和义务,必须受到法律约束等。因此,在心理尚未成熟前,大学生应尽量减少声、光的刺激,不接触黄色、淫秽读物,适时接触性刺激,锻炼克制能力。

3.性冲突和性压抑

当代的大学生,一方面,生长趋势、性发育年龄不断提前;另一方面,受学业、事业及

社会环境的影响,结婚年龄不断推后,使大学生出现了漫长的"性等待期"。与此同时,日益开放的社会文化既满足了大学生对性的了解与渴望,又使大学生的性冲突加剧。在繁重的学业任务、就业压力及有关规定的约束下,大学生的性冲动不可能得以自由地释放。事实上,适度性压抑也是社会文明与进步的标志。但性压抑不是一味地压制,而是通过适当的释放、转移、升华,从而得到合理的疏导。

4.渴望性体验

由于性激素的作用,大学生更加渴望得到恰当的性体验,如与异性交往。在男女交往过程中,受性激素的作用,恋爱双方的亲吻和抚摸都会引起性欲望和性冲动。感情的闸门在巨大的性压力下显得极其脆弱。有的通过性梦、性幻想、性自慰加以调节,有的则通过性行为得以实现。

三、恋爱与性

恋爱与性的关系极其密切,没有恋爱的性和没有性的恋爱都是难以想象的。但在恋爱中正确处理性问题却不是一件容易的事。

(一)婚前性行为造成心理困惑

下面是一位女大学生的求助信。

"我是刚刚进入大学时认识他的。他是我的老乡,在我初次离家感到孤独时他给予了我太多的安慰与帮助,不知不觉我陷入了恋爱之中。随着交往的深入,我们的恋爱也不仅限于精神层面的交往,彼此从身体上渴望对方。于是在某一个晚上,我们有了第一次。虽然我们还在恋爱,可每次在一起我总会想到性,我会感到恐慌,经常觉得所有人都知道我们的事,出现了睡眠障碍、上课注意力不集中、产生性幻想等情况。现在我陷入了深深的担忧中——如果今后我们分手了怎么办?我真不知道如何面对。"

这是因为婚前性行为造成内心无法摆脱的内疚与自责的典型状态。当欲望的潮水袭来时,大学生要用理智来战胜脆弱的情感。儿童心理学家曾做过"延迟满足"的实验,他们告诉被试如果选择等待,将能够获得更多的奖赏,而即时满足只能获得极少的奖赏。随着年龄的增长,儿童会主动选择延迟满足,这一点对爱情中的性也是符合的。只有学会延迟满足,才能为未来生活打开一扇幸福的大门。

(二)将性作为维持爱情的筹码

平等的恋爱关系应当相互尊重,一方不能屈服于另一方,特别是当对方提出性要求时,如果一方因为拒绝性要求而导致恋爱终止,这本身就不是真正意义上的爱情。有的恋人将性作为维持爱情的筹码,必然不能长久。

（三）爱情上的"杯水主义"

受社会文化的影响及大学生恋爱观的不确定性，部分大学生信奉"不在乎天长地久，只在乎曾经拥有""爱谁是谁""爱情就是即时的快乐"等观念，在恋爱中表现出只顾及当时感觉的倾向。一项调查表明：65％的大学生认为"只要有爱情，性是可以理解的"。这体现出大学生更加开放，但也从另一个侧面反映出大学生在性行为上所持的不成熟态度。甚至有的学生不再把性行为看成一件非常严肃的事，不加克制，完全受内心冲动的驱使，引发怀孕等负性生活事件。

任何社会的主流文化都对性行为有着正式和明确的标准，它代表了性行为的理想境界，即性行为应当是如何的。有的文化对性行为还有非正式标准，以性别作为参考点。如果对男女性行为的标准一致，则称为单一标准，否则便是双重标准。对婚前性行为禁止是严格标准，而允许则是宽松标准。

（四）大学生婚前性行为不利于自身发展

大学生在婚前进行性行为是不利于自身发展的，主要有以下原因。

1.从主流文化的角度看

我们的主流文化并未对婚前性行为持认同态度，对大学生在大学期间的性行为基本持否定性评价。各个高校的学生手册大都对大学生婚前性行为有否定性的规定。通过校规校纪规范大学生的性行为，也是基于大学生生理、心理的健康成长来考虑的。

2.从大学生性行为的特点看

大学生婚前性行为具有突发性、自愿性、非理性等特点，由于年龄与观念的影响，一旦发生性行为，便会多次发生，容易造成未婚先孕等不良后果。一些研究表明：有婚前性行为的人，其婚姻满意度普遍低于没有婚前性行为者，而且婚前性行为还直接影响着婚姻的质量。

3.从医学角度看

和谐性行为需要安全、私密、舒适的环境，而大学生的婚前性行为多数是在隐蔽状态下进行的，常常伴随着内心的恐惧、紧张、害怕，担心怀孕，不洁感、不道德感、羞愧感和罪恶感，容易引起性反应抑制和性焦虑，导致男性阳痿早泄和心因性性功能障碍，导致女性因怀孕而被迫流产。特别是流产，对女大学生的心理与身体伤害极为巨大：一是身体不能得到很好恢复——手术后，由于集体住宿又担心被老师、同学发现，还要应付繁重的课业负担，身体与心理的恢复都非常困难；二是容易发生意外事故，损伤外生殖器，特别是容易引发多种并发症。

4.从心理学角度看

婚前性行为会给双方带来巨大的心理压力,如恐惧、焦虑、自卑、心理冲突加剧等,双方更容易争吵,但当事人并不知道性行为是其中的重要原因。由于两性心理的差异,女性在有亲密行为后容易以身相许,希望与对方走进婚姻,性行为使女性由心理上的优势转化为劣势;但对于男性而言,婚前性行为会提高他们的心理优势,使他们对容易到手的东西产生厌倦而不承担由此带来的后果,对女性造成更大的心理伤害。

心灵探索

恋爱观测试

「测试目的」

了解恋爱观,引导大学生正确面对恋爱带来的问题,使测试冷静、客观地审视自己的恋爱状况,树立积极健康、科学合理的恋爱观。

「测试要求」

请在阅读完每题后从答案中选择出最适合自己情况的一种,并计算最终得分。

「测试内容」

恋爱观测试自评量表

1.你认为恋爱作为人生一件极其重要的事,其最终所达到的目的应该是什么?(　　　)

A.找一个情投意合的伴侣

B.成家过日子,养育儿女

C.满足性的饥渴

D.只是觉得新鲜有趣,没有明确的想法

2.你对未来妻子的要求最主要的是什么?(男性选择)(　　　)

A.善于理家,利落能干

B.容貌漂亮,风度翩翩

C.人品不错,能体贴帮助自己

D.只要爱,其他一切无所谓

3.你对未来丈夫的要求最主要的是什么?(女性选择)(　　　)

A.潇洒大方,有男子风度

B.有钱有势,社交能力强

C.为人诚实正直,有进取心,待人和蔼可亲

D.只要爱,其他一切无所谓

4.你决定和对方建立恋爱关系时的心理根据是什么?(　　　)

A.彼此各有千秋,但大体相当

B.我比对方优越

C.对方比我优越

D.没想过

5.你对最佳恋爱时间的考虑基于什么?(　　　)

A.自己已经成熟,懂得人生的意义和爱情的内涵,并且确定了人生的方向

B.随着年龄的增大,自有贤妻和好丈夫光临,"月老"不会忘记每个人

C.先下手为强,越早越主动越好

D.还没想过

6.你希望自己结识恋人的方式是怎样的?(　　　)

A.青梅竹马,情深意长

B.在工作中逐渐产生恋情

C.一见钟情,难分难舍

D.经熟人介绍

7.你认为推进恋情的良策是什么?(　　　)

A.极力讨好、取悦对方

B.尽力使自己变得更完美

C.百依百顺、言听计从

D.无计可施

8.你希望恋爱的时间跨度是怎样的?(　　　)

A.越短越好,最好是"闪电式"

B.时间依据进展而定

C.时间要拖得长一些

D.自己无主张,全听对方的

9.谁都希望自己全面了解对方,你认为了解对方的最佳途径是什么?(　　　)

A.精心布置特殊场景,对恋人进行考验

B.坦诚交谈、细心观察

B.通过朋友打听

D.没想过

10.你十分倾心的恋人,随着时间的推移,暴露一些缺点和不足,这时候你会怎么办?
( )

A.采取婉转的方式告知并帮助对方改进

B.暂时分开

C.嫌弃对方,犹豫动摇

D.不知道如何是好

11.当你初踏爱河时,一个条件更好的异性向你表示爱慕,你会怎么做?( )

A.说明实情,钟情于恋人

B.对其冷淡,但维持友谊

C.瞒着恋人与其来往

D.感到茫然无措

12.当你倾慕一个异性并发出爱的信息时,你忽然发现他(她)另有所爱,你怎么办?
( )

A.静观其变,进退自如

B.参与角逐,继续穷追

C.抽身止步,成人之美

D.不知道

13.恋爱进程很少一帆风顺,你怎么看待恋爱中出现的矛盾、波折?( )

A.最好平顺些,既然已经出现了,也是件好事,双方正好趁此机会了解和考验对方

B.感到伤心难过,认为这很不幸

C.疑虑顿生,就此提出分手

D.没有对策

14.由于性情不合或其他原因,你们的恋情搁浅了,对方提出分手,这时候你会怎么
做?( )

A.千方百计缠住对方

B.到处诋毁对方的名誉

C.说声再见,各奔前程

D.不知所措

15.当你信任的恋人喜新厌旧,甩掉你以后,你会怎么做?( )

A.就当自己眼瞎认错人了

B.你不仁,我不义

C.吸取教训,重新开始

D.痛苦得难以自拔

「测试标准」

各题各选项评分标准见表8-3。

表8-3　评分标准　　　　　　　　　　　　　　　　单位:分

题号	选项			
	A	B	C	D
1	3	2	1	1
2	2	1	3	1
3	3	2	1	0
4	3	2	1	0
5	2	1	3	1
6	1	3	2	0
7	1	3	2	0
8	1	3	2	0
9	3	2	1	0
10	3	2	1	0
11	2	1	3	0
12	3	2	1	0
13	2	1	3	0
14	2	1	3	0
15	2	1	3	0

Ⅰ型(35～45分):恋爱观成熟、正确。

你是一个成熟的青年,你懂得爱是什么和为什么爱,这是你进入情场的最佳入场券。不要害怕挫折和失败,它们是考验你的纸老虎,终将在你的高尚和热忱面前逃走。大胆地走向你梦中的恋人吧,你的婚姻注定会美满幸福。

Ⅱ型(25～34分):恋爱观尚可。

你向往真挚美好的爱情,然而屡屡失败,一时难以如愿。你不妨多看看成功的朋友,将恋爱作为圣洁无比的追求,不断校正爱情的航线,这样你就与幸福相隔不远了。

Ⅲ型(15～24分)：需要端正恋爱观。

你的恋爱观存在不少问题，甚至有不健康之处，它使你辛勤播种的爱情种子难以萌芽，更难以结出甜蜜的果实。如果你已经轻率地开始恋爱了，劝你及早退出。

Ⅳ型(3～14分)：恋爱观还未形成。

你或许年龄还小，不谙世事；或许虽然年龄不小，却天真幼稚。爱情对你来说是个迷茫未知的世界，你需要防范圈套或袭击。建议你多读几本关于两性关系的书籍，待变得成熟后，再涉爱河不迟。

拓展 阅读

大学生如何处理恋爱中的矛盾

释放压力　直面挫折——压力管理与挫折应对

情境 导入

　　小飞是一名大一新生,一入校就被丰富多彩的大学生活所吸引。他积极参与学生会和社团,参加了很多有趣的校园文化活动,最近对开设的实习课又感兴趣,小飞非常享受自己充实的生活。可是很快接近学期尾声,即将到来的期末考试让小飞感到十分烦心:课程实践报告、小组作业、社团活动策划书、学生会工作总结等接踵而来,小飞觉得自己没有时间复习,非常担心考试成绩。某天一着急竟然忘了还在睡觉的舍友,锁了宿舍门就去参加活动了,舍友十分生气。小飞觉得自己的生活一团糟,很想离开宿舍自己安静几天。

　　压力管理和挫折应对是大学生的必修课,没有人能在毫无压力和挫折的情况下成长。小飞目前正处于学习、工作压力之下,在压力之下与舍友产生误会让他觉得自己的处境更加困难。

『思考』

　　压力和挫折到底是什么? 小飞为什么想要离开学校安静几天? 离开之后他真的可以恢复吗?

学习 目标

◆知识目标

1.理解压力、挫折和应激的概念,了解压力与挫折产生的原因。

2.了解大学生常见的压力与挫折现象及其来源。

3.掌握大学生应对压力与挫折的策略和方法。

◆能力目标

1.能够分析压力与挫折产生的具体原因,针对性地制定应对策略。

2.能够识别大学生常见的压力与挫折现象,并能够分析其来源和影响。

3.能够灵活运用各种压力管理策略和挫折应对方法,有效缓解和应对压力与挫折。

◆**素质目标**

1.培养学生的应变能力和逆境应对能力,使其能够在面对压力和挫折时保持乐观、坚韧的心态。

2.培养学生的自我认知和情绪调节能力,提高其应对压力与挫折的自我调节能力。

思维导图

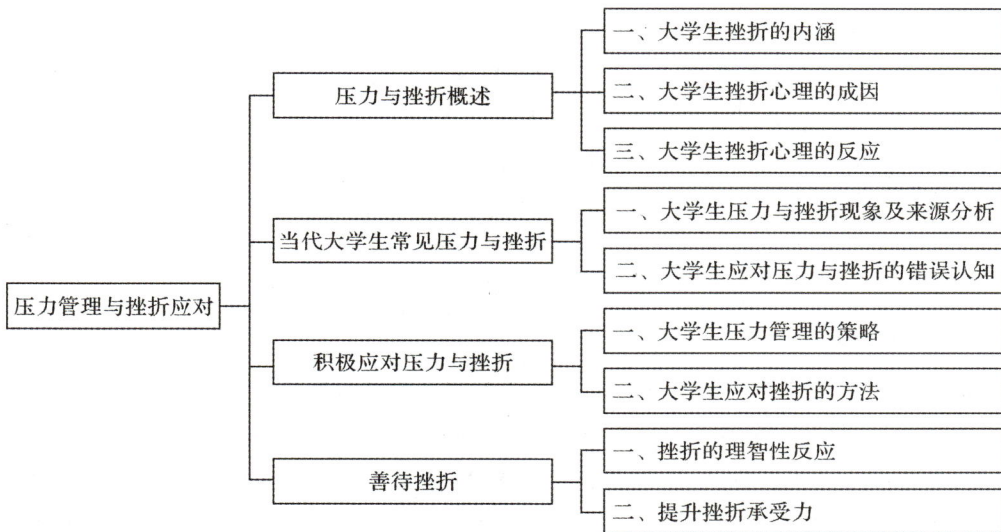

		一、大学生挫折的内涵
	压力与挫折概述	二、大学生挫折心理的成因
		三、大学生挫折心理的反应
压力管理与挫折应对	当代大学生常见压力与挫折	一、大学生压力与挫折现象及来源分析
		二、大学生应对压力与挫折的错误认知
	积极应对压力与挫折	一、大学生压力管理的策略
		二、大学生应对挫折的方法
	善待挫折	一、挫折的理智性反应
		二、提升挫折承受力

▶ 任务一　压力与挫折概述

一、大学生挫折的内涵

挫折是指人们在从事有目的的活动时,遇到了难以克服或自以为无法克服的障碍或干扰,致使个人的需要或动机无法满足时所产生的紧张状态和消极的情绪反应。这一概念应包括三个方面的含义,即挫折情境、挫折认知和挫折反应。

(一)挫折情境

挫折情境是指人们的需要不能获得满足的内外障碍或干扰等情境因素,如考试不及格,比赛未取得理想名次,受到讽刺、打击等。

(二)挫折认知

挫折认知是指人们对挫折情境的知觉、认识和评价,挫折认知既可以是对实际遭遇的挫折情境的认知,也可以是对想象中可能出现的挫折情境的认知。如有的人总是怀疑别人在议论自己,虽然事实并非如此,但他在心理上产生与他人关系不和睦的想法。另外,不同的人对相同的挫折情境所产生的主观心理压力也不尽相同,个人的知识结构也会影响其对挫折情境的知觉判断。

(三)挫折反应

挫折反应是人们伴随着挫折认知,对自己的需要不能满足时产生的情绪和行为的反应,常见的有焦虑、紧张、愤怒、躲避或攻击等。

一般情况下,挫折情境(真实的或想象的)能引起挫折认知进而产生挫折反应。可见,挫折认知起着十分重要的中介作用。假如两个人遇到同样的挫折情境,如考试成绩不理想,一个人认为问题很严重,另一个人认为无所谓,那么两人所产生的反应明显不同,前者可能引起强烈的情绪反应,而后者则可能反应很微弱,这主要是由于认知的不同导致的。

二、大学生挫折心理的成因

(一)客观原因

客观原因引起的挫折是指由外界事物或客观情况阻碍个体达到目标而产生的挫折,也称为环境起因挫折,分为自然条件与社会条件两种。自然条件的制约往往能给人带来不幸的结果。一些无从预料、不可抵挡的自然现象,诸如山洪暴发、火山地震、江河决堤、大旱大涝等,都会使人处在不利的环境中。而人们要在不利的环境中取得满意的结果就要付出更大的艰辛努力,即便如此,其成功的概率也低于良好自然条件下的努力。社会条件含个人在社会生活中受到的阻碍,如政治迫害、婚姻关系破裂、人际关系不顺、领导者管理方式不妥等都能让人产生挫折。

(二)主观原因

主观原因引起的挫折是指由自身条件的限制阻碍了目标的实现,也称为个人起因挫折,主要有两方面原因:一是个体生理原因,包括导致个人活动失败或无法达成目标的生理素质、体力、外貌及生理缺陷等,如一个身体条件不好的人想成为的球星,显然不现实;二是个人心理原因,包括个人生活条件、经济水平、人格特点、心理发展水平、意志、能力、自卑感等,如目标超越了个人的客观实际,或者自我评估过高的人,也常因为目标设置的不现实,很多愿望不能实现而遭受挫折。

三、大学生挫折心理的反应

个体在受到挫折后,无论挫折情境是由客观因素还是由主观因素造成的,都会给个体的生理、心理及行为带来一些影响。了解受到挫折后的种种反应,弄清这些反应的实质,是增强个体心理健康的关键。

(一)受挫后的生理反应

个体受挫后,机体内部的自我调节机制将会最大限度地调动机体的潜在能力,以维持超常状态下的正常生命活动,有效应对外界环境的变化。然而,潜能突然大量消耗,会引起相关器官功能出现衰竭趋向,从而发生病变。如受挫初期的紧张、焦虑情绪可使交感神经系统的兴奋性增强,需要消耗大量的能量。于是,神经末梢释放生物信息,刺激各种激素不断分泌,促进蛋白质、脂肪、糖原分解;增强心肌收缩力,以促进血液循环加快,血压升高;刺激呼吸加快,以保证氧气供应。在体内潜能大量消耗的同时,机体内部那些与情绪反应无直接联系的器官或系统,则得不到必要的能量而不能维持正常功能,如消化道蠕动减慢,胃肠液分泌减少等。如果长期处于挫折情境中得不到解脱,上述生理变化将会进一步增强,从而引起身心病变,出现皮肤和面色苍白、四肢发冷、心悸、气急、腹胀、尿少等一系列症状。医学研究表明,心律失常、支气管哮喘、消化道溃疡、类风湿性关节炎、偏头痛、失眠等疾病多与受挫后的生理反应有关。

(二)受挫后的心理反应

由于个体的心理承受能力不同,自我调适能力也不同,因而在遇到挫折后,个体会有不同的行为表现,可以分为两种,一种是积极的心理行为表现,即个体在遭受挫折后能够审时度势,不失常态地、有控制地采取以摆脱挫折情境为目标的理智性行为;另一种是消极的心理行为表现,即采取失常的、失控的、没有目标导向的非理智性行为。

1.理智性反应

(1)坚持目标,继续努力。当个体受挫后,根据自己的知识、经验,通过分析,发现自己追求的目标是现实的,即使暂时遇到了挫折,也应克服困难,找到摆脱挫折情境的办法,毫不动摇地朝既定目标迈进,最终实现自己的愿望,达到预定的目标。

(2)降低目标,改变行为。当既定目标经多次尝试仍不能达到时,个体应调整目标,改变行为方向。这种对目标的重新审定和转移,不是惧怕困难,而是实事求是的表现,同时也有利于避免由于目标不当难以达成而产生焦虑情绪和挫折心理。

(3)改换目标,取而代之。在个体确定的目标由于自身条件或社会因素的限制,不能实现并受到挫折时,可以改变目标,用另一目标来代替,使需要得到满足;或通过另一种活动来弥补心理的创伤,驱散由于失败而造成的内心忧愁和痛苦,增强前进的信心和勇气。

(4)寻求支持。在挫折的打击下,有些人往往感到自己势单力薄,力量有限,从而将注意力转向寻求他人和社会的支持,或找亲朋好友倾诉衷肠,或找组织、团体寻求帮助和关心,以此来减轻挫折感和烦恼程度,这也是一种理智性的挫折反应。

2.非理智性反应

(1)焦虑。焦虑是个体在遇到挫折后常见的一种心理反应。适度焦虑可以唤醒大脑皮质的觉醒状态,如考试前适度紧张,可增强注意力,提高记忆水平,对提高学习效率、发挥潜能等有一定的积极作用。而过度焦虑则会使注意力不集中,记忆力下降,思维紊乱,辨别能力降低等,是一种有害的情绪反应,严重的会导致心理疾病,发展成焦虑症。攻击的类型有以下两种。

(2)攻击。当个体遭受挫折后,常常会引起愤怒的情绪,为了将愤怒的情绪发泄出去,可能会对造成挫折的人进行报复,产生过激的举动,而表现为攻击性行动。

直接攻击:其是指受挫者将愤怒的情绪直接发泄到对自己造成挫折的人或物上,多以动作、表情、言语、文字等方式表现出来。如采取打斗、辱骂、讽刺、漫画等形式,侮辱对方人格,发泄自己内心的不满。

转向攻击:转向攻击不是直接攻击造成挫折的一方,而是将其他人或物作为发泄的对象。有的人在受挫后,就会采取变相的攻击方式,即转向攻击。例如,在公司受气的丈夫回家拿妻儿出气。在许多情况下,被转向攻击的目标都是无辜的。

(3)冷漠。这是一种与攻击相反的行为反应。当个人遭遇挫折时表现出无动于衷、漠不关心的态度,似乎毫无情绪反应。其实,冷漠并非不包含愤怒的情绪成分,只是个体把愤怒暂时压抑,而以间接方式表现出来。这种表面冷漠退让,内心深处则往往隐藏着很深的痛苦,是一种受压抑极深的反应。

(4)退化。又叫倒退或回归,是指当个体遇到挫折时表现出与自己的年龄、身份极不相称的幼稚行为。当一个人遭到挫折时,可能会以简单、幼稚的方式应付挫折,以求得到别人的同情和照顾。退化是一种由成熟向幼稚倒退的反常现象,而且其本人对此并不能清醒地意识到。如有些学生遇到挫折或一些不顺心的事情后,或暴跳如雷,或蒙头大睡、装病不起,甚至幼稚得像小孩一样哭闹。退化的另一种表现是受暗示性增高,受挫折后降低了明辨是非的能力,盲目地相信别人、盲目地顺从别人、盲目地执行别人的暗示。

(5)幻想。又称白日梦,是指个体企图以自己想象的虚幻情境来对付挫折,借以摆脱现实的痛苦,并在此虚幻情境中寻求满足。此法偶尔用之,可使人暂时摆脱苦恼,缓冲情绪紧张,但对解决实际问题毫无益处,多用会形成病态的行为反应。

(6)固执。个体在受到挫折后,采取刻板的方式,盲目重复某种无效的行为,以不变应万变的现象叫固执。一般而言,当个体受挫折后需要有一种随机应变的能力来摆脱所遭遇的困境。但是有人在反复遇到类似的困境后,依旧用原来的方法,盲目地解决已经变化了的问题,尽管他们知道这些动作对目标的达成、需求的满足并无帮助。

(7)逃避。逃避是指有些人遭受挫折后,往往不敢面对现实、正视现实,而是躲开受挫的现实,放弃原来所追求的目标,撤退到比较安全的地方去。如当有的人在生活中碰钉子,或者所追求的目标、理想一时不能实现时,便心灰意冷;还有的人在学习、工作开始的时候积极性很高,但对困难估计不足,结果一遇到挫折便退却下来。逃避的显著特点是"一朝被蛇咬,十年怕井绳"。遇到挫折后便意志消沉,一蹶不振。逃避虽然能使心理紧张情绪得到暂时的缓解,但问题并没有解决,长期下去会形成不良适应,使人害怕困难和挫折,导致不求进取。

(8)自杀。自杀是遭遇挫折后的极端反应。如果挫折来得突然而沉重,受挫者对挫折的承受力又很低,就会深陷入万念俱灰的泥潭而不能自拔。此时,如果得不到外力的帮助,受挫者又把受挫的原因归结为自己,就可能会自暴自弃,伤害自己的身体,甚至产生轻生厌世的思想。

◉ 任务二　当代大学生常见压力与挫折

一、大学生压力与挫折现象及来源分析

大学生普遍处于青年早期,是人一生当中心理发展变化最活跃的时期,也是一个人心理矛盾和心理压力的多发期。这与当前的社会环境及大学生这一年龄阶段的身心发展特点有关。

(一)大学生常见压力与挫折

案例一:黎×,大四学生,曾经品学兼优,16岁考入大学,但因家境贫寒,忙于打工赚钱以致耽误学业。某日中午,延期毕业的黎×,在校内银行劫持一人,抢走大量现金,5小时后被警方控制。黎×的大学同学兼舍友许×表示:"听到黎×抢银行的消息我非常震惊,他16岁上大学,家境贫寒,承受的压力远超过身边的同学。"

案例二:有一名学生,在中学时学习成绩一直很好,他自己也很喜欢学习,老师经常表扬他。但上了大学后,他发现自己的学习成绩常常排在20名之外,这令他非常惶恐,父母也因他的成绩不好责备他。此后,他因学习压力,渐渐地对各科考试感到害怕。

案例三:放假了,有一名学生磨磨蹭蹭不愿回家。后来老师发现,原来这名学生的父母离婚了,冷冷清清的家庭令他难受。

案例四:一个女生被同学怀疑偷了钱包,自感委屈,百口难辩,结果以自杀的方式来证明自己的清白。

以上都是大学生常见的压力与挫折事件,具体来说,大学生常见的压力包括学习压力、就业压力、交往压力、恋爱压力、经济压力等,如何面对压力与挫折非常重要。

(二)大学生产生挫折的原因

引起大学生挫折的原因可以归纳为下面四类。

1.由延迟引起的挫折

大学生处在人生的需求高峰期,无论是物质需求还是精神需求,都比其他任何年龄段的人更为旺盛。然而,在现实生活中,大学生并不具备满足自身需求的条件,在他们的需求和满足之间形成了一对尖锐的矛盾,从而产生挫折感。除了在日常生活中的种种期待不能及时实现外,大学生所遇到的最普遍的延迟挫折是性需要满足延迟,性挫折对大学生身心健康有很大的影响。

2.由阻挠引起的挫折

阻挠挫折是导致大学生产生挫折感的主要原因之一,它包括由个体特征引起的阻挠和由外界引起的阻挠。个体特征引起的阻挠是指大学生因为自身容貌、身材、体质、知识、能力、性格等方面的局限,造成的"理想我"与"现实我"的冲突。除了个体特征外,由外界因素引起的阻挠则更多。比如,高校的某些规章制度使一些大学生感到约束压抑;集体宿舍使一些想住得宽敞、我行我素的大学生感到不舒适;"三点一线"的生活让一些学生觉得枯燥乏味;文体设施缺乏会使一些文体爱好者难以发展兴趣等。

3.由动机冲突引起的挫折

当若干个动机同时存在而难以取舍时,就会形成动机冲突,动机冲突的基本形式有四种。

(1)双趋冲突。当两个目标都符合需要,并且有相同强度的动机,但只能择其一时,就出现了难以取舍的冲突。

(2)双避冲突。当两个目标都不好,都不想要,但非得选一个,"二者必居其一"时就产生了冲突。

(3)趋避冲突。其是指某一目标既有利又有害,吸引力与排斥力共存。

(4)双趋避冲突。即两个目标各有所长、各有所短,令人无法选择。

随着社会的发展,大学生面临的选择冲突也会增加,故如何选择,如何把握机会,已成为大学生心理素质的重要组成部分。大学生要充分认识到每个人的动机、目标的满足和实现,只能局限在有限的范围内。

4.由不合理的认知方式引起的挫折

认知是指人们对事物的认识或观点。由于认知方式的差异,大学生对同一事物有可能产生不同甚至完全相反的看法,引起不同的心理反应。大学生的挫折感主要源于不合理的认知,主要表现为如下方面。

(1)不应发生。人生的航程不是一帆风顺的,不可避免会遇到各种困难和障碍。每一个步入大学校门的大学生都有一个或长或短的适应过程,适应时的矛盾、冲突、痛苦在所难免,也很正常。然而,一些大学生却不能很好地接受这一现实,他们常常把生活中的不顺利、不愉快,学习、交往中的失败看作是不应该发生的。面对考试亮红灯、竞选班干部落选、与同学发生矛盾,以及好朋友有负自己等,他们要么束手无策,变得烦躁易怒,要么失去信心,抑郁自闭,个别人甚至轻生。

(2)以偏概全。部分大学生一次考试不理想,就认为自己头脑笨,将来肯定不会有什么大的前途;一次失恋,就断定自己不讨人喜欢,对异性没有吸引力。这种以一两件事来评价自己整个人、评价自身价值的认知,很容易使大学生走上自我否定、悲观失望的狭路,引起强烈的挫折反应。

(3)夸大后果。影响对挫折认知的第三种情况是把某一个挫折的发生想象得非常可怕,糟糕透顶。此时的挫折感主要是想象挫折感,这比实际挫折所带来的影响要大得多,是一种放大了的挫折。其实,许多事情并不像想象的那么可怕,在很多情况下,都是自己在吓唬自己。

二、大学生应对压力与挫折的错误认知

(一)大学生应对压力与挫折的认识误区

1.夸大问题的严重性

有些大学生一遇到压力与挫折就手忙脚乱,夸大了问题的严重性,其实,很多时候实际情况并不像我们想象中的那么糟糕。

2.看不到事情积极的一面,忽略问题带来的正面效应

有些大学生一味强调压力与挫折的消极影响,忽略了它对人积极的一面。很多时候,压力与挫折也可以转化为前进的动力,关键是要敢于面对它、重视它,学会想办法去化解它。

3.低估资源可获得性与协助程序

在每个人的成长过程中都会遇到压力与挫折,有许多压力与挫折,个体没有足够的力量去解决,但我们可以利用外部资源和他人的协助把问题缓和或者解决。

4.内心的罪恶感、自卑感或厌倦感

有些学生遇到挫折后,内心深处就会产生罪恶感、自卑感或厌倦感,认为自己不行,

对不起长辈、亲朋好友对自己的期望。其实,这种想法是错误的,压力与挫折只是我们成长过程中的一次历练,在遇到压力与挫折时,我们不应该自卑,不应该感到内疚或者厌倦,我们要做的是树立自信心,想办法去解决它。

(二)大学生应对压力与挫折的不当对策

1.寻求刺激或采取破坏性行为

当有些大学生遇到压力与挫折而产生消极情绪时,不懂得以合适的方式去宣泄,只是一味地寻求刺激或者采取破坏性行为,有时会对他人、对自己造成严重的伤害,这种方式是不可取的。

2.借助药物、酒精或烟草

有些大学生在遇到压力与挫折时往往借助药物、酒精或烟草麻醉自己。这是一种逃避现实的方法,你可以逃避一时,但你不能逃避一世。

3.暴饮暴食

有些大学生在遇到压力与挫折时就暴饮暴食,这是一种不良的习惯,有害身体健康,也不利于问题的解决。在面对压力与挫折时,我们首先要保持头脑清醒,然后分析问题,找到解决问题的办法。

4.疯狂购物

有些大学生在遇到压力与挫折时喜欢疯狂购物。疯狂购物虽然可以宣泄一时的不良情绪,但是也会产生新的问题。在非理智思维的刺激下,有些大学生往往把生活费花在一些不必要的用品上,造成浪费,甚至使生活紧张,导致新问题的产生,使自己处于更不利的困境之中。

◉ 任务三　积极应对压力与挫折

一、大学生压力管理的策略

所谓压力管理是指个体针对可预见的压力源进行必要的干预,维护身心健康,提高处理问题的效率,保证学习和生活目标顺利实现的管理活动。压力应对具有事后性和被动性,而压力管理则具有一定程度的主动性和积极性特征。

(一)构建自己的社会支持系统

当一个人独自面对压力时,其应激反应的消极作用会非常大,而要想不在压力面前孤立无助,最好构建自己的社会支持系统,这其中包括自己的亲人、朋友、同学、老师等。社会支持系统可以在你需要的时候给你情感安慰、行动建议,帮你渡过难关。强大的社会支持系统让你在面对压力时不再感到孤立无援,可以迅速恢复信心和勇气来面对挑战,解决问题。

要构建社会支持系统,首先,要做到尊重他人,只有尊重他人的人,才能获得他人的友谊,也才可能获得帮助;其次,要扩大社会交往面,结识更多的朋友,让你的同学成为你亲密的朋友,让你的老师或者其他长者,在你遇到困难时帮你客观地分析问题并提供相应的建议;最后,需要向亲人、朋友和老师敞开你的心扉,不要担心这样做会遭到嘲笑,这样做只会让他们感到信任,自己也能得到最大的帮助。

(二)觉知和调整自己的生理状态

生理状态是压力最直接的指标。想要有效管理压力,就要有压力意识,要能觉察压力的信号。人在应激状态下,会本能地驱动机体的防御机制。有效的压力管理,需要我们建立一个应对压力,尤其是那些慢性压力的预警机制。

有意识地觉知自身的紧张、焦虑等情绪状态。当处于应激状态时,自己的生理和情绪会有什么样的不适反应? 记录自己的这些反应,然后锁定这些反应指标,以后每当产生这些不适反应时,便对自己发出警告。个体的压力预警机制,就像战争中的雷达一样,对压力时刻保持着必要的警惕。学会控制自己的不良生理反应,比如心跳、呼吸、血压等。

(三)减轻和消除自己的心理负累

应激即便是本能反应,也足以使我们身心疲惫。我们必须卸掉心中因压力而产生的紧张和焦虑。因为持续性的压力累积效应,会让我们垮掉。消除心理负累的方法有以下几种。

1.理性辨析和积极归因

用纸笔将自己面临的核心问题写下来并逐个回答:这个问题是如何产生的? 这个问题真的与我有关吗? 这个问题真的就不能解决吗? 通过如此反复、逐层深入的自我辨析,理清问题的症结所在,从而减轻对压力情景的模糊认识及因夸大威胁而产生的焦虑。

归因是指个体依照主观感受或经验对自己或他人行为及其结果发生的原因予以解释、推测的心理活动过程。归因是在个体经验的指导下进行的,因此,结果可能是正确的,也可能出现误差,甚至完全错误。导致挫折的原因有很多,但可以将其归为两大类:一类是主观原因,如努力不够,能力低下;另一类是客观原因,如生理缺陷、疾病、容貌、身体等条件的限制,以及自然、社会等外部因素的干扰、破坏等。一般来说,倾向于外归因的人,虽然可以保持内心的暂时平衡,但他不能从挫折中吸取教训;倾向于内归因的人,往往承担了过多的责任,容易丧失自信。大学生应该对挫折进行正确归因,即对内外两方面原因加以综合考虑,如从能力、努力、任务难度、运气、身心状况、他人反应等几个方面进行恰当的自我成败归因。正确归因能激发大学生前进的动力,增强战胜压力与挫折的勇气和信心。

2.合理宣泄法

大学生受挫后会产生压抑、焦虑、愤怒和不安等消极情绪,如果不妥善化解,会给社会和本人带来不良后果。因此,应采取合适的方式,选择适宜的场合和形式宣泄受挫后的情绪,从而恢复理智感和心理平衡。宣泄的方式有倾诉、哭喊、运动等。不论采取何种方式,都要以不损害他人、集体和社会的利益,合乎社会规范,不激化矛盾为原则。

3.社会求助法

人是社会性动物,任何人都不能离开他人而生存。人与人之间是需要互相关心、互相帮助、互相爱护的,这是一种社会支持,它可以调适个体的压力和挫折反应。研究发现,社会支持可以降低压力和挫折对大学生的消极影响,并且降低压力和挫折导致疾病的发生率。因此,对于大学生而言,在面对压力与挫折时,要主动寻求社会支持,如寻求感情、物质及信息方面的支持,对减轻心理压力、降低压力和挫折对个体的消极影响是十分重要的。此外,心理咨询也是寻求社会支持的有效方式之一。

4.自我放松法

大学生在面对压力和挫折时最常见的表现是心理和肌肉的紧张。因此,调适压力的一个重要策略就是要学会放松自己,让自己的身体或心理由紧张状态转向松弛,从而逐渐消除紧张感。常用的放松方法有游泳、做操、散步、听音乐等。当压力和挫折事件不断涌现时,持续数分钟的放松对缓解不良情绪的作用相当显著。另外,还可以学习一些自我放松的应对压力的方法,如深度呼吸训练、肌肉放松训练、静坐训练、意向训练、系统脱敏训练等。

5.丰富生活法

课余生活占大学生活的四分之一,健康的课余生活可以愉悦身心、增进友谊,减少因压力与挫折导致的紧张感。丰富的课余生活如阅读书籍、报刊,参加各种学术活动,参加志愿者服务活动等,既锻炼了能力,拓宽了知识面,又在一定程度上增强了个体应对压力与挫折的信心和勇气,尤其是适当参加体育锻炼活动,可以使身体健壮、精力充沛、应对能力增强。

二、大学生应对挫折的方法

人们常说"解铃还须系铃人",战胜挫折,社会、学校等外界环境很重要,但在众多的挫折中,许多是由大学生自己的主观因素导致的,它引起大学生种种不良、痛苦的体验。因此,正像雨果所说,"应该相信自己,自己是生活的战胜者",要真正战胜挫折,关键在于大学生自己。

(一)正确认识挫折

正确认识挫折,树立正确的挫折观,是大学生战胜挫折的先导和前提。在现实生活中,考试不理想、人际关系困难、生活不适应等挫折几乎每个人都曾遇到过。有的人总认为生活中的挫折、困境、失败都是消极和可怕的,受挫后往往悲观抑郁,甚至丧失了生活的勇气。事实上,挫折并不都是坏事,处理得好,它也可以成为自强不息、奋起拼搏、争取成功的动力和精神催化剂。生活中许多优秀人物就是在挫折磨炼中成熟的,在困境中崛起的。相反,过于一帆风顺的生活反而会使人趋于安逸、丧失斗志,在挑战到来时措手不及。因此,挫折也是一种机会。只要能坦然面对挫折,树立战胜挫折的勇气和信心,就可以适应任何变化中的环境。

(二)改变不合理观念

心理学研究表明,引起强烈挫折感的与其说是挫折、冲突,不如说是受挫者对所受挫折的看法,以及所采取的态度。常见的不合理观念有以下几种。

1.此事不该发生

有些人把生活中的不顺利,学习、交往中的挫折和失败看作是不应该发生的。他们认为,生活应该是愉快的、丰富的,人际关系应该是和谐的、互助的。一旦生活中出现诸如人际冲突、成绩滑坡、好友负心,评不上优秀等事件,就认为它不应该发生,因而变得烦躁易怒、束手无策、痛苦不堪、失去信心。

2.以偏概全

有些人常常以片面的思维方式看待事物,简单地以个别事件来断言全部生活,从而导致自责自怨、自卑自弃的心理而焦虑或抑郁。以偏概全不仅表现在对自己的认识上,也表现在对他人、对社会的认识上。例如,因一事有错而对他人全盘否定;因社会上存在不良现象,就看不到光明而彻底丧失信心。

3.无限夸大后果

有些人遇到一些小挫折,会把后果想象得非常糟糕、可怕。夸大后果的结果是让人越想越消沉,情绪越来越恶劣,最后难以自拔。例如,一门功课考试不及格,就认为自己能力不行,学不下去,毕不了业,找不到工作,人生没前途,生命没价值。这实际上是一种自己吓唬自己,给自己施加额外压力的做法。只有改变不良的认知方式,纠正错误的观念,才能实事求是地评价挫折带来的后果,从困难中看到希望。

(三)对挫折进行正确归因

美国心理学家韦纳(Weiner)对人们失败的归因进行了研究,他认为,一般情况下失败是由客观因素(包括任务难度和机遇)和主观因素(人的能力与努力)造成的。把失败归因于主观因素,会使人感到内疚和无助;把失败归因于客观因素,会产生气愤与敌意。

大学生应正确分析自己的成败归因模式,特别要注意避免韦纳指出的两种错误的归因模式。例如,有的学生总是把自己学习的成败归因于外在因素,如学习上受挫折后,把失败归因于运气不好,没能猜中题目或埋怨老师的命题和评分,而不努力去克服困难以改变失败的处境;还有的学生把失败归因于自身的能力、技能和努力的程度过低,因而抱怨自己,过多地责备自己。这两种习惯性归因,不可能找出造成挫折的真实原因,无助于战胜挫折。总之,大学生受挫以后,应当冷静、客观地分析自己失败的原因,找出造成挫折的真实原因,对挫折做客观、准确、符合实际的归因,从而战胜挫折。

(四)优化自身人格品质,提高挫折承受力

挫折承受力与人格特征有关,以下几种人格类型的人常常容易引起挫折感。

1.性情急躁的人

他们情绪变化大,易动怒,脾气火爆,常常因为一点小事而引起挫折感。

2.心胸狭窄的人

他们气量小、好猜疑,喜欢斤斤计较,容易体验到消极的情感。

3.意志薄弱的人

他们做事缺乏耐力和持久性,患得患失,害怕困难,只看眼前利益,经不起打击和挫折。

4.自我偏颇的人

他们缺乏自知之明,或者自高自大、目空一切,或者自卑自贱、畏首畏尾。

为了提高挫折承受能力,大学生应主动培养自己良好的人格品质,改变那些不良的人格品质,重点应培养自信乐观、自强不息、宽容豁达、开拓创新等品质。自信才能乐观,乐观才能自信,两者相辅相成。自强不息是良好的意志品质,是一切成功者的共同特征。宽容豁达和开拓创新的人胸怀宽阔,对挫折不是被动地适应、一味地忍耐,而是面向未来、积极进取,勇于创造新生活。因此,提高承受挫折的能力应从培养良好的人格品质入

手,从细微小事中严格要求自己,努力在实践中锻炼自己,使自己的心理得到充分、有效的发展,使心理健康达到高水平的状态。

(五)建立社会支持网络,主动寻求帮助

社会支持既涉及家庭内外的供养与维系,也涉及各种正式与非正式的支援和帮助。包括物质帮助、行为支持、情感互动、信息反馈等。在大多数情况下,一个人的社会支持网络的规模越大、密度越高,则社会支持力量越强,社会支持的心理保健功效越明显。因此,大学生应当建立一定的社会支持网络,在挫折来临时,主动求助、相互支持,这是克服困难、战胜挫折的有效方法。

(六)合理运用心理防御机制

当遭遇挫折和失败时,人们都有一种摆脱困境、减轻不安、稳定情绪,重新达到心理平衡的倾向,这种倾向称为心理防御机制。每个人在处理挫折和紧张情绪时,都会自觉不自觉地运用心理防御机制。因世界观、生活态度及个性特征不同,每个人所使用的防御机制也有差异,其中有些是积极的,有些是消极的。积极的心理防御机制主要有以下几种。

1.升华

人的有些行为和欲望,如果直接表现出来可能会产生不良后果,或不为自己理智所接受。如果将其导向比较崇高的方向,使其具有建设性并有利于本人和社会时,便是升华。如有些同学对班里的成绩优秀者存在嫉妒心理,不将它表现出来,而是将其作为促使自己奋发的动力,这便是升华的表现。升华因为让原来的欲望得到间接宣泄而消除了焦虑感,还可以使个体获得成功的满足,所以具有积极意义。

2.补偿

个体在追求目标、理想的过程中受挫后,改变活动方向,以其他可能成功的活动来弥补,达到"失之东隅,收之桑榆"的目的。

3.认同

当一个人在生活中无法获得成功时,将自己比拟成其他成功的人,借以在心理上分享他人的成功感,从而消除因挫折而产生的痛苦。如有的大学生通过模仿崇拜偶像,或模仿名人的言行得到内心满足,从而激发奋发向上的决心。

4.幽默

当一个人遇到挫折时,用幽默来化解困境,摆脱失衡状态,也是一种积极的防御机制。

任务四　善待挫折

一、挫折的理智性反应

理智性反应是指大学生在受到挫折后,采取积极进取的态度,在理智的控制下所作出的反应,理智性反应是对挫折的积极反应方式,主要表现在以下几个方面。

(一)勇敢接受,积极看待

人生中挫折无处不在,当挫折来临时不要放弃,而应及时调整策略,转一个方向另求发展不失为一种积极的办法。有一位小提琴家在演奏会上演出的时候 G 弦忽然断了,怎么办呢? 他没有停下来,而是立刻换了一首曲子,这首曲子从头到尾可以不用 G 弦。人生就像一场演出,没有固定的剧本,遇到问题及时调整方向,同样能活出自己的精彩。

有时候挫折可以给人提供新的思路和灵感。有一个造纸工人在生产纸时不小心弄错了配方,生产出了一批不能书写的废纸,但他发现这批纸的吸水性能相当好,可以吸干家庭器具上的水分,于是他把纸切成小份,取名"吸水纸",拿到市场去卖,竟然十分畅销。后来,他申请了专利,通过售卖独家生产的吸水纸获得了财富。任何事情都有两面性,当挫折来临时,你不妨变换一种思路看看,也许从其中能找到有用的东西来。

(二)怀抱希望,坚强面对

俗话说,挫折像弹簧,你强它就弱,你弱它就强。挫折对人的影响不是绝对的,而是要取决于人的态度。就像我们分别用开水煮胡萝卜、鸡蛋和咖啡豆,它们各自会发生什么变化呢? 硬硬的胡萝卜变软了,流动的鸡蛋变成了固体,而咖啡豆则能够融入水中,改变水的颜色和味道。

(三)冷静思考,寻找出路

当面对挫折感到绝望时,应该保持冷静,从现有的处境中发现机遇,帮助自己寻找出路。有一头毛驴不小心掉进枯井,老农多次解救无果,就打算用土把它埋起来,而当土落到毛驴身上时,它发现只要自己的身子稍微抖动一下,泥土马上就落到了脚下。这样,泥土不但不是埋葬自己的可怕东西,还成为了帮助自己脱离危险境地的救命土。最后,枯井填平了,毛驴得救了。在面对挫折的时候只有积极寻找出路,才有机会绝处逢生。

(四)提升自我,实现目标

在挫折中我们也要不断地提升自我,找准自己的奋斗目标,全力以赴地去实现它,只有这样才能把自己的劣势变成优势,实现人生境遇的转机。

(五)不经历风雨,怎能见彩虹

在人生的旅途中欢乐与悲伤并存、顺利与挫折交错、顺心与失意重叠。挫折是通往成功道路上必然会经历的,特别是那些有所作为的人,在前进的道路上,常常是先有"山重水复疑无路"的逆境,几经奋斗,才迎来了"柳暗花明又一村"的坦途。也只有那些在风雨中走过的人们,才知道痛苦和快乐究竟意味着什么。

二、提升挫折承受力

(一)认识挫折

事实上,挫折并不都是坏事,处理得好,它可以成为自强不息、奋起拼搏、争取成功的动力和精神催化剂。挫折虽然带来的是不愉快的情绪体验,但挫折并不都是负面的,而是可以使人在困境中成长成熟。挫折是一种机会,只要能坦然面对挫折,树立战胜挫折的勇气和信心,就可以适应任何环境的变化。

正如一句名言所说,挫折就如石头,它本身无好坏,但对不同的人就会产生不同的影响。对于强者它可以成为垫脚石,让他站得更高;对于弱者它可以成为绊脚石,使人一蹶不振。

(二)改变自己

谁不想一帆风顺、心想事成?趋利避害乃人之天性。既然挫折已经降临,大学生唯有积极应对,不经历风雨怎能见彩虹?

1.承认已经发生的事实

事件已经发生,再也无法挽回。你的感叹、惋惜、祈求、痛苦、追悔又有什么用呢?已经发生的事实是改变不了的,盯住不放反而会越陷越深。大学生必须要向前看,该做什么就做什么。

2.接受它、包容它

遇到不顺心的事,大学生要学会"想开点""放得下",人生短暂,大学生有更重要的人生任务,不要在一些小事上消耗太多,不值得。"想开点""放得下"是个人胸襟的扩展,也是人生境界的升华。

3.积极转移注意力

转移注意力是征服挫折感的另一个有效的办法。让自己去忙一件事情,哪怕是很简单的事情,只要你认真去做,就能把折磨人的忧虑从头脑中挤出去。

4.直面最坏的情况

敢于直面自己所不愿看到的事实,是心理素质好的重要标志。大学生应面对挫折,勇敢承受,心里默想:"大不了……","即使那样,我还可以……"。这样能使自己清醒冷静,继而新生妙策。

5.冷静分析、提出问题、解决问题

大学生在面对挫折时应沉着冷静,可以给自己提出以下四个问题。

(1)究竟发生了什么问题?

(2)问题的起因何在?

(3)有哪些解决的办法?

(4)哪一种方法最适合解决此问题?

当一个人能够冷静地提出问题,并积极寻求解决问题方法的时候,他就开始化解挫折了。一个人只有敢于面对苦恼和命运,敢于向自身挑战,他才会开辟出坚定的人生道路。

心灵探索

应对压力与挫折的潜能开发

1.活动实施

【潜能训练】

当我们处于下列情形时,在认知、情绪、躯体、动作等方面可能会有什么反应? 理智思考后,我们该怎么做?

(1)当考试成绩不理想时

认知:想到了什么?

情绪:感受到什么情绪?

躯体:躯体感受是怎样的?

理智分析后,该怎么办?

(2)当老师和家长批评我们时

认知:想到了什么?

情绪:感受到什么情绪?

躯体:躯体感受是怎样的?

理智分析后,该怎么办?

(3)当我们遭受疾病的困扰时

认知:想到了什么?

情绪:感受到什么情绪?

躯体:躯体感受是怎样的?

理智分析后,该怎么办?

(4)当我们与别人相处不好时

认知:想到了什么?

情绪:感受到什么情绪?

躯体:躯体感受是怎样的?

理智分析后,该怎么办?

2.活动讨论

分组研讨,对生活中的压力与挫折进行分析,共同探讨应对压力与挫折的有效方法。

3.活动思考

压力和挫折是无处不在、不可避免的,在人生的每个阶段,只要有需要、有追求,就会有失败、有失落。通常情况下你会怎样处理这些压力或挫折?

拓展 阅读

当代大学生应对
压力与挫折的方法

珍爱生命　活在当下——生命教育与危机应对

情境 导入

某高校一名大二的学生刘勇，本来成绩优秀，和同学的关系也不错，但是后来逐渐不想学习，逃课，考试不及格，甚至想要退学。他的心理压力很大，来到咨询室求助，他向心理咨询师提出了几个问题："老师，我觉得上学没有意义，甚至活着都没有意义，尤其像我这样的普通人。""我身边有的同学在追求名利，但是我不感兴趣。我以前想要好好学习，让我的爸妈能过上更好的生活。可是我去了招聘会，那些单位发的工资根本不够养活我自己。""现在，自己过着庸庸碌碌的生活，甚至在夜深人静的时候，感觉到一种别人不曾理解的孤独，有时候会想到死……"

其实，刘勇的例子在大学生群体中并不少见，一个不知道为什么活着，没有理想和信念的人，内心很脆弱。一方面，他没有奋斗的动力，另一方面他没有面对困难和挫折的能力，遇到棘手的问题，想到的只有逃避。

『思考』

刘勇为何会有这些消极的思想？应该如何帮助刘勇调整状态？

学习 目标

◆知识目标

1.理解生命的本质和生命的意义，以及如何创造生命的价值。

2.掌握大学生生命观的形成因素和影响因素。

3.掌握大学生心理危机预防和干预方法。

◆能力目标

1.能够分析和解释生命的深层含义，帮助大学生形成积极健康的价值观。

2.能够识别和评估大学生可能面临的心理危机和社会恐慌问题，提供有效的预防和干预支持。

◆**素质目标**

1.培养对生命和生命意义的尊重和理解,增强对生命创造和生命价值实现的关注和实践能力。

2.提升大学生处理心理危机和社会压力的能力和意愿,促进其全面发展和成长。

3.通过生命教育和心理支持提升大学生综合素质。

思维导图

```
                                    ┌─ 一、理想信念对生命意义感的心理学意义
                         生命的意义 ─┼─ 二、大学生生命意义感现状
                                    └─ 三、如何提高大学生的生命意义感

                                        ┌─ 一、大学生生命观的现状
                       当代大学生的生命观 ─┼─ 二、大学生常见的生命观偏差
生命教育与                                └─ 三、大学生生命观的塑造
危机应对 ─┤
                                    ┌─ 一、心理危机的含义
                       心理危机的识别 ─┼─ 二、心理危机的类型
                                    └─ 三、心理危机的表现

                                        ┌─ 一、大学生心理危机干预及措施
                    大学生心理危机干预 ─┴─ 二、不同心理危机的干预
```

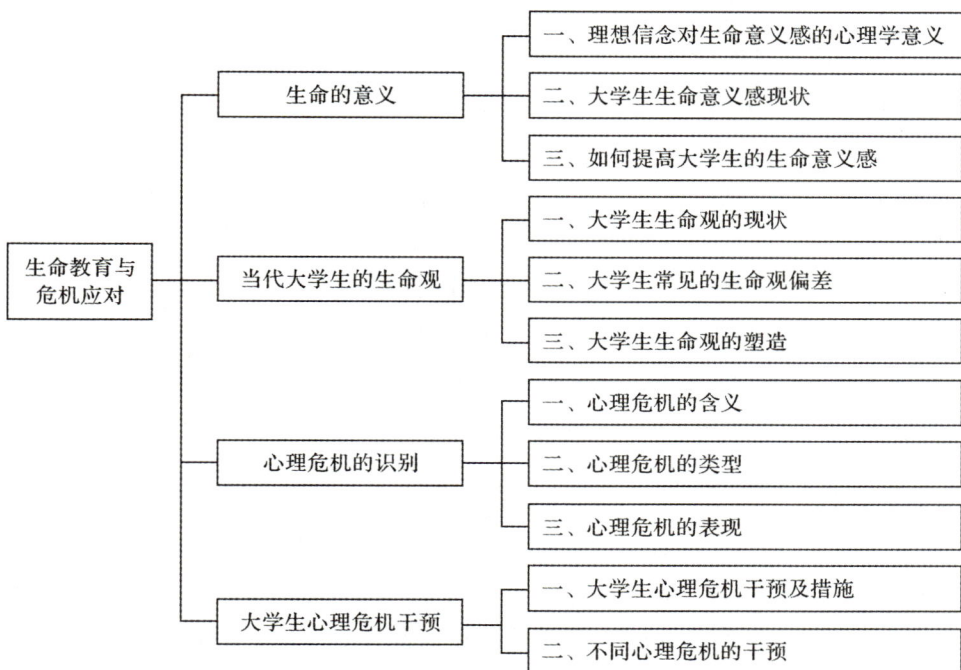

▶ 任务一　生命的意义

一、理想信念对生命意义感的心理学意义

生命意义感是指个体对自己生命价值的主观感受,是对自我存在意义的主观认知和评估,包括对自我悦纳的体验、爱的体验、尊重的体验、自我实现的体验、当下意义的体验,以及终极意义的体验等。

对于人的生命而言,要生存比较容易,但是要想活得精彩,就要有远大的理想和坚定的信念。理想和信念不仅是一个道德教育的问题,也是一个心理教育的问题。人与动物

最大的区别在于，人的满足和幸福不可能停留在衣食温饱的物质层面上，几乎每个人都在寻找自己活着的理由和意义，这是人之所以为人的特质。"人活着究竟是为了什么?"针对这个问题，不同的人有不同的答案，但重要的是，人不能活在一团迷雾中，不能不清楚自己的方向，你必须有自己特定的答案，让自己生活在一个有目标、有希望、有追求的清晰的现实世界中，只有这样你才可能有好的精神状态，才可能身心健康。人往往会拒绝迷茫无序的生活状态，因为这种无意义的状态会将人的心理引向空虚、失落、焦虑、不安，严重的时候可能因消极、堕落而走向自我毁灭。因此，从某种意义上说，虽然人的躯体活在物质世界里，但他的灵魂活在充满理想与信念的精神世界里。人在内心信念的驱使下，应不断追求更高的理想和人生价值。

理想和信念像巨大的羽翼，能助人飞上云天;理想和信念像熊熊燃烧的烈火，能帮助你走出死寂和黑暗。它能使贫困的人变成富翁、使黑暗中的人看见光明、使绝境中的人看到希望、使梦想变成现实。若人们丧失了理想和信念，一个人就形同行尸走肉、衣架饭囊，平平庸庸度过此生，感受不到生命的价值和意义，当然也就感受不到幸福和满足。人最大的失败是丧失了理想信念，从这个意义上讲，理想和信念是我们生命的原动力，信念就是人的精神支柱和脊梁。人人需要树立理想、确立信念，它不仅可以造就我们成为对社会、对他人有贡献的人，更可以使我们在不断追求理想的过程中充满希望，体验到生命的意义感，使自己内心充实、身心健康、幸福愉悦。

二、大学生生命意义感现状

"存在空虚症"是当今社会存在的一种现象，它也不可避免地会在大学校园里蔓延。"存在空虚症"在大学的具体表现为:有些学生在学习上缺乏进取心和意志力，态度懒散，经常迟到、旷课，沉迷于网络、游戏;有些学生在日常行为中缺乏团结友爱的精神，自私、强暴、专横，没有同情心;有的学生学会了抽烟、酗酒，甚至上网成瘾、盗窃、敲诈;有的则孤独、抑郁甚至轻生。近年来大学生群体中伤害自己或他人生命的现象偶有发生，这是生命困境的突出表现。

目前大学生生命意义感缺失、偏离现象主要表现在以下几个方面。

(一)目标缺失

调查显示，职业目标较明确的学生占 18.52%，明确的占 34.26%，模糊的占 40.74%，没有找到目标的占 6.48%。在学习计划方面，既有长期目标又有近期目标的占 28.70%。长期目标和近期目标的分离，必然造成计划出现盲目性或缺乏操作性，使学习目标形同虚设。由此，我们可以找到部分大学生学习效率低、无所事事的两个重要原因:一是目标不明确，二是没有科学的学习计划。

(二)缺乏自信

调查显示,20.36%的学生认为自己的优势大于劣势,24.07%的学生认为自己的劣势大于优势或完全处于劣势,其余的学生认为自己的优势和劣势相当。可见,大学生中有自卑倾向的多于自信的,大多数学生认为自己很平凡。在访谈中发现,他们把缺乏自信主要归因于薄弱的意志、不良的性格和行为习惯。但在进一步调查中,我们又发现了缺乏自信的另一个原因是老师在赏识教育和成功教育方面做得有些欠缺,对学生表扬、肯定,给学生体验成功的机会太少,调查显示仅有19.45%的学生认为老师对自己有较高的评价,24.99%的学生认为同学对自己有较高的评价。老师和同学的赞扬通常是学生获得自信的主要途径。

(三)缺少博爱的体验

调查显示,87.03%的学生最爱的人是父母、兄弟和姐妹,91.67%的学生认为最爱他(她)的人是自己的父母、兄弟和姐妹,这说明绝大多数学生的爱仅局限在家庭成员之间,这种家庭成员之间的互爱是正常的,但年轻人的爱如果过分局限于小家庭,必然会削弱他们对人类更深层次、更广博的爱的体验。

(四)价值取向偏离

立足于社会最重要的是什么?调查显示,20.37%的学生选择金钱,6.48%的学生选择权力,53.70%的学生选择知识技能,只有18.52%的学生选择了道德。另外,学生在心目中追求的最终人生目标又是什么呢?63.89%的学生选择了追求情感的幸福和精神的快乐,11%的学生选择了追求金钱,13.89%的学生选择造福人类。大多数学生把个人和家庭的幸福看成了自己最终的追求目标,不少同学甚至把世俗之物如金钱、权力提升到较高的位置,这种价值取向明显地由伦理取向向经济取向发生了偏离,由社会本位向个人本位发生偏离。

(五)对终极意义缺乏思考

调查显示,多数学生看不到苦难的意义,甚至有的学生只看到它的负面意义。24.07%的学生看到了精神可以突破生命的界限而不朽,22.22%的学生尚未思考过死亡的问题或对死亡充满恐惧,6.48%的学生认为死是一种解脱,他们是悲观主义者。另一项调查表明,53.70%的学生认为自己将有意义于家庭,24.07%的学生认为自己将有意义于社会,6.48%的学生认为自己没有意义,找不到自己的生命价值所在。可见,处在人生观和世界观形成的关键期的大学生,大多数对苦难和死亡尚未做过深刻的思考,只有少数人能看到生命意义在造福人类的行动中的永恒价值。

（六）信仰迷失

调查显示，47.22％的大学生没有崇拜的偶像，出现"偶像崇拜"幻灭；还有少数学生崇拜自己，是自我崇拜主义者。学生对有钱人的崇拜超过了对老师、科学家等知识分子的崇拜，对影视明星的崇拜超过了对具有献身精神人物的崇拜。

引起大学生生命意义感缺失、偏离的原因可以概括为以下两个方面。

客观原因：我国正处在社会转型时期，改革开放40多年来物质文明空前发展，加上多元文化的冲击，容易使人出现目标缺失、精神苦闷、迷失自己，患上"存在空虚症"。

主观原因：有些学生的价值取向偏离和不良行为习惯的形成为期已久，可以追溯到初高中阶段；部分大学生对自己的职业没有正确的认识，对未来缺乏信心，不愿意从事一线的生产、服务、管理工作；部分大学生对基础理论的学习缺乏耐心，失去学习的兴趣，厌学情绪较严重。

三、如何提高大学生的生命意义感

要预防和摆脱"存在空虚症"，让大学生走上积极向上的"意义人生"的道路，可以从以下几点入手。

（一）发现自己的生命意义

每一个生命个体都是独一无二、不可取代的。因此，我们要寻找和发现自己生命中"召唤着我的东西"，实际上就是"我的使命和责任"。如个人兴趣特长、家庭使命、社会责任等，这些使命和责任就是生命赋予我们的意义。

我们只有重新审视自己、重新认识自己，才能感受生命意义的重大，才能接纳自我、珍重自己，严格要求自己，走向承担责任、完成使命的人生之路。一个人只有懂得自己生命的责任和使命，看到自己存在的意义，他的灵魂才有安身立命之所，才能在内心世界形成坚定的信念，产生坚强的意志力，自觉走上"意义人生"的道路。

同时，发现和追求自己生命意义的过程也是一个挖掘自己潜能的过程。因此，肩负使命感的人总是精神百倍、积极向上的。我们每一个学生，必须清楚地给自己定位，追求远大而现实的理想，敢于承担家庭和社会赋予的责任。当我们在内心使命感的驱动下去主动追求生命意义时，我们就能收获更多的幸福，追求更高的人生价值，我们就能活出一种积极健康的状态。

（二）确立具体、清晰、可行的目标

有了理想之后，接下来就要制定实现理想的具体目标和实施计划。因为，没有目标和计划作为支撑的理想只能是空中楼阁，最后必然化为幻想。

目标可以包括很多类型,比如生活目标、职业目标、家庭目标等,又如经济目标、技能目标和知识目标等。总之,目标要明确清晰,还要将长远目标与眼前目标相结合,将身体目标与生活目标相结合,将个人目标和社会目标相结合。另外目标不要定得太高,要树立跳一跳就可以达到的目标,让"幸福可以触摸",否则会挫伤自己前进的积极性。

大目标之下有每月、每周的小目标,明晰的目标可以帮助我们一步一个脚印地走在一条充实、从容、自信的人生道路上,社会上纷扰不安的因素不容易影响你的脚步,"存在空虚症"也会远离我们,因为我们有自己的理想信念。

(三)通过三种途径获取生命意义

1.在创造中体验生命的价值和成功的快乐

人的价值体现在改造世界的实践活动中,如果一个人不能改变任何现状,那么他可能沮丧和颓废。因此,我们要不断地实践,在实践中创造、创新,不断提高自己的职业技能水平,在实践中不断感受自己的价值。

创造要求我们克服懒惰,热爱工作,每天给自己适当的工作和学习压力,这样我们就能充分利用和挖掘我们的潜能,每天在不断推进的工作中看到成功的希望,因而充满意义感,使身心健康,让自己有机会产生"高峰体验",它是强烈的幸福体验,是自我实现的瞬间。

弗兰克尔告诉我们:"我们已经了解当意志处于消极状态时人会变成什么样子:生命力下降,并且在一定程度上身体情况不佳。人的意志只有在有很强的现实感和目的感时才能达到最健康的状态。"

2.在承受苦难中感受生命意义的重大

人生必然存在苦难,但是苦难也有苦难的意义,特别是我们在承担责任、追求意义的道路上,意想不到的困难和挫折总是会有的。尼采说,懂得"为何"就能忍受"任何"。只要我们心里有明确清晰的目标,有必胜的信念,我们就感受不到苦难是一种苦难,劳累是一种辛苦,我们就能进入一种积极向上的状态去战胜一切困难。

在追求理想、获取生命意义的过程中,应该进入一种忘我的境界。因为,我们在忘我的境界里,体验的是沉浸其中的快乐。此时,我们往往会忘记自己的病痛,忘记自己的疲劳,让自己的能量得到最大的释放,这个时候奇迹也正在孕育。因此,我们往往会发现,忘我的境界往往是成功的前奏。

3.在奉献爱中体验生命的价值

马斯洛到了晚年发现人本主义心理学的动机金字塔的顶峰——个人的自我实现,不足以解释人类为真理而献身的崇高的精神与行为。他已经看到以自我为中心的倾向中的"小我"和人类终极目标的矛盾，因而在 20 世纪 60 年代末提出超个人心理学，人称西方心理学"第四势力"。他指出，个体只有从"小我"走向"大我"，将实现自我价值与奉献社会结合起来，才能体验到人生的幸福与快乐，然后才能发现自己更大的生命意义，进入自我激励的良性循环。阿德勒在著作《让生命超越平凡》中坚信人的发展是心理上对自卑的补偿，认为每个人都努力想使自己变得重要，但人的重要性在于他对其他人所作的贡献。马克思主义的人的价值理论也指出：人的价值在于为人类社会作出贡献。

我们只有奉献自己的爱，才能得到社会的承认，得到他人的尊重和关爱，才能体验和享受到爱的快乐和温馨。大学生一定要将自己的个人理想与服务人民、报效祖国结合起来，这样我们就从"小我"走向了"大我"，体验到自己更大的生命意义感。

心随我动

夸夸我的同学

步骤一：5 个学生为 1 组，相互夸奖，相互补充，直到帮助每个学生找出不少于 10 个优点。

步骤二：被夸的学生记录下同学们所夸的优点，并和自我评价进行比较，留下被自己认可的优点，做成优势卡片，放在包里不少于 42 天，经常看到这些优势，直到牢记为止。想到这些优点是已经被大伙认可的，立志把这些优势贯彻到自己的行为当中，变成自己终身的优势。

步骤三：被夸的学生谈一下现在的感想，并对未来自己将成为一个怎样的人进行设想。

此活动让每个学生学会欣赏别人的长处，也学会正确地认识自己、接纳自己。欣赏自己的长处，有助于提高自信心。

任务二　当代大学生的生命观

大学生处于一生中生命力最旺盛、最富有朝气的时期，也是对生命充满好奇和探索的时期。他们能够有意识地理解生命、尊重生命和珍惜生命，建立积极健康、乐观进取的生命态度，努力实现生命的价值。

一、大学生生命观的现状

生命观是个体对生命的认识，反映了对自己和他人生命的态度。大学生正处于生命观形成的关键时期,生命观的正确与否不仅影响今后的人生,也会对社会产生巨大的影响。国内学者通过对大学生生命观进行实证调查,得到以下四个方面的研究结果。

(一)生命认识

大学生对生命的认识情况主要包括对生命的珍惜情况、对自我生命存在的认知、对自己和他人生命的态度、对自我生命的责任感和对待死亡的态度等方面。调查结果发现,接近90%的大学生能够认识到生命的珍贵,可以做到珍惜、爱护自己的生命,并对他人和其他生命表现出同情和爱护;回答"对大学生张某舍身救人的看法"时,84.9%的大学生选择"应该用更安全的方式救人",大学生普遍能理性看待舍己救人的行为;在对待亲人离世方面,大多数大学生对死亡都持有正确的态度,即都一致认为死亡是生命必经的过程。

整体而言,当代大学生对生命的认识是理性的、积极的,但也有少数大学生对生命认识存在着一定的偏差。

(二)生命态度

生命态度是指个体对生命历程中出现的具体事件的态度和认识,也有学者将生命态度归于生命认识中。生命态度调查研究的主要内容涉及生命价值是否高于爱情、财富,是否应该尊重和爱惜生命,以及对牺牲生命救人的看法等方面。关于大学生生命态度调查研究表明,大多数学生的生命态度是积极的。大多数学生非常注重生命的唯一性,并能够珍爱生命,把生命视为最宝贵的东西。比如,当问到对于"生命与爱情"的看法时,84%的大学生赞同"生命最重要,没有生命就谈不上其他追求";有97%的大学生赞同"我的观点可能会随着年龄的增长及经历、阅历的增多而改变,但只要活着就总有希望"。由此可见,当代大学生对待生命的态度总体上是积极的、乐观的。

(三)生命意义

对生命意义的追寻和思考是一个人生命观成熟程度的体现,学界对生命意义维度的划分方式纷繁多样,大学生生命意义状况通常从学习目标、生命责任、自我超越、人生理想、职业选择、奉献与利他,以及生命价值等七个方面进行衡量。调查结果表明,多数大学生对学习目标、生命责任、自我超越、人生理想,以及职业选择等五个方面都有正确积极的认知,80%以上的大学生比较满意自己的人生,认为自己的生命很有意义和价值。而且,大学生以积极进取的方式来追求自己的人生价值,也能够认识到有理想、有目标和意志坚定的重要性,68.2%的大学生选择"我希望努力追求活出不一样的人生"。

在奉献与利他维度上,关于"如何真正实现生命的意义"的问题,79%的大学生认同"让我所爱的人们幸福",56.9%的大学生认同"为社会作出贡献",25.5%的大学生选择

"为家人和子孙谋得名利"。可见,多数大学生具有奉献和利他的想法。在生命价值维度上,相较于个人"小我"和社会"大我"的实现,多数大学生更倾向于"小我"的实现。

(四)生命和谐

生命和谐包括自我身心和谐以及个人与他人、社会、自然的和谐。大学生生命和谐调查研究的主要内容包括生活中的压力来源、挫折应对、对生活的满意程度、人生规划和人际关系等。调查结果显示,超过 50% 的大学生对自己目前的生活状态表示满意,能够以积极的、开放的心态面对人生中的诸多不如意,能够积极寻求解决问题的途径和方法,并认为可以通过自己的努力获得幸福。当被问到"如何应对糟糕的生活状态"时,近 70% 的大学生选择自我调整和寻求朋友帮助;约 60% 的大学生选择通过参加运动或社会活动,积极转变不良情绪,及时释放压力;约 20% 的大学生选择寻求心理咨询专业人员帮助。

二、大学生常见的生命观偏差

大学生处于对生命意义和价值的认识从不成熟、不稳定向成熟、稳定发展的关键阶段。在这一阶段,大学生常见的生命观偏差主要表现为以下三个方面。

(一)漠视生命

近年来,在大学生群体中漠视生命、暴虐生命的事件时有发生,如大学生"虐猫""虐狗"事件等,这些暴虐生命事件在一定程度上表明了个别大学生对生命权利和尊严的漠视现象。浙江大学《大学生攻击性行为的社会心理研究》课题组的调查报告显示:在对待他人或者动物生命的态度上,20.4% 的大学生在宠物被虐待时表示无动于衷,4.8% 的大学生会感到伤心难过;49.2% 的大学生承认对其他学生有过不同程度的暴力行为,87.3% 的大学生承认曾经遭受过其他同学不同程度的暴力行为。这种漠视生命的行为在很大程度上会导致个人情感经验的缺失,引发人格的缺陷和人性的扭曲,甚至诱使个体以极端的方式暴虐生命、否定生命。

(二)否定生命

否定生命是指个体采取极端的方式放弃生命。大学生自杀事件是大学生非正常死亡的重要原因之一,已成为大学生心理健康教育中较突出和敏感的话题。大学生自杀本质源于对自己生命意义和价值的否定,而身体疾病、失恋、人际关系紧张、学业问题和就业压力等是引发大学生选择自杀的主要原因,这也在一定程度上反映出部分大学生生命意识的严重缺失。

(三)游戏生命

游戏生命是指个体消极颓废、空虚无聊、精神荒芜和对生命不负责的现象。部分大学生由于缺乏对自己生命意义和价值的深刻认识,片面追求感官快乐,忽视甚至怀疑生命存在的意义和价值。如果失去了支撑生命活动的目标和价值追求,就容易出现人生无目标、不求上进、厌倦学习、虚度光阴和消极颓废等消极心理倾向,各种"躺平"心态开始蔓延。有些大学生认为生活无聊,学习没有动力,上课迟到、早退甚至旷课成了家常便饭,转而将大部分时间浪费在休闲娱乐、沉浸于网络世界而不能自拔。据调查,有40%的大学生经常感到郁闷,有56%的大学生偶尔感到郁闷,仅有4%的大学生从来没有感到郁闷,这也表明大学生群体存在消极颓废情绪。

三、大学生生命观的塑造

(一)挖掘生命的内在渴望

"生命是世界上最好的礼赞"。人类有一种原始的、与生俱来的对自身生命的惊讶、赞叹和敬畏,因而追寻生命意义、获得幸福人生是个体的内在渴望,并在这种寻求生命意义与价值的过程中获得满足感。人的生命对于任何人来说都只有一次,对每个人都弥足珍贵,因而个体需要直面人生境遇,承担起生命赋予我们的责任,体悟其中的真谛。然而,在人生的历程中,很多人却往往忽略了自己苦苦追寻的、最为珍贵的东西究竟是什么。一旦个体忽略了自己内心渴望的东西,他就可能在人生之路上迷失方向。相应地,一个人只有认清自己内心真正的渴望时,他才可以有意识地舍弃那些无足轻重的、并不触及生命意义的东西,只有这样,他的人生才能变得充实和丰盈。

(二)发现生活之美

日常生活中的体验与感悟都是生命意义的重要来源,发现与体验生活之美可以丰富个体生命的意义。林清玄在《轻轻走路,用心生活》一书中说:"心里常有花季的人,什么时候都是很好看的。即使花都谢了,也有可观之处。"当个体置身于广阔的天地之间时,眼观春花秋月、云卷云舒、草原山峦、百川归海,可以感受自然之美;看日出日落、斗转星移、四季更迭、春华秋实,可以感受苍穹之美;观赏美轮美奂的传世古董、聆听传统中国戏剧、沉浸于优美的音乐世界,可以欣赏艺术之美;遨游知识海洋,探索奥妙无穷的宇宙万物,可以体会科学之美;生活点滴中,平凡人的友善真诚、嘘寒问暖等,可以感悟人性之美……

大自然的鬼斧神工、文学家的纵情描绘、艺术家的匠心创作都能使人们陶醉于"忘我"的境界,与大自然、艺术融为一体。对于这些生活之美的发现和体验,可以唤起人们内心的美好和感动,这些都可以不断丰盈和充实人们的内心。

(三)传递感恩与奉献

生命的意义在于付出、在于给予。没有付出,怎能感受到赠人玫瑰手留余香的温暖呢？因而传递感恩与奉献是对生命意义的核心诠释,感恩是对生命给予的深刻领悟,奉献是对生命存在的最好回报。汪曾祺在《人间草木》一书中有过深情地告白:"你说我在做梦吗？人生如梦,我投入的却是真情。世界先爱了我,我不能不爱它。"感恩父母对我们生命的赐予和辛劳养育之恩;感恩老师谆谆教诲、无私传授人生真谛之恩;感恩亲朋好友无微不至的关心与善良诚挚的支持;感恩母校为学生提供优美的成长环境和学习知识的殿堂;感恩国家为我们创建了一个安定和谐的社会环境。

生命的价值在于奉献,当代大学生要勇于奉献、敢于担当,具备主动奉献爱的能力,除了要爱自己、爱生活,更要爱他人、爱社会、爱祖国。比如用深厚的爱去感恩父母的无私付出和养育之恩,以博大的胸襟去包容社会万物的点点滴滴,让生命因为奉献精神和责任意识而变得富有价值。我们可以尝试以下保持感恩之心的秘诀:通过言语或行动把自己的感恩之情表达出来,向给予你关心、帮助的人表示感谢;每天向生活赋予你的东西表示由衷的感谢;写感恩日记,每天记录值得感恩的三件事,可以是家人的嘘寒问暖,朋友间的彼此关心,一首动听的歌曲,抑或是一顿可口的美食等。

(四)宽容待人待己

宽容是一种博大的胸怀和积极的人生态度。古今中外,成大事者莫不心胸开阔、气度恢宏,所谓"量小非君子"。对人宽容者拥有足够的包容心,他们"额上能跑马、肚里能撑船",善待周围的一切人,包括犯过错误的人、伤害过自己的人。有研究发现,选择原谅别人,会让自己更容易忘掉痛苦的经历,从不良情绪中解脱出来。

当然也包括对自己宽容,要学会原谅自己,不可偏激,不要陷在某个问题上出不来。人生是一次修行,人们一边犯错、一边修正、一边成长。宽容是人生难得的佳境,是一种需要修行才能达到的人生境界。

1.勿以自己的错误惩罚自己

生活中有很多烦恼都源于自己与自己过不去,由于自己的一些过错终日陷入无尽的自责、哀怨、痛悔中,认为如果自己曾做了或没做某事该多好。泰戈尔说:"如果错过太阳时你流了泪,那么你也要错过群星了。"人生苦短,何必执着于过去的遗憾,你需要的是用行动和希望来代替无尽的悔恨和自我折磨。请原谅自己的过失,把"如果"改为"下次"吧。

2.勿以别人的错误惩罚自己

人生旅途中总会遇到伤害自己的人和事。康德说:"生气是拿别人的错误惩罚自己。"既然已经对自己造成伤害,若再对此耿耿于怀,沉浸在痛苦、愤怒中不能自拔,就是反复伤害自己。人非圣贤,孰能无过,学会宽容别人就是让自己保持快乐的心情,原谅别人就是善待自己。人们控制不了别人的行为,但却完全可以控制自己的态度,不妨一笑而过,做自己心情的主人。

3.勿以自己的错误惩罚别人

为掩饰伤疤、维护自尊,把自己的过错归咎于别人或迁怒于别人,这样只会导致更多的指责和埋怨。谁也不想做"替罪羊""出气筒",如果伤害身边真正关心自己的人,只会让生活更加不幸福。因此,要敢于承担自己的失误,得到别人的宽容和谅解,从而予以弥补和改进。

(五)正视苦难与死亡

根据弗兰克尔的观点,坦然正视苦难与死亡是拓展个体生命意义的重要途径。大多数人都希望可以用自己喜欢的方式,度过幸福的一生,然而各种苦难、逆境与挫折是人生旅途中的组成部分。成绩优异的学生可能会考试失利、身体健硕的运动员可能会疾病缠身、一掷千金的富商可能会一夜破产……弗兰克尔却将经历苦难看作活出人生意义最重要的途径。弗兰克尔认为,当一个人遭遇到一种不可避免的、无法改变的苦难时,他就得到了一个最好的机会,即去实现人生最高的价值与最深的意义。换言之,当生命中必然要经历各种苦难时,我们不应恐惧、退却,而是需要去发掘其中的意义,因为它能激发我们在苦难中体验生命甚至是享受生命的巨大潜力。从某种意义上来说,经历苦难反而成就了一番新生命成长的契机。

凡是生命,都必然要面对死亡。如果说生是偶然的,死亡反而是必然的。生命的终点就是死亡,每个人都注定要去面对死亡,这是任何生命形式都难以抗拒的自然规律。死亡是生命的导师,正因为有了死亡,才有对生命的思考,因为死亡的必然性,生命才显得弥足珍贵,只有面对死亡的事实才能深刻地思考生命的意义。了解了死亡的必然性,我们就应该对生命更加敬重,更好地珍爱生命,更加珍惜当下生存的每一刻。相反,如果我们的世界里没有死亡,那么生命也就会失去意义。

▶ 任务三 心理危机的识别

据中国疾病预防控制中心公布的调查结果,16%～25.4%的大学生存在神经衰弱、焦虑、抑郁、强迫等心理障碍。遇到心理危机不要害怕,正确认识、科学应对、有效干预、提前预防才是理性选择。

一、心理危机的含义

心理危机是指当个体遇到自己无法解决或控制的事件或情境时所呈现出的严重的

心理失衡状态。心理危机往往与三个要素有关：压力事件、不适的躯体感觉和意识、自身能力无法解决或控制。当个体同时出现这三种情况时，我们就应当留意个体是否出现了心理危机。每个人都在努力保持内心世界的平衡稳定以及与外界环境建立的平衡状态，心理危机的出现会干扰或打破个体习惯化的生活模式。

二、心理危机的类型

（一）发展性危机

发展性危机是指在个体成长和发展过程中，由于环境或其他生理的急剧变化所导致的异常心理反应。美国心理学家埃里克森将人格发展分为八个阶段，每个阶段都有其不同的任务和挑战。如果能顺利度过危机就能发展积极的品质，反之则不能。

（二）境遇性危机

境遇性危机是指个人难以控制或预测的突发或异乎寻常的事件所引发的心理危机。如突发自然灾害、突发疾病、交通意外等，能够给个体造成巨大的心理冲击。

（三）存在性危机

存在性危机是指人生中因重要事件出现问题而导致的个人内心的冲突和焦虑，往往伴随重要的人生问题，如因人生目的、人生责任、承诺等内部冲突而导致的危机。

（四）障碍性危机

障碍性危机多是由于心理问题、人格障碍、精神疾病所引起的，具有潜在性和痛苦性。

三、心理危机的表现

（一）认知方面

认知方面的变化与个体对事件、环境及自身资源的认知和评价有关。个体可能会体验到脑海中控制不住的回忆，做决定的能力下降，对未来不抱有希望等，以上都是认知功能受损的表现。

（二）情绪方面

情绪反应与个体在遇到危机时对危机结果的预测和评价密切相关。心理危机情绪方面的表现为个体过度沉浸于忧虑、悲伤、恐惧中，高度体验到空虚感、丧失感等。

（三）行为方面

随着心理反应的变化，行为方式也有可能发生变化。心理危机行为方面的表现为无精打采、坐立不安、眼神呆滞，人际交往能力下降，不能集中注意力学习或工作，滥用酒精或药物等,甚至会有自伤或自杀的行为。

(四)生理方面

遭遇心理危机后,个体可能会出现的生理反应包括失眠、食欲不振、呼吸急促、心跳加剧、手脚冰凉、心口疼痛、胸闷等症状。

心灵拓展

创伤后应激障碍

创伤后应激障碍(post traumatic stress disorder,PTSD)又称延迟性心因性反应,是由应激性事件或处境而引起的延迟性反应。PTSD是对异乎寻常的威胁性或灾难性事件的延迟和(或)持久的反应。了解常见的身心反应与应激相关障碍,有助于我们了解障碍产生的原因,从而更好地对来访者进行干预。

据调查,经历地震的成年人中有32%～60%的人患有创伤后应激障碍,除了直接的受害者外,还有很多的间接创伤受害者,如医护人员、救援战士和志愿者。尤其是这些救援者,他们赶往现场时要面临高强度的工作,几乎处于高度应激的状态。

创伤后应激障碍有三组核心症状,即重新体验症状、回避症状和警觉性增高症状。

1.重新体验症状

PTSD最具特征性的表现是在重大创伤性事件发生后,有各种形式的反复发生的闯入性创伤性体验重现(病理性重现)。患者常常以非常清晰的、极端痛苦的方式进行着这种"重复体验",包括反复出现以错觉、幻觉(幻想)构成的创伤性事件的重新体验。在没有警告、不需要刺激或者相关引发物时,PTSD个体可能会生动地看到当时的情境,好像创伤再次发生。此时,患者仿佛又完全身临创伤性事件发生时的情景,重新表现出事件发生时所伴发的各种情感反复闯入记忆的痛苦事件,还会在睡眠状态以梦魇的形式发生。另外,如果遇到与此创伤性事件有关的具有象征意义的或者是实际的线索,都会引发个体强烈的心理反应(恐惧、抑郁等)或者是生理反应(心跳加快、恶心、出汗、呼吸加快等),这种反复体验性症状给个体带来了很大痛苦。

2.回避症状

在遭遇创伤性事件后,许多患者存在"情感麻痹"的现象,患者对与创伤有关的事物采取持续回避的态度。这是PTSD的核心特征,反映了个体试图在生理和情感上远离创伤。回避的内容不仅包括具体的场景,还包括相关的感受、想法及话题。患者似乎希望把这些"创伤性事件"从自己的记忆中"抹去"。他们不愿提及有关事件,避免进行交谈,甚至出现相关的"选择性失忆"。从外观上看,PTSD患者给人以木然、淡漠、与人疏远、不亲切、不愿意和别人有情感交流等。患者自己也感觉到似乎难以对任何事物产生兴趣，与外界疏远、隔离，甚至格格不入，难以接受或者表达细腻的情感，对未来缺乏思考和规划，听天由命，甚至觉得万念俱灰、生不如死，严重的甚至采取自杀行为。

3. 警觉性增高症状

这一症状在创伤暴露后的第一个月最普遍、最严重。许多患者会出现睡眠障碍（难以入睡、易惊醒）、易激怒或易发怒、容易受惊吓，难以集中注意力等警觉性增高的症状。在这种状态中，个体会花很多的时间和精力去寻找环境中的威胁性信息（高度易感性）。在危机中，这样的反应是适应性的。但是，在安稳的情境中，过度的警觉性会扰乱个体的正常生活，使人感到疲惫，破坏机体健康。

▶ 任务四　大学生心理危机干预

一、大学生心理危机干预及措施

（一）心理危机干预的含义

心理危机干预是指采用紧急的应对方法缓解或消除心理危机状态，使其恢复到心理平衡状态。对于心理危机干预工作而言，在大学生处于严重心理状态或心理危机时，及时给予心理辅导与治疗，帮助其正确面对危机和压力，尽快摆脱危险状态，走出心理危机，回归正常的心理平衡状态。

（二）心理危机干预方法

心理危机干预，简单地说就是让被干预者把经历的灾难性事件、内心的感受和体验说出来，把情感宣泄出来，淡化灾难带来的恐惧、焦虑、自责等多种消极情绪，让当事人可以尽快恢复正常生活和身心健康。从理论上说，创伤性事件后的心理干预越快越好，尽量在心态未落入谷底之前进行。一般时间把握在创伤事件后 1～3 个月，尽可能用最短的时间，让其恢复到最正常的状态。干预越及时，个体的心理康复越快。

1. 宣泄情绪

心理危机干预最重要的就是帮助患者把情感宣泄出去。

（1）倾听与陪伴。个人的感受不同，有的人经历危机后受到的打击特别大，什么都做不了。这时候要听他说、任他哭，对那些不说不哭的，就陪伴他一起静静地坐着。注意少说类似"我也经历过这样的事，知道这是什么滋味……"，"想开点，没事儿，别哭了，过去就好了，时间一长就忘了"这样的话。因为这样说很苍白，尤其是在当事人非常难过的时候,陪伴才是最好的,其实你的出现本身就是一种支持。

不需要说什么话,甚至可以连当时的经历都不要去回忆。我们只需要安静地陪伴,平复他们的情绪。你可以轻拍他的肩膀,或拥抱。在人类最本能的生理需要上升为第一需要时,他最直接的视觉、听觉、嗅觉、触觉更加敏感,我们这样做,就是给他最直接的支持——有人与你在一起。危机援助中的一些语言技巧见表10-1。

表 10-1　危机援助中的语言技巧

不该说的话	应该说的话
别哭了	想哭就哭出来吧
想开点儿	这真是难以承受
我了解你的感受	我无法想象你现在的感受
这有什么大不了的	这对你来说一定很难面对
时间长了就好了	你一定感觉这样的伤痛无以忘怀
吃饭!睡觉!要不身体就垮了	我把粥放在保温桶里了
需要我做什么,就告诉我	我会随时在你身边,随时给你电话,请允许我时刻提供帮助

(2)寄托与责任。这特别表现在失亲者身上。父母离世的人可能再走进他们生前的书房,给他们在世时精心养的花浇水时都有特别的感触。所谓"睹物思人",就是一种情感上的寄托。有的人愿意选择相信人是可以转世投胎的,或是离世后生活在美好的天堂,这也是一种寄托感情的方式。对此不需要阻止,当然也不要夸大。对于那些心理基础比较好、个性坚韧的历劫者,如果其本人有很强的尽快投入工作的意愿,不要加以制止。承担自己的社会责任,有助于提高复原力,尽快恢复正常生活。当然,也要防范因害怕静下来又想起伤心往事而拼命工作的情况。

(3)自助自救。写日记、找人倾诉、上网聊天、运动发泄、旅行等,总之是通过一切正常的宣泄手段把情绪释放出去。

(4)小组讨论。对于集体性的创伤事件,小组讨论是一种有效的宣泄方式。在小组讨论中,要把同一伤害程度的个体放在一起。如有6个地震后的幸存孤儿,他们都是十几岁的孩子,心理创伤比较严重。把他们组成一个团体,先用简单问题打破坚冰,让他们自我介绍。而后在推进的过程中,用来自同伴间的安慰,给予彼此支持。

2.学会告别

对亲人朋友的死亡要有一个告别仪式。这是一个了结、承认这个事实的过程。从承认到接受事实还需要时间,但承认是接受的必经之路。

我们要去告别一件事情,譬如告别一段感情,用剪短头发的方式以示剪断牵挂。像某个电影里,主人公把结局封存在老树的树洞里;把想对死者说的话写在风筝上,在有风的天气放飞,飞到最高时剪断手里的线……这些活动都不是无意义的,它们有明确的象征性,都是为了不回避,把情感表达和宣泄出来。

"逝者已矣,生者何辜?"走的人已经走了,在世的人还要前行。对死者的告别,对生还者有非常重要的意义,告别仪式在危机干预中非常重要。如果有一天,你再不刻意回避或纠缠于这些事情,你能够平静地和人谈起你经历的磨难,甚至开开自己的玩笑,你才真正地得到了"重生"。

二、不同心理危机的干预

(一)自杀危机的干预

1. 自杀的征兆

(1)情绪征兆。情绪不稳定,和以往相比更加易怒、紧张、焦躁、抑郁等。过分的挫败感、过分内疚或过分自责等。

(2)语言征兆。语言上直接或间接地透露"不想活""活着没有必要""别人没有我会生活得更好""我受不了了,我的生活看不到任何希望"等,流露出无助、无望,想要放弃生命的情感。可能会谈论和自杀有关或以自杀开玩笑,谈论自杀计划,与亲友告别等。

(3)认知征兆。反复出现自杀的想法,感到未来没有希望,死了比活着好。对以前感兴趣的事物失去兴趣,对未来不抱有希望,感到彻底的无助、无望。

(4)行为征兆。出现突然或明显的行为改变,危险行为增加,社交功能明显减退甚至中断交往。反复整理身边的东西,无缘无故将心爱的东西送给他人,有条理地安排后事等。

2. 自杀行为的预防和干预

(1)科学认识自杀。当今社会,对于自杀缺乏科学的认识,总觉得自杀一词离我们非常遥远,大家一直在回避自杀和死亡。80%的自杀者在自杀前会有一些征兆,如果能够及时发现这些征兆,很多悲剧其实是可以避免的。

(2)提升危机应对技能。

①构建积极的自我概念。通过自我了解和悦纳,营造积极的自我概念。自我概念包括对自我有清晰的认识和评估,能够肯定和悦纳自己的长处,接纳自己的短处和不足,觉察自己的不良认知模式,并改变这些消极的思维模式。

②正确认识压力、挫折和危机。压力、挫折和危机都是客观存在的、不可避免的，不以人的意志为转移的。它们是一把双刃剑，既是威胁又是挑战。适度的压力和挫折能够帮助人们适应环境，提升意志力，它是维系正常心理功能的条件。危机能够激发人的潜能，克服危机的过程能够帮助人们提升自信心，丰富人生阅历。

③改善自身的情绪状态。情绪是生活的染色剂，情绪不仅仅影响个人及其生活，同时也会影响到周围的人。当出现负面情绪时要学会正确的表达和释放，不能一味地将自己压抑在痛苦折磨中。如经常参加体育活动有助于大脑分泌积极情绪的化学物质。

④积极寻求社会的支持。社会是人与人关系的综合，人无法完全脱离社会而存在。建立良好的人际关系网络有助于我们建立自尊和自信。当大学生遇到难以解决的挫折和困难时，应积极寻求社会支持系统的帮助。同时，我们应多多培养兴趣，学会团队合作，多参加课外社团活动和文体活动，结交更多志同道合的朋友，也能促进社会支持系统的完善。

（3）建立大学心理危机干预体系和机制。

①普及心理危机干预的知识。以宣传、讲座、活动等形式，积极宣传自杀预防知识，提高自杀的防范意识，及时发现生活中有自杀可能的人，给予关心和帮助，采取有效的干预办法。

②建立心理健康档案。通过心理测评建立学生心理健康档案，对有心理危机和心理问题的学生及时进行动态监控，对心理危机高危人群更要及时进行心理干预，避免恶性事件的发生。

③加强心理危机队伍建设。从心理危机的体系上看，仅仅依靠单一部门开展危机干预很难达到效果，需要各个部门的联动配合，如学院系部、学生处、校医院、保卫处等。心理危机干预的主力不仅仅包括心理咨询师，还包括教师、管理者、学生、家长、社会工作者等，每个人都有其重要的位置和角色。

（二）成瘾性危机的干预

造成成瘾性危机的原因是十分复杂的，因而成瘾性危机也具有多种多样的类型。在这里我们对大学生的酒瘾、烟瘾的危机干预做具体的分析。

1.酒瘾的干预

在大学校园里喝酒已经变得比较普遍，许多大学生都会饮酒，还存在一小部分大学生对酒没有抵抗力，会喝得烂醉如泥。因而就有必要对大学生的酒瘾进行干预。

（1）学校制定政策。学校有关部门可以下发一些政策性文件，对大学生过量饮酒进行严厉的干预。如学校对酒精饮料的数量进行严格的控制等。

（2）普及相关知识。学校可以通过课堂教育或是举办一些活动来说明饮酒的危害，帮助大学生有意识地重视该问题。

2.烟瘾的干预

（1）预防吸烟。在大学校园里随处可见"禁止吸烟"的公共标识。然而，这种方法的效果并不十分明显。要想让大学生减少烟瘾，比较有效的方法就是对他们的吸烟行为进行严格预防及干预。

（2）戒烟治疗。可以采用以下几种方法：厌恶疗法，对于一些大学生来说，在戒烟治疗的初期可能有效，即通过更加糟糕的刺激手段使大学生对吸烟产生厌恶；刺激控制法，主要是要求人们对刺激大学生吸烟的原因进行控制，刺激控制法本身对于减少吸烟很有效，当与其他方法合用时效果更好；自我监控法，这是大学生自己记录吸烟行为的一种方式，可以把笔、纸与香烟放在一起，记录吸烟的频率及每次吸烟的时间、地点、环境，大学生可以通过这种方法进行自我监控，这个方法暂时可以减少吸烟量，但主要目的是收集信息便于综合应用其他方法达到戒烟的目的。

心灵探索

大学生心理健康自测

你觉得自己的心理够健康吗？下面是40道心理健康测试题，如果感到"常常是"划√号；"偶尔"是划△号；"完全没有"划×号。

1.上床后，怎么也睡不着，即使睡着也容易惊醒。（　　　）

2.平时不知为什么总觉得心慌意乱，坐立不安。（　　　）

3.经常做噩梦，惊恐不安，早晨醒来就感到倦怠无力、焦虑烦躁。（　　　）

4.经常早醒1～2小时，醒后很难再入睡。（　　　）

5.学习的压力常使自己感到非常烦躁，讨厌学习。（　　　）

6.读书看报甚至在课堂上也不能专心一致，往往自己也搞不清在想什么。（　　　）

7.遇到不称心的事情便较长时间地沉默少言。（　　　）

8.感到很多事情不称心，无端发火。（　　　）

9.哪怕是一件小事情，也总是很放不开，整日思索。（　　　）

10.感到现实生活中没有什么事情能引起自己的乐趣，郁郁寡欢。（　　　）

11.老师讲概念，常常听不懂，有时懂得快忘得也快。（　　　）

12.遇到问题常常举棋不定、迟疑再三。（　　　）

13. 经常与人争吵发火,过后又后悔不已。(　　)

14. 经常追悔自己做过的事,有内疚感。(　　)

15. 一遇到考试,即使有准备也紧张焦虑。(　　)

16. 一遇到挫折,便心灰意冷、丧失信心。(　　)

17. 非常害怕失败,行动前总是提心吊胆、畏首畏尾。(　　)

18. 感情脆弱,稍不顺心就暗自流泪。(　　)

19. 自己瞧不起自己,觉得别人总在嘲笑自己。(　　)

20. 喜欢与比自己年幼或能力不如自己的人一起玩或比赛。(　　)

21. 感到没有人理解自己,烦闷时别人很难使自己高兴。(　　)

22. 发现别人在窃窃私语,便怀疑是在背后议论自己。(　　)

23. 对别人取得的成绩和荣誉常常表示怀疑,甚至嫉妒。(　　)

24. 缺乏安全感,总觉得别人要加害自己。(　　)

25. 在参加春游等集体活动时,总有孤独感。(　　)

26. 害怕见陌生人,人多时说话就脸红。(　　)

27. 在黑夜行走或独自在家有恐惧感。(　　)

28. 一旦离开父母,心里就不踏实。(　　)

29. 经常怀疑自己接触的东西不干净,反复洗手或换衣服,对清洁极端注意。(　　)

30. 担心是否锁门和可能着火,反复检查,经常躺在床上又起来确认,或刚一出门又返回检查。(　　)

31. 站在悬崖边、大厦顶、阳台上,有摇摇晃晃要跳下去的感觉。(　　)

32. 对他人的疾病非常敏感,经常打听,生怕自己也身患此病。(　　)

33. 对特定的事物、交通工具(电车、公共汽车等)、尖状物及白色墙壁等稍微奇怪的东西有恐怖倾向。(　　)

34. 经常怀疑自己发育不良。(　　)

35. 一旦与异性交往就脸红心慌或想入非非。(　　)

36. 对某个异性伙伴的每一个细微行为都很注意。(　　)

37. 怀疑自己患了癌症等严重不治之症,反复看医书或去医院检查。(　　)

38. 经常无端头痛,并依赖止痛或镇静药。(　　)

39. 经常有离家出走或脱离集体的想法。(　　)

40. 感到内心痛苦无法解脱,只能自伤或自杀。(　　)

测评方法:√得2分,△得1分,×得0分

(1)0～8分。心理非常健康,请你放心。

(2)9～16分。大致还属于健康的范围,但应有所注意,也可以找老师或同学聊聊。

(3)17～30分。你在心理方面有了一些障碍,应采取适当的方法进行调适,或找心理辅导老师帮助你。

(4)31～40分。是黄牌警告,有可能患了某些心理疾病,应找专门的心理医生进行检查治疗。

(5)41分及以上。有较严重的心理障碍,应及时找专门的心理医生治疗。

拓展 阅读

大学生心理危机的
早期识别与干预

参考文献

[1]王金凤,柴义江.大学生心理健康教程[M].2版.北京:人民邮电出版社,2024.

[2]陈萍,陈金蕾.大学生心理健康教育[M].北京:科学出版社,2024.

[3]吴一玲,章波娜,孔丹华.大学生心理健康教育[M].杭州:浙江大学出版社,2023.

[4]唐颖彦,胡燕.大学生心理健康教育[M].北京:清华大学出版社,2023.

[5]吴汉玲.当代大学生心理健康与全面发展研究[M].北京:中国原子能出版社,2022.

[6]滕燕.大学生心理健康教育[M].北京:高等教育出版社,2022.

[7]俞国良.大学生心理健康.[M].2版.北京:北京师范大学出版社,2022.

[8]李可依,毛可斌.大学生职业生涯规划与发展[M].北京:北京工业大学出版社,2022.

[9]彭彦华,彭海滨.大学生职业生涯规划[M].北京:人民邮电出版社,2022.

[10]赵传刚,杨建.新时代大学生职业发展与就业创业指导教程[M].成都:电子科技大学出版社,2022.

[11]陈红,邵景进.大学生心理健康教育:微课版[M].北京:人民邮电出版社,2022.

[12]方晓义,夏翠翠.大学生心理健康教育[M].3版.北京:人民邮电出版社,2022.

[13]陈刚,张玉.大学生心理健康教育[M].上海:上海交通大学出版社,2020.

[14]李宏伟,王筱鹏.大学生心理健康教育与心理咨询经典案例[M].西安:西安电子科技大学出版社,2019.